| 高等教育现代化研究丛书 |

董泽芳◇主编

乡村卓越工匠之师培育导论

——基于“全息共振”模式解释与范式

XIANGCUN ZHUOYUE GONGJIANGZHISHI PEIYU DAOLUN

— JIYU“QUANXIGONGZHEN”MOSHI JIESHI YU FANSHI

周明星　隋梦园／著

华中师范大学出版社

新出图证（鄂）字 10 号

图书在版编目（CIP）数据

乡村卓越工匠之师培育导论：基于“全息共振”模式解释与范式/周明星，隋梦园著. —武汉：华中师范大学出版社，2022.12

（高等教育现代化研究丛书/董泽芳主编）

ISBN 978-7-5622-9988-2

Ⅰ.①乡… Ⅱ.①周… ②隋… Ⅲ.①师资培养—研究 Ⅳ.①G451.2

中国版本图书馆 CIP 数据核字（2022）第 246331 号

乡村卓越工匠之师培育导论

——基于“全息共振”模式解释与范式

责任编辑：王中宝　　**责任校对**：骆　宏　　**封面设计**：罗明波

编辑室：学术出版中心　　**电话**：027-67867792

出版发行：华中师范大学出版社有限责任公司

社址：湖北省武汉市洪山区珞喻路 152 号　　**邮编**：430079

电话：027-67863426（发行部）　　**传真**：027-67863291

网址：http://press.ccnu.edu.cn　　**电子邮箱**：press@mail.ccnu.edu.cn

印刷：湖北恒泰印务有限公司　　**督印**：刘　敏

开本：710mm×1000mm　1/16　　**印张**：20

版次：2023 年 6 月第 1 版　　**印次**：2023 年 6 月第 1 次印刷

字数：288 千字　　**定价**：95.00 元

欢迎上网查询、购书

总　序

教育是国之大计、党之大计。党的二十大报告提出了“实施科教兴国战略，强化现代化建设人才支撑”的重要论断，围绕教育优先发展、科技自立自强、人才引领驱动等作出新的全面部署。这为我们在全面建设社会主义现代化国家新征程上加快建设教育强国、科技强国、人才强国指明了方向。

高校承担着人才培养、科学研究、社会服务、文化传承创新与国际交流合作等重要职能，是教育高地、科技高地、人才高地的融合体。习近平总书记指出，高等教育发展水平是一个国家发展水平和发展潜力的重要标志。国家对高等教育的需要比以往任何时候都更加迫切，对科学知识和卓越人才的渴求比以往任何时候都更加强烈。实现高等教育现代化是实现教育现代化的核心内容，是建设教育强国、科技强国与人才强国的重要保障，是全面实现中国式现代化的强大基础，是推进中华民族伟大复兴的先导工程。

实现我国高等教育现代化，既要顺应国际高等教育的发展潮流，符合全球高等教育发展的共同愿景，体现世界一流的高等教育理念、体系、质量和水平；也要具有鲜明的中国特色，契合中国的国情，坚持社会主义办学方向，重视对优秀传统文化、核心价值理念和正确教育思想的弘扬，走出一条在高等教育大国基础上建设高等教育强国的道路；还要遵循我国现代化发展、教育现代化发展与人才发展自身的规律。高等教育现代化是一个立足本国、向他国学习，并不断自我创新的过程。基于此，我国高等教育现代化应该是立足于人口规模巨大国情的现代化，是追求人的全面发展、全体人民共同富裕、物质文明和精神文明协调并进、人与自然和谐共生的现代化，走和平发展道路的现代化。

实现我国高等教育现代化要把握机遇，用好机遇。当今世界正处于国际形势大变动时期，中国的发展也进入新时代，综观国际、国内形势，我国正处在进一步发展的重要战略机遇期，这为高等教育现代化发展提供了千载难逢的机遇。如世界经济格局新变化为高等教育现代化提供了强大的外部动力，“科教兴国”与“人才强国”战略为高等教育现代化建设提供了重要的战略支撑，经济持续发展与对高教投入加大为高等教育现代化发展提供了必要的物质保障，全党全社会对“教育优先发展”战略的认识深化为高等教育现代化发展创造了良好的精神环境，广泛的国际开放与合作背景拓宽了我国高等教育现代化国际交流平台，等等。在促进我国高等教育现代化发展的进程中，我们必须以高度的使命感把握机遇，用好机遇。

实现我国高等教育现代化也必须正视问题、研究问题。这些问题主要有：一是有些理念滞后，表现在很多大学对大学主体是什么、为什么办大学以及大学应该怎样办等缺乏深层次的理性认识；二是价值取向偏颇，表现在重功利价值轻学术价值，重科技价值轻人文价值，重局部近期价值轻整体长远价值，重个人发展价值轻社会发展价值，重效率价值轻公平价值，重适应社会的价值轻社会导引的价值，重分化的价值轻整合的价值，重维护稳定价值轻改革创新等方面，价值取向上的偏颇必然导致办学方向的迷茫、培养目标的模糊与高等教育功能的萎缩；三是发展定位不当，表现在我国当前许多高校在定位上仍然存在着办学目标雷同、服务面向不清、办学层次混乱、发展模式单一、办学特色淡化等问题；四是经费投入不足，表现在我国生均财政经费偏低，不同地区高校生均经费差距很大，公办高校经费投入与规模发展不相适应，不少高校的硬件建设和软件建设受到极大限制；五是制度建设薄弱，表现在大学与政府、社会的关系尚未理顺，大学自身的主体性的失落，有些大学内部也因种种原因出现行政权力异化，如职能官位化、作风衙门化、学术行政化等现象；六是教师现状堪忧，表现在部分高校教师人文素质偏低、敬业意识淡薄、价值观念偏颇和师德教风不佳等方面；七是培养模式僵化，反映在部分高校培养目标过专、专业划分过细、专业设置求全、教学方法重灌、学习方法过死、评价方法单一等；八是教学质量堪忧，主要反映在学生的自主学习能力不高、实践能力偏弱、创新人才较差等方面。我们必须以高度的责任感研究问题、破解难题。

本套丛书正是基于上述认识，围绕我国社会现代化进程中高等教育现代化面临的问题进行了探究。如有专著根据高等教育现代化是为了实现科教强国、人才强国的目标，将有效开发高校人力资源作为研究对象，以当今国际形势变动、国内发展转型、学校自身变革对高校教师开发以及人才培养的需求为研究切入点，重点评介了国内外高校人力资源开发与管理的相关理论，结合对当前高校人力资源开发与管理现状的调查研究，着重分析了高校人力资源选、用、管、评的机制优化与实施策略。有专著依据我国高等教育现代化追求公平与质量并重的目标，阐释了评价考生入学公平的最终标准是人人都能接受适合自己的高质量高等教育，人人都能成为社会的有用之才，人人都有出彩的机会；高等教育分流机制创新的根本目的是促进高等教育公平，前提条件是保证教育质量，高等教育分流机制创新必须合目的性、合规律性、合条件性。有专著认为实现乡村振兴是我国高等教育现代化的重要任务，提出了“培育一粒种子，带动一个专业，服务一群产业，扶持一方经济”“以师兴乡”的办学理念，开展了研究生层次乡村工匠之师培养培训创新实践与理论研究，总结出了“三界共振＋三双共振＋三术共振”要素之和及其相互作用的“全息共振”模式。有专著围绕高等教育对乡村振兴的智力支持的理念，采用访谈、个案等形式对某些具有典型性的农村社区进行实证调查，分析了高等教育对乡村振兴进行智力渗透方面的成绩与问题，提出了实现高等教育为乡村振兴提供切实有效智力支持的对策建议。有专著基于“制度—环境—行为”和“行为—环境—制度”两条主线，围绕制度、社会结构与组织环境、行为主体三大中心及其相互作用，对应用型本科高校教师工作考核制度的变迁机制和运行现状进行了探究。有专著立足于高等教育现代化是追求全体人民共同富裕、城乡协调发展的现代化，提出高师实践教学改革应以实习支教为抓手，整合教师教育实践教学改革和农村师资补充，建构地方政府推动下高校实习生、高校教师、乡村教师与城镇教师循环流转的“四元多维”模式，以促进贫困地区教育发展。有专著基于高职院校服务战略产业的方向，研究了区域战略性新兴产业对人才的需求，调查了职业院校人才培养现状，探讨和建构了推进职业院校服务区域战略性产业的路径和相关政策保障。有专著根据高等教育现代化的目标，从新制度主义理论视角出发，研究了推动高校分类发展，引导应用型本科高校特色发展，完善教师权益保障制度、工资薪酬制度和职称评定制度等的思路与对策。有专著以 112 所地方本科师范院校为样本，对组织目标、组织结构、组织行为等方面的转型问题进行了研究，提出了建立省级统筹下的教师教育体系、形成分类评估的制度、促进适合区域特色的本土化发展之路等对策。有专著基于知识生产模式理论的分析视角，综合运用多种方法，研究了西南地区地方高校的学科建设问题，剖析了地方高校与学科、地方高校与知识、学科与知识的逻辑关系，总结了西南地区地方高校学科建设的基本经验，梳理了地方高校学科建设中的主要问题，提出了在高等教育现代化进程中优化地方高校学科建设的基本路径。有专著以教育博士专业学位研究生培养模式为研究对象，以知识生产模式转型为理论视角，考察了我国教育博士专业学位研究生培养中的问题，提出了构建“系统集群—结构要素”组合的教育博士专业学位研究生培养模式和改革路径。

本套丛书在选题上都是紧紧围绕高等教育现代化发展，立足于问题研究，着眼于学科发展，致力于实践服务，既有宏观的政策考察，也有中观的制度分析，更有微观的对策探讨；书中提出的可行性建议与举措，对促进我国高等教育改革与发展具有一定的参考价值，希望能为构建中国式现代化高等教育体系，推进高等教育现代化发展贡献微薄之力。本套丛书的作者有些是资历尚浅的青年学者，书中有些观点和论证还显稚嫩和不足，但他们对教育深厚的人文情怀与现实关切令人感动。

中国高等教育现代化建设是一个系统工程，还有许多值得研究的问题。由于作者水平所限，以及对高等教育现代化发展的规律认识不深，本套丛书必有诸多不足，希望诸位读者不吝赐教。在此要特别感谢华中师范大学出版社领导、编辑部主任及各位编辑对本套丛书的大力支持。

董泽芳

2023 年 5 月 12 日

前　言

中共中央、国务院《关于加快推进乡村人才振兴的意见》指出：要培育乡村工匠。挖掘培养乡村手工业者、传统艺人，通过设立名师工作室、大师传习所等，传承发展传统技艺。鼓励高等学校、职业院校开展传统技艺传承人教育。实践表明，在新农村建设中，一个职业学校培养出来的优秀学生，往往能用一技之长兴一个家庭，富一方百姓。如果是培养一个卓越工匠之师呢？那就能“培育一粒种子，带动一个专业，服务一群产业，扶持一方经济”。与农村、农业和农民有着天然联系的湖南农业大学秉持“强农兴职”的办学理念，早在1986年就创设了“职业教育师范部”。1999年，成为教育部首批“全国重点建设工匠之师培训基地”。三十年来，特别是近五年首创了“三界（Demarcation）共商”+“三双（Double）共生”+“三术（Dimension）共育”的“3D”乡村卓越工匠之师培养新模式，培养“浓乡型”（有乡愁、会乡技、懂乡知）乡村工匠之师人才，形成服务“三农”的特色教学成果。

为什么要开展乡村卓越工匠之师培养培训呢？首先，国家重视乡村工匠之师培养。2014年，习近平总书记批示：“要加大对农村地区、民族地区、贫困地区职业教育支持力度，努力让每个人都有人生出彩的机会。”国务院《关于加快发展现代职业教育的决定》（国发〔2016〕19号）指出：“加大对农村和贫困地区职业教育支持力度……积极发展现代农业职业教育，建立公益性农民培养培训制度，大力培养新型职业农民。”2015年，教育部、财政部《关于实施职业院校教师素质提高计划的意见》强调：“重点支持中西部、农村和民族地区教师队伍建设”。其次，国家实施卓越教师培养计划。2014 年，教育部《关于实施卓越教师培养计划的意见》提出要“建立高校与地方政府、中小学协同培养新机制，培养一大批师德高尚、专业基础扎实、教育教学能力和自我发展能力突出的高素质专业化的卓越中学教师、卓越小学教师、卓越幼儿园教师、卓越中等职业学校教师”。最后，国家推进乡村教师支持计划。2015 年，国务院办公厅《乡村教师支持计划（2015—2020 年）》指出：“发展乡村教育，帮助乡村孩子学习成才，阻止贫困现象代际传递，是功在当代、利在千秋的大事。发展乡村教育，教师是关键，必须把乡村教师队伍建设摆在优先发展的战略地位。”培养乡村卓越工匠之师是落实乡村教师计划的重要内容。

本研究以培育乡村卓越工匠之师为核心，明晰政、校、企与卓越工匠之师人才培养之间的关系，构建了卓越工匠之师培育理论体系，设计了中职、本科与研究生教育体系和“双导师、双基地、双证书”实现路径。具体回答了四个问题：其一，乡村卓越工匠之师是什么？回答新型乡村卓越工匠之师内涵特征、素质结构和成长规律三大基本问题，为我国乡村卓越工匠之师培养提供了有力的理论支撑和成功案例。其二，为什么要培养乡村卓越工匠之师？分析乡村职业教育发展对师资数量与质量的迫切要求，指出工匠之师培养面临着培养需求巨大与培养能力不足、培训需求多样性与培训主体有限性的矛盾。其三，怎么培养乡村卓越工匠之师？政府、院校、企业协同培养卓越工匠之师的各自功能、协调机制和模式。其四，怎样评价培养质量？我国工匠之师培训质量评价与监控主要由教育行政部门和培训机构组织实施，存在第三方评价缺位；评价观念落后，重结果，轻过程；评价手段单一等问题。

在研究过程中主要采用（1）行动研究法，以乡村卓越工匠之师实验班为载体，边研究、边完善、边提升；（2）人类学田野考察法，开展参与性观察，深入了解政府、企业、学校对乡村卓越工匠之师培养的态度和行为；（3）关键事件法，考察乡村卓越工匠之师成长过程中成功或受挫的重要事件、政府围绕该事件建立调适性的关键性机制。同时，研究经历了三个阶段：（1）试行阶段（1986—1999）农教结合，培养单师型乡村工匠之师。1986年以来，累计培养47个师资专业的全日制本专科生6000余人。(2) 悟行阶段（2000—2009）理实结合，培养双师型乡村工匠之师。出版国内第一部双师型教师教育研究著作，发表相关论文20余篇。(3) 知行阶段（2010—2022）校校结合，培养多师型乡村卓越工匠之师。出版《养殖专业教学法》和《养殖专业教师能力标准、培养方案和培训质量指标体系》，举办乡村卓越工匠之师实验班。

本研究成果主要内容包括：第一，构建“三界协同”的运行机制。“三界”即指政界、学界、业界。政界即县乡政府；学界即培养学校，包括本科院校和职业院校；业界即产业界。“三界协同”指由政界主导、学界实施、业界参与形成的需求导向运行机制，即县乡政府根据当地社会经济需求，规划乡村工匠之师需求数量和结构，落实编制，制定招生计划；产业界根据市场需求提出专业设置建议，提供乡村工匠之师实习基地和兼职教师；培养院校根据人才成长需求，面向中职学校和普高招收相应专业学生，与职业院校、企业联合定制培养乡村中职学校卓越专业课教师。第二，构建“三双共生”的培育机制。“三双共生”质量保障机制，即“双导师、双基地、双证书”。在培养主体方面，确定校内学术导师和校外专业导师结合，分别开展理论指导和实践指导；在培养环境方面，建立校内理论教学基地、校外专业教学基地（职校专业教学基地和企业职业教学基地），注重理论学习和实践锻炼；在功能方面，物资循环、能量流动和信息交流，使学生获得“学历证书”和“职业资格证书”。第三，构建“三术共育”的成才机制。(1) 技术导向：预备工匠之师培养（中职阶段）。以培养技术技能为主的中职预备工匠之师培养阶段，采用“校校企”模式，即招生院校、中职学校和企业联盟，为工匠之师培养预备生。在汨罗、祁阳、安化、桃源、南县、平江、益阳、湘阴、长沙、蓝山等17所中职学校设立乡村卓越工匠之师预备培养基地。(2) 教术导向：优质工匠之师培养（本科阶段）。以培养教育教学能力为主的本科优质工匠之师培养阶段采用“政校校”联合模式，即由省教育行政部门批准，面向预备培养基地对口招生，先后开办教育学、农学、动物医学、动物科学、教育技术学、车辆工程、机械制造、汽车服务工程、应用心理学、英语教育等28个专业乡村卓越工匠之师实验班。（3）学术导向：卓越工匠之师培养（研究生阶段）。以培养学科学术能力为主的研究生卓越工匠之师培养有两条路径，一是实验班保送，二是中职教师在职攻读。

本研究主要有三个方面的创新。一是在国内首次界定乡村卓越工匠之师内涵特征。乡村卓越工匠之师是指有乡愁、会乡技和懂乡知的县级职业中专学校骨干教师、教学名师和顶级教师等卓越师资人才，即“浓乡型”工匠之师人才。具有乡村性、卓越性、师范性和技术性特征。二是建构了乡村卓越工匠之师素质标准。构建“一专多能”（多面手）素质结构，由职业素质、心理素质和身体素质构成，体现在德识（善乡愁）、技识（会乡技）、知识（懂乡知）、见识（能乡识）、器识（得乡道）等方面，具有浓郁的乡村特性。三是探讨了乡村卓越工匠之师成长规律。即乡村卓越工匠之师需经历从“新手—熟手—能手—高手—旗手”的成长过程。具体来说，本研究具有两性：一是具有培养模式的首创性。文献检索表明，目前国内尚无乡村卓越工匠之师培育系统研究的先例和“3D”模式，本研究在国内具有首创性。二是具有国家战略的实证性。国家先后颁布了卓越教师培养计划，乡村教师支持计划，急需理论解释和案例支持，本成果为国家战略提供了实证与案例，具有人才指向的乡村性。

三十年来特别是近几年，湖南乡村卓越工匠之师培养模式成效显著，产生广泛的社会影响。2015年，先后在湖南农大召开“乡村卓越工匠之师培养培训学校论坛”和在湖南蓝山县召开“乡村卓越工匠之师培养培训政校企协同论坛”，来自全国80余名代表学习和交流了“3D”模式；先后赴广州、海南、青岛、佳木斯、赣江、开县、雅安、镇江、湘潭、娄底等地邀请讲学和做相关项目。时任湖南省人民政府副省长许云昭为《职业院校双师型教师教育研究》作序评价：“该书既有理论性、又有实践性，既有宏观研究、又有个案研究，不失为该研究领域的创新之作、鼎力之作。”同时，吸引了大批同行专家前来考察学习。先后有贵阳市人民政府、中国职业技术教育杂志社、职教论坛杂志社、职教通讯杂志社、广州市人社局、华东师范大学、山东理工大学、重庆师范大学、广东技术师范大学、天津现代职业技术学院、深圳第二职业技术学校、中山市技师学院、广东省旅游职业技术学校、广东外贸职业学校、四川省贸易学校、广东湛江技师学院、玉溪农业职业技术学院等共计20余家政府、研究机构和学校前来考察学习。本研究成果引起国内多家媒体关注。2016年3月和4月，中国教育报分别以《乡村职业教育呼唤“浓乡型”教师》和《乡村工匠之师建设的“五难”与“五解”》为题予以报道。2015年10月，《湖南日报》高度评价：“湖南农业大学率先提出3D乡村卓越工匠之师新模式”；《湖南科技报》以《湖南农业大学乡村卓越工匠之师培养创新，“3D”模式打造“浓乡型”人才》为题进行报道、《三湘都市报》以《湖南农大成乡村职教老师摇篮》等文予以报道。

随着乡村教育的进一步发展，本研究将进一步深化和完善。研究内容上，需进一步细化培养标准，完善培养模式，使理论与实践结合得更为紧密。研究视野上，由国内研究向国际研究转变，使该成果能得到更好的推广。

周明星

2021年2月于湖南农业大学

目　　录

第一章　乡村卓越工匠之师培育概述

第一节　研究背景

党和国家领导人指出，要加大对农村地区、民族地区、贫困地区职业教育支持力度，努力让每个人都有人生出彩的机会。2014 年，国务院《关于加快发展现代职业教育的决定》提出：“加大对农村和贫困地区职业教育支持力度……积极发展现代农业职业教育，建立公益性农民培养培训制度，大力培养新型职业农民。”随着该文件的出台，农村职业技术教育面临着新的发展机遇，但是农村、农业职业学校教师队伍的现状与其很不适应，存在着师资数量不足、教学技能不足、师范素质偏低等问题，制约着现代农业职业教育的进一步发展。因此，2015 年，教育部、财政部《关于实施职业院校教师素质提高计划的意见》中强调：“重点支持中西部、农村和民族地区教师队伍建设。”国务院办公厅 2015 年《乡村教师支持计划（2015—2020）》指出：“到 2020 年全面建成小康社会、基本实现教育现代化，薄弱环节和短板在乡村。发展乡村教育，帮助乡村孩子学习成才，阻止贫困现象代际传递，是功在当代、利在千秋的大事。发展乡村教育，教师是关键，必须把乡村教师队伍建设摆在优先发展的战略地位。”同时，国家自 2010 年起正式实施卓越教师培养计划。2014 年 8 月，教育部颁布《关于实施卓越教师培养计划的意见》，明确提出要“建立高校与地方政府、中小学协同培养新机制，培养一大批师德高尚、专业基础扎实、教育教学能力和自我发展能力突出的高素质专业化的卓越中学教师、卓越小学教师、卓越幼儿园教师、卓越中等职业学校教师”。

2016年国务院《政府工作报告》中提出，要实现《中国制造2025》确定的目标和任务，从“制造大国”变为“制造强国”、从“中国制造”转向“中国智造”，尤其需要培育和弘扬工匠精神。紧接着2017年的《政府工作报告》指出，要大力弘扬工匠精神，厚植工匠文化，恪尽职业操守，崇尚精益求精，培育众多中国工匠，打造更多享誉世界的中国品牌，推动中国经济发展进入质量时代。在2017年教师节前夕的9月8日，李克强总理考察天津职业技术师范大学时，对学生们说：“你们不是一般的工匠，你们是‘工匠之师’。”要“让工匠精神深入每件产品的每道工序”。“工匠之师”是继2016年和2017年《政府工作报告》中提出弘扬工匠精神，培育中国工匠之后，按照“兴大国工匠，必贵师而重傅”的规律而提出的。可以说工匠精神、大国工匠、工匠之师三位一体，缺一不可。弘扬工匠精神切中时弊、符合时需，唤起人们干一行爱一行、精益求精的谋事创业精神。

基于这样的时代背景下，本文提出的乡村工匠之师的培育，也就是对农村地区职业教育教师的培养，唯其是工匠之师，因此培育的目标是乡村职业教育的卓越教师。

第一，党和政府历来重视卓越教师的培养。新中国成立以来，党和政府一直非常重视卓越教师的培养问题，把培养和造就大批师德高尚、业务精湛、能力突出、作风优良、为人师表的优秀教师作为推进人才培养和发展教育事业的重要任务。1978年，教育部、国家计委下发《关于评选特级教师的暂行规定》，1993年，国家教委、人事部、财政部又将上述《暂行规定》修订为《特级教师评选规定》，明确指出：“‘特级教师’是国家为了表彰优秀的中小学教师而特设的一种既具有先进性又具有专业性的称号。特级教师应是师德的表率、育人的楷模、教学的专家。”这里所称的特级教师就是卓越教师，其内涵就是师德表率、育人楷模和教学专家。2014年9月9日第30个教师节前夕，习近平总书记同北京师范大学师生代表座谈时指出：“教师重要，就在于教师的工作是塑造灵魂、塑造生命、塑造人的工作。一个人遇到好老师是人生的幸运，一个学校拥有好老师是学校的光荣，一个民族源源不断地涌现出一批又一批好老师则是民族的希望。”“要加强教师教育体系建设……找准教师教育中存在的主要问题，寻求深化教师教育改革的突破口和着力点，不断提高教师培养培训的质量。”

第二，国家正式实施卓越教师培养计划。教育部根据《国家中长期人才发展规划纲要（2010—2020）》和《国家中长期教育改革和发展规划纲要（2010—2020）》的有关精神，着手实施卓越教师、卓越工程师、卓越医师和卓越律师四类人才培养模式的改革试点工作。2010 年 6 月在天津召开卓越工程师培养工程会议，正式启动卓越计划。2012 年，教育部组织部分师范院校开展卓越教师培养体制改革试点项目方案，创造性地实施了卓越教师人才培养计划。2014 年 8 月，教育部颁布《关于实施卓越教师培养计划的意见》（教师〔2014〕5 号），明确提出要“建立高校与地方政府、中小学协同培养新机制，培养一大批师德高尚、专业基础扎实、教育教学能力和自我发展能力突出的高素质专业化”的卓越中学教师、卓越小学教师、卓越幼儿园教师、卓越中等职业学校教师和卓越特殊教育教师。

第三，卓越教师是现代职业教育发展的重要条件。2014 年，国务院《关于加快发展现代职业教育的决定》（国发〔2014〕19 号）指出：要“总体保持中等职业学校和普通高中招生规模大体相当”，加强“专兼结合的‘双师型’教师队伍建设”，“完善教师资格标准，实施教师专业标准”。教育部、发改委等六部委联合颁发《现代职业教育体系建设规划》，要求加快“‘双师型’职业教育师资培养”，不断“完善教师培养制度”。

虽然在政策的推进下，我国工匠之师——卓越职业教师师资队伍建设取得了突出成绩，素质结构不断优化，培养培训体系不断完善，以骨干教师和校长为重点的师资培养培训活动广泛开展，教师企业实践制度全面推进，但是我们也应该清醒地认识到，与新形势下提高教育质量和努力办好人民满意的职业教育的要求相比较，乡村工匠之师队伍还存在着许多不足，尤其是师资队伍质量不高、数量不足的问题，已严重影响到了职业教育人才培养的质量，并在更深层次上制约着职业教育的发展规模。因此如何培育一支质量过硬、数量充足的乡村工匠之师队伍，是当前和今后职业教育工作中一项十分迫切而重要的任务。

第二节　概念界定

一、工匠之师

“工”在古代主要有“工具”“精巧”“擅长”“技术”“乐官”“工匠”等含义。《汉语大字典》（以下简称《大字典》）：“工，工匠；工人。”《大字典》：“工，古时对从事各种技艺的劳动者的总称。”“工”指工匠在先秦已经出现，如《荀子·宥坐》：“太庙之堂亦尝有说，官致良工，因丽节文，非无良材也，盖曰贵文也。”“匠”在古代主要有“工匠”“制造”“治理”“经营”等义。《说文·匚部》：“匠，木工也。”《大字典》：“匠，木工。亦泛指工匠。”《辞源》：“匠，技工的通称。”

“工匠”在现代汉语中较常用。《大字典》：“工匠，从事手艺的人。”“工匠”在先秦已经大量出现，如《庄子·马蹄》：“夫残朴以为器，工匠之罪也。”《逸周书·文传》：“山以遂其材，工匠以为其器，百物以平其利，商贾以通其货。”《韩非子·外储说左上》：“故人主之于国事也，皆不达乎工匠之构屋张弓也。”工匠来源于劳动中，没有劳动就没有工匠之称谓。而劳动一般分为基本劳动、基础劳动和高级劳动。基本劳动是你求得生存的最基本活动，比如说你得动用筷子，才能吃到饭。基础劳动是一个人通过劳动，体现出了价值，从而获得基本的生存能力。基础劳动里有高级劳动的成分，基础劳动做到极致，就会变成高级劳动，比如说把普通的刺绣变成为高级的、精工的刺绣，就更能体现出高级劳动的价值和才能。在现代，工匠就是从事着这样一种高级劳动，有着工艺专长做事精益求精的匠人。

工匠之师不是一般的工匠，也不是一般的教师，而是集师傅与教师于一身，不仅要求具有精通的专业技术技能，还要求具有教育教学技巧，不仅要有良好的教师职业精神，还必须具备工匠所对应的行业职业精神①。因此，工匠之师既要懂教育理论与教育实践，又要懂专业理论与专业实践技术技能；既要教书育人，又要带徒传艺；既要立德树人，又要传道授业；既要传授职业之技，又要传承工匠之道；既要修炼匠心，又要做到格物致知；既要言传，还要身教②。

二、双师型教师

双师型教师的概念是在20世纪80年代中后期职业教育重理论、轻实践，重知识传授、轻能力培养的情况下，为了加强实践性教学环节、促使理论教学和实践教学有机结合、适应以能力培养为主线的职教理念而提出的。但是，职业院校的实践却是一个概念，各自表达，一定程度上影响了双师型教师专业化和专业发展。

我们认为所谓职业院校教师就是各级各类大中专职业院校中既能讲授专业知识，又能开展专业实践；既能提升学生人格价值，又能指导学生获得与个人个性匹配的职业的一种复合型的教师。归纳起来，即为双层次型教师。第一层次为能力之师，即经师（经典专业知识）+技师（精湛专业技术）；第二层次为素质之师，即人师（价值引导）+事师（职业指导）。我们认为，双师型教师这一概念已为职业教育界认同和接纳，已成为职业学校教师专业化的一种特定的符号和特殊的意义。在转型时期，特别是就业导向背景下，其概念称谓可以不变，但应该赋予其新的内涵：第一，它是一个广义的概念。一是不仅仅限于学校职业教育，二是不仅仅狭义在知识领域里。我们认为，学校职业教育就是培养和培训准职业人，其施教就是传授一种广义的“知识”，即经验知识、技术知识、做人的知识和做事的知识。第二，它是一个递进的概念。这种新型的双师型教师的“双师”的功能是从初级到高级递进的过程中体

① 董显辉. 工匠精神视野下的工匠之师培养探析［J］. 职教论坛，2018（2）：86-90.

② 曹晔. 培养工匠之师支撑中国制造［N］. 中国教育报，2017-10-10.

现的，初级阶段的“双师”主要指向为专业知识和专业技术，高级阶段的“双师”主要指向为职业人所具备的职业理想和职业态度，以及体现与自己职业人价值匹配的职业。第三，它是一个目标达成的概念。两个层次“双师”对应达成“双标”。第一层次的“双师”达成职业能力的目标，第二层次的“双师”达成职业素质的目标。终极目标是学生经过这种新的双师型教师培养而形成综合职业能力，由准职业人成长为符合社会规范的职业人[①]。

三、卓越与卓越师资

在“卓越”一词中，“卓”的本义是超然独立、高明、高超、高远，“越”的本义是经过、超过。“卓越”整体的释义为：杰出，超出一般，非常优秀；表示技艺或成就高超出众。卓越人才，就是非常优秀、顶尖级的人才。“卓越”一般理解为是比优秀更高一级程度，或者说是“优秀中的优秀”，但这些程度词通常是没有明确的量化边界的，到底什么程度属于卓越、什么程度属于优秀但达不到卓越是难以明晰的。不过，如果单纯从统计学意义上讲，可以认为按照T检验的P值5%或1%进行限定，基本可以明晰卓越的比例。通常而言，我国各省份的特级教师比例一般不超过本省在职教师总数的千分之二。

“卓越师资”这一概念的提出是基于卓越工程师和双师型教师等的启示，是对职业教育高水平师资的一种预期。“卓越教师”顾名思义就是教师队伍中的卓越者，就是教师群体里非常优秀的老师。这里遇到两个困难：第一个是关于什么是卓越或优秀的界定，不同教育流派、不同教育思想都有不同判断，因此实践中这样的讨论常常处于争议中；第二，具体明晰卓越的边界十分困难，判断优秀到什么程度的教师属于卓越教师难以找到量化的边界。所以“卓越教师”是一个动态的概念，随

① 董桂玲，唐林伟，周明星. 职业院校“双师型”教师内涵新解［J］. 天津工程师范学院学报，2005（2）：51-53.

着对教师专业认识与理解的发展而不断变化；"'卓越教师"又是一个相对概念，任何时候、在教师群体中无论选择何种卓越的内涵，都可以找到属于卓越的群体。

卓越教师目前可以理解为具有崇高的职业伦理精神、合理的知识与能力结构、正当的专业权力意识、较高的教学技能水平、鲜明的教学风格、突出的组织管理能力和可持续的专业发展能力的教师。

四、"3D"人才培养模式

（一）模式

"模式"一词在现代社会中运用较为普遍。汉语中，模式指"标准的形式或样式"。在英语中，它和"模型""模范"是同一个词，都是model。西方学术界通常把模式理解为经验与理论之间的一种知识系统。有学者认为：模式是再现现实的一种理论性的简化形式。它有三个要点：第一，模式是现实的再现；第二，模式是理论性的形式；第三，模式是简化的形式。

"模式"一词的流行是近年来的事，1980年版《辞海》还没有收入该词条。但人们普遍认为，"模式"一词的英文是model，而根据《韦伯斯特第三版新国际辞典》（1981），model作为名词共有14种释义，其中包括"模范人物""服装模特儿""铸造模具""三维实物模型""著作摘要""理论模式"（如原子理论模型）、"理论方面的关系图式（投影）"和"蓝图"等①。

辞典释义不等于定义。由于"模式"一词的多义，给"模式"下一个严格定义是困难的。但任何理论研究的前提是必须明晰概念，因而下定义是非常必要的。我们认为，根据"模式"一词的辞典释义和它在各学科领域，尤其是在课程领域使用的实际情况，可以从以下三个由具体到抽象的层面给"模式"下一个比较完整的定义：①模式是供人们分类、参照或复制的一类事物中具有典型特色的代表性事物。它具有特征

① Webster's third new international dictionary [M]. Massachusetts: Marriam.

方面的典型性和功能方面的代表性，它提供了一种范例。②模式是为人们更深刻地认识事物，便于人们进行观察和研究而运用文字符号、图像等表征手段对事物的重要因素、关系、状态、过程等所作的概括性呈示方式。它具有概括性、描述性和阐释性，它提供了一种理论模型或图式、对于同一事物的不同概括性显示方式，虽然模式的图像不一样，但模式的实质和主特征没变。当然，同一事物在其不同的发展阶段，其模式可能不一样。③模式是构造、生成或复制符合人们需要的具体事物的构造性框架，具有构造性和规范性。它提供了一系列原则性的规定、法则，这些规定和法则既符合事物的客观规律，又符合人们的价值准则[①]。

模式是位于经验和理论之间、目标与实践之间的那种知识系统，即“某种事物的标准形式，或使人可以照着做的标准样式”。培养模式是以某种教育思想、教育理论为依据建立起来的既简便又完全的范型，可供学校教育工作者在人才培养活动中据以进行有序的实际操作，能够实现培养目标。它集中体现了人才培养的目的性、计划实施性、过程控制性、质量保障性等一整套方法论体系，是教育理论与教育实践得以发生联系和相互转化的桥梁与媒介[②]。

人才培养模式最高的抽象和概括就是培养人的方式（即方法与形式）。人才培养模式是学校为学生构建知识、能力、素质结构，以及实现这种结构的方式，它从根本上规定了人才特征并集中地体现了教育思想和教育观念[③]。人才培养模式就是有目的、有计划地增强人们的知识与技能、培养能力和提高素质的基本方法与形式。

人才培养模式的分类有多种，这里主要依据人才培养过程进行分类。一个人从出生到培养成才，大致可分为两个阶段：

第一个阶段是从小学开始到大学毕业，主要通过学校教育这种模式

---

① 黄克孝. 职业和技术教育课程概论［M］. 上海：华东师范大学出版社，2001：72-73.

② 龚怡祖. 论大学人才培养模式［M］. 南京：江苏教育出版社，1998：235.

③ 中华人民共和国教育部. 关于深化教育改革、培养适应21世纪需要的高质量人才的意见［R］. 1998-04-10.

来进行人才培养，即进行初级（基础）人才的培养。在其中依据面授和媒体在人才培养中所起的不同作用，又分为以课堂面授为主的传统学校教育模式和以多种媒体教学为主的远程教育模式等。

第二个阶段是从大学毕业走上工作岗位，直到退休，主要通过社会实践来进行人才培养，即进行初级以上的中、高级人才培养。在其中根据人才培养方式不同，又分为在职培养模式、师徒培养模式和自我培养模式等。

本文所构建的“3D”人才培养模式，即探索“三界（Demarcation）共商”+“三双（Double）共生”+“三术（Dimension）共育”的“3D”新模式，培养出一批“懂乡知、善乡愁、会乡技”的“浓乡型”民族工匠之师，形成公共教育阻贫的特色。

（二）全息共振模式

湖南农业大学在乡村卓越工匠之师培育过程中建构了“全息共振”人才培养模式。所谓“全息”，这是一个影像学中的专业术语，即可以让从物体发射的衍射光能够被重现，其位置和大小同之前一模一样。具体到乡村工匠之师来说，就是缩影乡村工匠之师的“技”与“魂”，研制与其“一模一样”的培养标准；所谓“共振”，是一个物理学上的概念，是指一物理系统在特定频率和波长下，比其他频率和波长以更大的振幅做振动的情形。具体到乡村工匠之师育训来说，就是相关育训要素按照一定的内在机理，各自发挥相关作用来提升乡村工匠之师育训效能，形成“1+1>2”的共振作用。由此，“全息共振”模式即在乡村卓越工匠之师育训过程中，首先通过调研、观察等手段提取乡村卓越工匠之师的“模样”，包括德识（善乡愁）、技识（会乡技）、知识（懂乡知）、见识（能乡识）、器识（得乡道）的品德、才学和技术；然后根据乡村卓越工匠之师的“模样”研制人才培养标准和方案；最后，聚集乡村卓越工匠之师育训诸要素形成“共振”生态系统，即政界、学界、业界“三界共商”的运行机制、双导师、双基地、双证书的“三双共生”育训系统和技术、教学、学术“三术共长”的质量体系。

第三节　文献综述

从目前掌握的资料来看，国内外学者对于“卓越工匠之师”的研究鲜见，对于“工匠之师”的研究也甚少，而不乏对“卓越教师”的研究。本书尝试从以下几方面进行分析：

一、国外研究现状

通过对国外中职学校资助研究成果进行梳理与归纳，可以发现国外已有的研究文献多以卓越教师和工匠之师为切入点。据此，笔者主要从卓越教师、卓越教师的培养与工匠之师的培养等三个方面的研究进行了文献梳理。

1. 关于卓越教师的研究

首先，对卓越教师内涵的研究。卓越教师有多种称谓，如 super teacher，accomplished teacher，elite teacher，top teacher，high performing teacher，outstanding teacher，quality teacher，effective teacher 等。国际上对卓越教师内涵的研究主要从卓越教师的性格特质、专业性向、实践能力、价值取向、对卓越的信念几个方面展开。具体的有：1991 年来自美国科密科他社区学院（Chemeketa Community College）的海基曼、维基、卜吉特、吉姆（Hilgemann，Vickie，Blodget，Jim）等发表于《泰晤士报教育增刊》的文章《卓越教师不是机械拼凑》中研究并总结了城市学院卓越教师的 12 条标准，包括与学生和谐相处、尊重学生；教师之间的交流与合作；师生关系；对学生的支持；教学技能；教师能力；教师的灵活性；交流能力；工作热情；专业知识；教学目标的明确性和课堂环境①。其次，对卓越教师关键特征的研究。美国学者弗德曼（Feldman，1976）从学生视角分析了卓越教师（superior college

① DONALDSON，G. Excellent teachers are not photofits：Comment [J]. The times educational supplement scotland，2011 (3).

teachers）的关键特征，具体包括：能够激发学生兴趣；讲解内容清晰易懂；通晓所讲授学科知识；精心备课；热爱所从事的学科的教学工作；关爱、尊重学生，并能给予有效的帮助和指导，包容开放，鼓励学生质疑和讨论。与弗德曼不同，肯·贝恩（Ken Bain）则认为，卓越教师的关键特征涵盖正确做事和正确做人两个方面，在教学上卓越教师遵循七条普遍的原则：①创造一个自然的批判的学习环境；②引起学生的注意并且保持下去；③从学生本身而不是从学科出发；④确定责任；⑤帮助学生进行课外学习；⑥帮助学生从专业角度思考问题；⑦创造多元化的学习体验[①]。1987 年全美专业教学标准委员会（NBPTS）提出的美国卓越教师的关键特征，肯·贝恩的观点有别于 NBPTS 认为卓越教师的关键特征具体包括五个方面：①从事教育工作的使命感；②稳定而持久的工作动力；③对工作的事业心与上进心；④获取成就的动机与欲望；⑤对教学具有高度的自我调节和完善能力[②]。最后，也有对卓越教师工资进行研究的学者，国际社会就提高工资标准是吸引优秀人才从教的根本保障这一做法已基本达成共识，各国纷纷出台提升教师工资标准的政策，把提升教师工资从口号转化为实践。英国从 2003 年起，每年发布一次《学校教师工资和条件法》（*School Teachers' Pay and Conditions Document*），事无巨细地列出学校各级各类教师的工资标准和工作条件，为找寻工资标准和追求卓越的教学之间的联系提供了重要的参考信息。作为教育先进国之一的韩国，其成功的教育教学经验常被美国、英国等发达国家所借鉴。为了吸引和留住优秀人才任教，韩国的金一静（Ee-gyeong Kim）和韩友坤（You-Kyung Han）从教师工资入手，对韩国教师 1985—2007 年的工资作了深度分析和解读，为政府决策提供建议。2008 年发表于韩国教育政策开发院《教育政策》杂志的《韩国教师工资，1985—2007：深度分析和政策建议》一文详述了教师工资概念、教师工资结构、教师基本工资和教师津贴、工资的影响因素

---

① 贝恩．如何成为卓越的大学教师［M］．北京：北京大学出版社，2010：16-20.

② 罗静．美国优秀教师的人格特征及启示［J］．现代教育论丛，2011（2）：65-67.

等问题，并提出了整体提升工资标准，优化工资体系；增加基本工资额度，公开评价方法；以教师成就、绩效、能力等指标科学量化工资津贴三项建议①。

2. 关于卓越教师培养的研究

国外很早就开始关注教师教育的培养质量，多个国家也出台政策来保障高校开展卓越教师培养工作；诸多研究者结合自身国情，对卓越教师的培养路径有深刻见解。美国于 1999 年出台《教师质量：关于公立学校教师的培养和资格》（*The Quality: A Report on the Preparation and Qualifications of Public School Teachers*）、2011 年出台《我们的未来，我们的教师：奥巴马政府教师教育改革与改进计划》（*Our Future, Our Teacher: The Obama Administration's Plan for Teacher Reformand Improvement*）、2012 年出台《教师培养改革法案》（*The Education Preparation Reform Act*）等。亚瑟·莱文等的研究报告介绍了美国大学在招生、培养计划、评价等方面不同形式的卓越教师职前培养路径②。美国关于卓越教师职前培养研究的重要著作有肯尼斯·蔡纳克等所著的《卓越教师教育研究：本科水平的培养》《卓越教师教育研究：研究生水平的培养》等③。琳达·哈蒙德认为卓越教师的培养应多注重实践性，应与中小学合作，培养教师持有共同信念，促进理论与实践相发展④。英国早从 2002 年起，就陆续出台一系列教育法，促进教师专业发展，2004 年实施卓越教师计划，2007 年建立全国教育卓越委员会，促进卓越教师计划发展，2011 年，政府颁布《培养下一代卓越教师》文件，重点关注教师教育职前培养，提高职前教师培养质量。加拿大政

---

① KIM, HAN, Park. Teachers' salaries in Korea, 1985 to 2007: an in-depth analysis and policy recommendations [J]. KEDI Journal of educational policy, 2008, (7).

② LEVINE. Education school teacher [EB/OL]. (2014-11-25) [2020-11-19]. http://www. edschools. Org/pdf/education_teachers_report/pdf.

③ 付淑琼. 美国中小学卓越教师职前培养的质量保障机制研究 [M]. 上海：华东师范大学出版社，2016：6.

④ HAMMOND. Constructing 21st-century teacher education [J]. Journal of teacher education, 2006 (5): 305-307.

府认识到优质教学的重要，期望通过培养卓越教师提高学生质量，以期将学生培养成善于勤于思考、具有道德素养和开拓精神的三有公民。为达到此目的，加拿大政府于 2013 年开始实施卓越教师计划，并成立由立法机关、教育专家、教师、家长以及学生等组成的工作小组，通过资料阅读、线上线下研究讨论等途径来推动卓越教师计划的开展。不同学者以不同学院的卓越教师培养为例，指出其中存在的问题并提出对应的解决策略，以及开展对别国的研究，这对卓越工匠之师的发展有一定的启示。

3. 关于工匠之师培养的研究

在西方，学者们很早就开始注意到有关工匠精神的问题。以 19 世纪的德国为例，当时的德国除了建立与支持大批技术学校开展技术教育外，还变革了工匠认证制度。德国人认为，他们就是要对职业抱有一份敬畏之心，并心怀感恩与虔诚，实行在入职前的庄严宣誓制度，发展工匠精神。亚力克·福奇认为，工匠精神已不再是手艺人的职业道德追求，而是作为任何人类行为工作的普遍追求，所以工匠精神又体现了对永恒存在与高尚人格的不懈追求。宗教改革领袖马丁·路德认为，干什么工作不重要，重要的是能否将这份工作做到尽善尽美。对于作为基督教徒的工匠而言，追求卓越、追求完美与极致是最为重要的。

国外没有工匠之师这一说法，更没有相关对卓越工匠之师的研究。但是一些教育家的思想中体现了工匠精神。比如法国思想家蒙田说过："教育不是为了适应外界，而是为了自己内心丰富。"[①] 如果每一位教师都能够始终坚持潜心研究教育，那么就能摒除烦躁、名利，回归教育本真。苏霍姆林斯基在《给教师的一百条建议》中提道："对每一节课，我都是用终生的时间来备课的。"[②] 这也是工匠精神的体现。若按斯宾塞"教育是为完满的生活做准备"[③] 一说，每个教师都应当学习如何做

① 蒙田. 论儿童教育［M］. 马振聘，译. 上海：上海人民出版社，2016：7.

② 苏霍姆林斯基. 给教师的一百条建议［M］. 天津：天津人民出版社，1981：11.

③ 斯宾塞. 斯宾塞的快乐教育全书［M］. 北京：北京理工大学出版社，2015：9.

一名好的教师，这是一个民族一代又一代的盛业，所以这其中必然存在躲不掉、绕不开的求真与实干定律，方能构筑你我的教育大厦。国外的研究表明了作为一个教师应该拥有一种什么样的精神来对待自己的事业。

二、国内研究现状

笔者以“卓越教师”为主题，文献搜索找到1348条结果，研究领域主要在教育学，但也有少部分学者在教学方面进行了一些研究。以“工匠之师”为主题，在CNKI全文数据库中没有查到与之相关硕博论文，期刊论文找到129条结果，其中与本研究相关的论文有112篇。从时间上看，进入2016年以后，此研究领域受到的关注日益增多，相关研究文章也逐年增加，研究热情逐步提升。据此，笔者从卓越教师培养模式、工匠之师的培养途径等方面进行文献的梳理。

1. 关于卓越教师的研究

刘建玲和陈勇以关注生命为基点，探索对卓越教师专业化活动的追求，为教师专业化的现实发展谋求理想境界[①]。陈勇立足我国2010年启动实施的卓越教师人才培养计划，通过了解生命教育在卓越教师培养过程中的重要性，指出进一步加强生命教育将对卓越教师培养起到至关重要的作用[②]。陈永明的《教育领导学》从对卓越教师的内涵和理念研究出发，阐述卓越教师与教育领导和卓越教育的关系。文中指出：要有卓越的教育必须有卓越的教师，而卓越教师的产生与卓越的教师教育密不可分。教师领导者是教师中出类拔萃的英才，卓越教师的代表[③]。黄正平2011年著文《有好的教师才有好的教育——关于教师教育精英化的思考》，明确提出教师教育应当是培养未来优秀教师的精英教育，教师教育精英化是国际教育发展的基本趋势，是时代发展的应然取向和社

① 刘建玲．追求卓越：教师专业发展的生命观照［J］．课程·教材·教法，2005（1）：69．

② 陈勇．“卓越教师培养计划”背景下高师院校生命教育思考与探索［J］．阜阳师范学院学报，2013（1）：130．

③ 陈永明，等．教育领导学［M］．北京：北京大学出版社，2010：320．

会进步的现实诉求[①]。李琼、吴丹丹、李艳玲以北京市 815 名中小学新教师、有经验的普通教师与获得国家级荣誉的卓越教师为样本，厘析中小学卓越教师的关键特征，得出教学组织与管理、学科教学知识、教学反思与研究是中小学卓越教师共同的关键特征；所持的学生观与教学特色是小学卓越教师区别于有经验普通教师、新教师的关键特征，而学科知识与专业精神则是判别中学卓越教师与其他两类教师的关键特征的结论[②]。

2. 关于卓越教师培养模式的研究

有关卓越教师实践培养模式的探索和研究，主要有：孟宪兵在其论文中介绍了全程教育实习模式的概念、特点，以及全程教育实习模式理论构建、理论运用和实施操作中必须遵循的基本要求[③]。李玉光在其论文中，以主体性发展作为教育实习模式的研究基础，把高师院校教育实习的模式划分为三种，并分别论述了每种模式的内容和特点[④]。赖志群等在其论文中认为，全程教育实践培养模式的理论基础为现代认知心理学理论和社会学理论；教育实践活动应贯穿师范生四年学习过程的始终；文章还进一步论述了该模式的六个显著特征[⑤]。郑婕在其论文中，对我国高等师范院校的五种教育实习模式进行了分析比较，并针对不同的教育实践模式，提出了科学的优化建议[⑥]。王秋方在其硕士论文中认为，我国当前的教师教育实践中施行的是“理论—应用性教育实习模式”[⑦]。

---

① 黄正平. 有好的教师才有好的教育——关于教师教育精英化的思考［J］. 河北师范大学学报，2011（6）：65.

② 李琼，吴丹丹，李艳玲. 中小学卓越教师的关键特征：一项判别分析的发现［J］. 教育学报，2012（8）：89.

③ 孟宪宾. 全程教育实习模式及其构建原则［J］. 教育探索，1999（2）：19-20

④ 李玉光. 试论高师院校教育实习的三种模式［J］. 嘉应学院学报（哲学社会科学），2004（1）：90-95.

⑤ 赖志群，马珍萍，陈望波. 高师全程教育实践培养模式［J］. 上饶师范学院学报（社会科学版），2006（1）：101-104.

⑥ 郑婕. 高等师范院校教育实习模式的比较研究与建议［J］. 湖北师范学院学报（哲学社会科学版），2007（2）：130-132.

⑦ 王秋方. 综合性地方本科院校教育实习模式研究［D］. 武汉：华中师范大学，2008.

刘爱华等在其论文中指出，赣南师范学院结合自身实际，针对高师教育实习的新变化，提出了“三位一体”的互动式教育实习管理模式①。宋原在其论文中，论述了福建师范大学以国家教师专业标准为导向，改革教师教育课程；同时，在文中论述了结合自身学校实际建构的“三阶段六层次”旨在提高师范生教学能力的教育实践培养模式②。同时，国内出现一批学者尝试对卓越教师培养标准进行研究，主要有：刘利平、朱广东在其《浅谈卓越教师的标准及其培养路径》一文中，先提出卓越教师培养的现实意义，然后指出新时期卓越教师的标准是必须具有为人师表的人格风范，必须具有健全的民主法治观念，必须具有强烈的创新意识，必须具有良好的研究能力，必须具有深厚的文化底蕴和完备的知识结构。李巍在其论文中认为，新形势下的卓越教师标准应当是全面的知识结构、良好的师德与健康的人格、反思能力与创新意识、对待学生的亲和力。

3. 关于工匠之师的培养途径的研究

董显辉论述了培养工匠之师需融入工匠精神的重要性和工匠精神培育机制，建议职业技术师范学院通过调整培养目标指标、推行校企合作的学徒制培养模式、加强德艺双馨双师结构教师队伍建设和营造富有工匠精神的校园文化等途径培养工匠之师③。吴涛以实证研究的方式，对工匠之师的实践主体加以界定，提出了加强现代学徒制的实施，全面深入推进校企合作和重视举办或参加技能竞赛的培养途径④。曹晔在《中国教育报》上提出工匠之师要动脑动手、知行合一，把专一、专心、专注、专业融入教学和工作的每一项任务、每一个细节，打磨出更多的精

---

① 刘爱华，刘海英，陈称福．新形势下互动式教育实习模式探索［J］．湖北经济学院学报（人文社会科学版），2011，8（9）：177-178.

② 宋原．构建教师教育实践培养体系的新探索：以福建师范大学为例［J］．兰州教育学院学报，2013，29（8）：106-116.

③ 董显辉．工匠精神视野下的工匠之师培养探析［J］．职教论坛，2018（2）：86-90.

④ 吴涛．职业教育“工匠之师”培养途径的调查与思考［J］．河南教育（职成教），2018（11）：46-49.

品，做中教，做中学，培养出更多敬业守信、精益求精的工匠，打造出高水平的中国制造[①]。韩颖畅在基于工匠之师的教师发展研究一文中提到为满足教育改革，基于工匠之师，建设教师教学发展管理服务平台，帮助教师提升教学能力、提高教学质量势在必行[②]。廖永艳就新时代高职教师工匠精神的培育提出了深化高职教师工匠精神培育重要性认识、加强高职教师工匠精神培育顶层设计、营造高职教师工匠精神培育氛围、探索建立高职教师工匠精神培育激励机制、加快高职教师工匠精神培育教材开发、切实做好高职教师工匠精神跟踪培训、高度重视高职教师工匠精神实践锻炼七条路径建议[③]。李新红从行政、学校、个体三个层面对工匠之师的培育提出了自己的见解[④]。

三、研究述评

从以上分析得知，国内外学者基于"'3D'模式"理论与范式，对乡村卓越工匠之师培养研究基本上为空白，对乡村工匠之师的培养研究文献较少，对培养卓越教师也尚未进行深度专项研究。但学者们对卓越教师、培养模式等方面的研究，却为本书的研究提供了重要的支撑和丰富的条件，这些研究成果对乡村卓越工匠之师培育都具有较大的借鉴和指导意义。以上成果也反映出当前有关乡村卓越工匠之师培育研究的不足，如研究内容的不全、研究对象的不足、研究深度的不够等。因此，未来开展卓越乡村工匠之师培育的研究必须在上述问题上有所突破。

第四节　研究价值及意义

上述研究表明，乡村卓越工匠之师培育有着十分重要的价值。从实

① 曹晔. 培养工匠之师 支撑中国制造［N］. 中国教育报，2017-10-10（9）.

② 韩颖畅. 基于工匠之师的教师发展研究［J］. 电脑知识与技术，2018，14（2）：131-133.

③ 廖永艳. 新时代高职教师"工匠精神"培育路径研究［J］. 教育科学论坛，2018（18）：75-77.

④ 李新红. 多元途径培育"工匠之师"［J］. 江苏教育，2018（36）：78.

践方面看，乡村中等职业院校学生人数占全国中等职业院校学生总人数的20%左右，全国中等职业院校在校学生人数占全国中等教育总人数的40%左右，高等职业院校在校学生人数（高职高专）占全国高等教育在校生人数的56%，这部分学生的成才教育直接影响我国的现代化进程，而职业院校教师的素质又是直接的影响因素。因而，在教育理论的指导下，抓住职业院校工匠之师的素质及培养问题进行概括和归纳，以向职教工作者提供实践上的引导，有着十分重要的实践价值。从理论方面来看，职业院校工匠之师教育属教师学的一个分支，它应有自己相对独立的理论体系。从现有研究成果来看，大多比较零散，并且偏重概念的争论和经验的总结，缺乏一定的理论色彩。本书关注卓越乡村工匠之师的内涵特征、现状认知、素质结构、专业标准、培育规律和培育比较，一方面尝试在理论上进一步厘清“工匠之师”的含义，丰富教师成长的相关理论，完善教师专业发展理论体系；另一方面尝试以探究乡村卓越工匠之师培育模式、培育路径、发展策略为突破口，从根本上提高现行乡村卓越工匠之师培育活动的成效，进而整体提高区域乃至全国职业院校教师队伍素质。因此，本书将对卓越乡村工匠之师培育的实践探索给予系统化和理论化的研究，为以后乡村卓越工匠之师培育提供理论基础。从这个意义上谈，本书对于丰富职业教育理论、促进职业教育学科建设有着十分重要的理论价值。

本研究的意义主要表现在：其一，通过深入研究乡村卓越工匠之师培育的相关理论，探讨乡村工匠之师培育的有关问题，对比国内外可供借鉴的经验，构建符合我国国情、具有职教特色的全息共振模式，对完善、丰富和发展现有的研究理论具有重要意义，对加强我国工匠之师队伍建设，提升职业教育质量具有重要意义。其二，探讨和建构卓越乡村工匠之师培育的新模式（三界协同、三双共生、三维系统）以及乡村卓越工匠之师培育的新路径，促进在职教师自我生成和未来职业院校教师的规范培养，为各类职业院校师资培养机构提供可供选择的培养范式。第三，提出乡村卓越工匠之师发展策略以及政府层面的保障政策，为政府部门制定和完善卓越乡村工匠之师工匠之师培育政策提供参考。

第五节　研究目的及内容

百年大计，教育为本；教育大计，教师为本。优质的教育依赖优秀的教师，只有建立一支高水平、高度专业化的工匠之师教师队伍，才能造就优质的教育，才能培养一大批优秀人才。

“探讨卓越工匠之师培育‘3D’模式，为帮助养成未来工匠之师提供建议”是本书对职业教育关注的独特视角。研究卓越乡村工匠之师可以有不同的视角和方法，但是终归要落脚到更好地培育乡村工匠之师师资、提出适合我国职业院校需要的培养模式这一根本目的上。

本书的主要内容包括四个方面：

一、乡村卓越工匠之师培育理论

主要回答什么是乡村卓越工匠之师、为什么要研究乡村卓越工匠之师，揭示乡村卓越工匠之师有哪些个性特征，从教育学视角、心理学视角和个案研究来分析乡村卓越工匠之师的现状，从一般素质和特殊素质两方面来探讨乡村卓越工匠之师的素质结构，包括乡村卓越工匠之师特殊的知识素质、能力素质、专业素质、职业道德素质和身心素质，乡村卓越工匠之师与普通教师的素质联系与区别。在已有的研究成果即职业教育教师标准的基础上提出乡村卓越工匠之师专业标准，探讨乡村卓越工匠之师培育规律，通过国内外的研究进行比较分析，得出我国乡村卓越工匠之师培育的有益启示。

二、乡村卓越工匠之师培育模式

构建乡村卓越工匠之师“3D”模式，即“三界共商”（政界、业界、学界）、“三双共生”（双导、双基、双证）、“三术共育”（技术、教术、学术），这是本书的创新之处。

三、乡村卓越工匠之师培育路径

主要包括构建“三维”课程，培育卓越人才；坚持“四级”递进，培育实践品格；施行“三力”训练，培育学术素质；配备“三全”导师，引导职业向往；开展“六点”陶冶，养成师范素质；融合“五种”方式，培育核心能力六个方面。

四、乡村卓越工匠之师发展策略

包括乡村卓越工匠之师多元管理、专业发展、校本培训和政策保障。

第六节　研究思路及方法

一、研究思路

本研究的主要目标是构建符合我国国情、具有职教特色的乡村卓越工匠之师“全息共振”模式，力图形成有解释力的理论成果和具有指导性的操作范式，并从制度层面提出合理化建议，为政府部门制定和完善乡村工匠之师培育政策提供参考。

为了达到以上研究目标，本研究的基本思路是：一是在检索、梳理前人研究成果的基础上，对前人已做出回答的问题进行分析扬弃，吸收合理的成分，引用前人的成果进行回答；二是前人已做回答，但对其回答得不科学、不合理的内容，进行补充研究、修正和完善，重新做出回答；三是前人尚未回答的问题，进行专门研究和实证分析，做出新的回答。

二、研究方法

在上述研究思路的指导下，本研究综合运用多种研究方法，以期达到最理想的效果。

本研究主要运用文献法、比较法、归纳法和实证法等研究方法，注意吸收教育学、人才学、教师学相关研究的最新研究成果。

（1）行动研究法。以乡村卓越工匠之师实验班为载体，边研究、边完善、边提升。

（2）人类学田野考察法。开展参与性观察，深入了解政府、企业、学校对乡村卓越工匠之师培养的态度和行为。

（3）关键事件法。考察乡村卓越工匠之师成长过程中成功或受挫的重要事件、政府围绕该事件怎样建立关键性调适性机制。

三、研究过程

（1）试行阶段（1986—1999）。农教结合，培养“单师型”乡村工匠之师。1986年以来，累计培养47个师资专业的全日制本专科生6000余人。成果“创办家庭经营专业实践研究”荣获1993年度全国教育科学优秀成果二等奖。

（2）悟行阶段（2000—2009）。理实结合，培养“双师型”乡村工匠之师。出版国内第一部“双师型教师教育研究”著作，发表相关论文20余篇。成果“实施农业新技术推广示范工程，推动农村职业教育综合改革”荣获2002年度国家教学成果二等奖。

（3）知行阶段（2010—2022）。校校结合，培养“多师型”乡村卓越工匠之师。出版《养殖专业教学法》和《养殖专业教师能力标准、培养方案和培训质量指标体系》，举办乡村卓越工匠之师实验班，出版专著《乡村卓越工匠之师培育导论——基于“全息共振”模式解释与范式》。

第二章　乡村卓越工匠之师培育理论

在德国，工匠精神已内化为德国人的思维模式，外化为行为准则。在日本，有人用自己一生时间做好一个岗位工作，有的行业一个家族几代人持续不断来完成相同的工作。在中国，工匠精神历史悠久。《庄子》中“庖丁解牛，技进乎道”，说明操作技能达到顶峰之后，就可以上升到理论的新高度①。

国务院印发的《中国制造 2025》为我国从制造大国向制造强国迈进指明了方向。为顺利实现这一战略目标，必须培养出众多高素质新型技能人才，这使职业教育的任务愈加艰巨。2017 年 9 月 8 日，李克强总理在天津职业技术师范大学考察时对在场的师生们说：“你们不是一般的工匠，你们是‘工匠之师’。”“你们毕业后既是‘老师’，又是‘师傅’，希望你们既像老师一样传授职业之技，又像师傅一样传承工匠之道，培育铸就大批中国制造的合格人才。”这对作为工匠之师的职业教师提出了职业要求——注重传技与传道的并重。工匠之师，集教师与师傅于一身，形象而直观，既指出了接受职业教育学生的培养规格，又准确定位了职业教育教师的培养目标；既提出了校企合作的要求，也为教师专业发展指明了方向。工匠之师既是老师又是师傅。作为教师要懂教育，作为师傅要有技术；作为教师教书育人，作为师傅带徒传艺；作为教师立德树人，作为师傅传道授业；作为教师传授职业之技，作为师傅传承工匠之道；作为教师上得了讲台，作为师傅下得了车间。职业教育

---

① 曹晔．培养工匠之师 支撑中国制造［N］．中国教育报，2017-10-10（9）．

教师必须能文能武，讲练结合，双重身份一人兼，双重角色一人扮，双重重担一人挑，厚积薄发地培养技术技能人才。工匠之师既是灵魂工程师，又是卓越雕塑师。教师是人类灵魂的工程师，要以身立教，为人师表，不仅是学生的楷模，高尚的师德对全社会思想道德建设也具有引领作用。好的教师总是以自己的人格魅力和精神气质感染、感化学生，大力弘扬良好师德是教育永恒的主题①。高亚平（2018）认为，工匠是指从事手工劳作的工人。工匠精神，是工人在长期岗位工作中形成的对岗位技能的更高要求，对岗位的热爱、对高质量不断追求的态度。李新红（2018）认为，工匠之师是新时代对职业教育从教者新的要求，其水平关乎我国技术技能型人才的培养。

工匠之师计划实施以后，很多学者对工匠之师有关问题从多个视角进行了研究，如关于工匠之师的内涵及特征研究、职业标准及评价研究、专业化及其框架研究、培养机制及课程设计研究等。但研究尚不够深入和全面，据笔者在期刊网中国知网输入“工匠之师”主题词查询，共有期刊论文 31 篇，其中与本研究相关的论文有 6 篇，且大部分研究成果集中于近 3 年。由此可见，这一问题尚有很多值得进一步研究和探索的地方。

第一节　乡村卓越工匠之师的内涵与特征

一、工匠之师的内涵与特征

1. 工匠之师的内涵

关于工匠之师内涵的问题，有学者明确定义为传授职业之技与传承工匠之道的工匠之师，应该集教师与师傅于一身，不仅担负着传道的责任，而且也承担着授业的职责。在内涵上应该是研究型教师、学者与专家型教师、魅力型教师、个性化教师的合体，具有为人师表的人格风

① 高亚平. 高职技能人才“工匠精神”培养研究［J］. 现代农村科技，2018（11）：72.

范、健全的民主法制观念、强烈的创新意识、良好的研究能力、深厚的文化底蕴和完备的知识结构等基本素养①。新时代工匠之师，应当能够与时俱进，具有科学、先进的理念与技术。笔者认为，所谓工匠之师，就是运用“三界共商＋三双共生＋三术共长”要素之和相互作用的“全息共振”模式，培养出一大批“懂农业、爱农村、爱农民”的“浓乡型”的职业教育之师。实际上，工匠之师是双师型教师，双师型教师一是“经师”：师授能力渊博化。“经师”即“专业知识之师”。二是“技师”：师范水准精湛化。“技师”即“专业技能之师”。三是“人师”：师德修养境界化。“人师”即“人格引导之师”。四是“事师”：师导定位专业化。“事师”即“谋事之师”，亦即“职业指导之师”。“双师型”教师具有一般教师所具有的传道、授业、解惑的内涵和功能，同时也应具有一般工匠之师所应具备的职业道德、学科素质、专业培养等通用素质②。工匠之师也是对高水平优秀教师的一种预期，我们很难给工匠之师一个明确的界定和能够具体量化的标准，其定义更多地体现为一种柔性或者说程度性定性描述。在美国，通常把这类教师称为 skilled teachers（熟练型教师）、highly effective teachers（高效型教师）、accomplished teachers（优秀教师）、highly qualified teachers（高度合格的教师）等；在澳大利亚则将工匠之师称为 excellent teachers（工匠之师/优秀教师）、advanced skilled teachers（高级技能型教师）；而在英国，对工匠之师的定义就非常多，如 super teacher（特殊能力教师）、accomplished teacher（成功教师）、elite teacher（精英教师）、top teacher（顶级技能教师）、high performing teacher（高效能教师）、outstanding teacher（杰出教师）、quality teacher（高素质教师）、effective teacher（卓越能力教师）、advanced skills teachers（高级技能教师）等。

---

① 祁占勇. 卓越教师专业能力成长的合理性建构［J］. 当代教师教育，2014（9）：44.

② 董桂玲，唐林伟，周明星. 职业院校“双师型”教师内涵新解［J］. 天津工程师范学院学报，2015（2）：51-53.

不管如何界定工匠之师的内涵，其核心就是这类教师具有优秀、杰出、先进、极好、出色、高效等特征。高质量的教师是高质量教育和优质人才培养的支撑和保障，而工匠之师是构建高质量教师队伍的中坚力量，具有引领整个学校良好精神风貌、促进教师个人品德形成、专业成长、个人发展等重要作用，是一所学校文化软实力的标志。

工匠之师是三界共商、三双共生、三术共长的卓越教师。而关于卓越教师应具备的基本素质问题，美国著名教育家保罗韦地博士为我们作出了明确的回答。保罗博士花费 40 年时间，收集了 9 万多名学生所写的信，内容是关于他们眼中的好老师。然后，他将这些资料进行分类整理，概括出作为工匠之师应具备 12 种素质，即友善的态度，尊重课堂内每一个人，耐心，兴趣广泛，良好的仪表，公正，幽默感，良好的品性，对个人的关注，伸缩性，宽容，有方法①。笔者通过多年的研究积累，总结出了学生眼中好老师的标准包括 13 个方面：有爱心，品行端正，乐于与学生交朋友，关注学生，对教学富有激情，善于沟通，公平公正，学识渊博，富有幽默感，思维严谨，有学术功底，因材施教，友善和蔼。我国教育部先后出台的大中小学教师职业道德规范，对教师的基本职业素质也作出了明确规定，主要包括爱国守法、敬业爱生、教书育人、为人师表、严谨治学、服务社会和终身学习等方面②。

工匠之师这一概念的提出是基于卓越工程师和双师型教师等的启示，是对职业教育高水平师资的一种预期。对工匠之师目前可以这样理解，指具有崇高的职业伦理精神、合理的知识与能力结构、正当的专业权力意识、较高的教学技能水平、鲜明的教学风格、突出的组织管理能力和可持续的专业发展能力的教师。通过关键词筛选和针对部分中职教师的访谈，我们初步了解到好教师的这 13 条标准对卓越师资的特征分析有一定的借鉴意义。总的来说，工匠之师的基本标准可以包括职业伦

---

① 关卫娟．什么样的老师才算是好老师呢［EB/OL］．［2012-03-21］．http//：jyyxcz.com/xgxxweijuan.

② 周先进．卓越教师内涵、素质及培养［J］．高等农业教育，2015（8）：31-35.

理性标准、能力性标准、知识性标准、发展性标准和引导性标准五个方面。

2. 工匠之师的关键特征

工匠之师具有什么样的关键特征与素质结构是工匠之师研究领域的焦点问题，也是备受人们关注的问题。工匠之师的关键特征基本等同于卓越师资。

首先，关于工匠之师的关键特征，美国学者弗德曼（Feldman，1976）从学生视角分析了“卓越”教师（superior college teachers）的关键特征，具体包括：能够激发学生兴趣；讲解内容清晰易懂；通晓所讲授学科知识；精心备课；热爱所从事的学科的教学工作；关爱、尊重学生，并能给予有效的帮助和指导；包容开放，鼓励学生质疑和讨论①。与弗德曼不同，肯·贝恩（Ken Bain，2005）则认为，卓越教师的关键特征涵盖正确做事和正确做人两个方面。在教学上，卓越教师应遵循七条普遍原则：①创造一个自然的批判的学习环境；②引起学生的注意并且保持下去；③从学生本身而不是从学科出发；④确定责任；⑤帮助学生进行课外学习；⑥帮助学生从专业角度思考问题；⑦创造多元化的学习体验②。1987 年全美专业教学标准委员会（NBPTS）提出的美国工匠之师的关键特征与肯·贝恩的观点有别。NBPTS 认为工匠之师的关键特征具体包括五个方面：①从事教育工作的使命感；②稳定而持久的工作动力；③对工作的事业心与上进心；④获取成就的动机与欲望；⑤对教学具有高度的自我调节和完善能力③。

我国学者对于工匠之师的关键特征同样观点不一。有的认为工匠之师的关键特征为：①致力于学生及其学习；②熟悉所教学科内容以及如何将它们传授给学生；③具有管理和监控学生学习的责任；④对自己的

---

① FELDMAN. The superior college teacher from the students' view [J]. Journal of research in higher education，1976 (5).

② 贝恩. 如何成为卓越的大学教师 [M]. 北京：北京大学出版社，2010：16-20.

③ 罗静. 美国优秀教师的人格特征及启示 [J]. 现代教育论丛，2011 (2)：65-67.

实践进行系统思考并从经验中学习；⑤是学习共同体的成员①。有的则从教学学术和实践角度分析了工匠之师的关键特征：第一，工匠之师的关键特征是一个整体概念（holistic concept）；第二，工匠之师的特征既具有共性，更体现教师自身的个性和特殊性；第三，对工匠之师基本特征的分析应当考虑不同地区的文化传统和不同类型职业院校的发展定位；第四，对工匠之师特征的研究和关注也是对博雅教学学术内涵的进一步发展，其目的在于突出教师教学工作的专业性②。还有的研究者从特质梳理的角度概括了卓越教师的关键特质素养：坚定的教育信仰、求实创新的精神、富有成效的教育研究、独具风格的教育教学、对教育本质的深透性理解感悟和超凡的人格魅力等③。而有的学者则从生命观照的角度提出了工匠之师的专业素质：①关注所有学生的学习并抱有较高的期望，根据学生的个体差异及文化的差异等来调整教学；②熟悉所教学科内容，并知道如何将它们传授给学生（学科教学法知识），帮助学生提高学习能力；③较强的课堂教学的组织、协调及应对课堂复杂环境的能力，具备教学及评价的技能技巧；④具备较强的教学反思能力，并从经验和环境中学习，愿意进行终身学习；⑤教师是学习共同体成员，参与课程编制和教学评价，对学校、社区、家庭教育资源有合理利用和组织的能力④。

上述研究成果，多是逻辑思辨的分析与概括，在形式上以枚举工匠之师的特征或特质为主，缺少一定的实证数据支撑。因此，有的研究者就从实证研究出发，对中小学优秀教师进行调查研究，得出了中小学工匠之师的关键特征体现在四个方面：第一，采取以适合学生学习的方式，创造互动探究的高效课堂环境，并且具有灵活解决复杂教

① 许明. 全国优秀教师资格认证制度概述［J］. 课程·教材·教法，2002（7）：53-57.

② 杜瑞军. 从教学学术到教学实践：工匠之师基本特征探析［J］. 新疆师范大学学报（哲学社会科学版），2014（2）：119-126.

③ 王志广. 谈卓越教师评价指标体系的构建［J］. 教育理论与实践，2013（32）：28-31.

④ 刘剑玲. 追求卓越：教师专业发展的生命观照［J］. 课程·教材·教法，2005（1）：67-73.

学问题的教育机制；第二，善于从实践中反思学习，发展与丰富自己的教育实践智慧，追求教师专业发展的最高境界；第三，具有突出的教学组织与管理能力、丰富的学科教学知识和卓越的教学反思与研究能力；第四，学生观与教学特色是判别小学工匠之师与普通教师的关键指标，而学科知识与专业精神则是判别中学工匠之师与普通教师的关键指标①。

二、乡村卓越工匠之师的内涵与特征

2017年国务院《政府工作报告》指出，要大力弘扬工匠精神，厚植工匠文化，恪尽职业操守，崇尚精益求精，培育众多中国工匠，打造更多享誉世界的中国品牌，推动中国经济发展进入质量时代。2017年李克强总理考察天津职业技术师范大学时，激励师生成为工匠之师。湖南农业大学首次提出“乡村卓越工匠之师”概念，之后又提出“乡村工匠之师”的概念。下面从内涵和特征方面进一步阐释卓越工匠之师培养的内涵与重要性。

1. 乡村卓越工匠之师的内涵

在乡村振兴中，一个职业学校培养出一个乡村工匠，往往能用一技之长兴一个家庭，富一方百姓。如果是培养一个卓越工匠之师呢？那就是“培育一粒种子，带动一个专业，服务一群产业，扶持一方经济”。秉持“以师兴乡”的办学理念，开展了卓越乡村工匠之师培养培训创新实践。构建“三界共商”的运行机制。“三界”即指政界、学界、业界。政界即县乡政府；学界即培养学校，包括本科院校和中职学校；业界即产业界。“三界共商”指由政界主导、学界实施、业界参与形成的“需求导向”运行机制，即县乡政府根据当地社会经济需求，规划乡村工匠之师需求数量和结构，落实编制，提出招生计划；产业界根据市场需求提出专业设置建议，提供乡村工匠之师实习基地和兼职教师；培养院校

① 李琼，吴丹丹，李艳玲. 中小学工匠之师的关键特征：一项判别分析的发现 [J]. 教育学报，2012 (8)：89-95.

根据人才成长需求，面向中职学校招收相应专业学生，与中职学校、企业联合定制培养。构建“三双共生”的培育路径。“三双共生”全程培育模式，即“双导师、双基地、双证书”。在培养主体方面，确定校内学术导师和校外专业导师结合，分别开展理论指导和实践指导；在培养环境方面，建立校内理论教学基地、校外专业教学基地（职校专业教学基地和企业职业教学基地），注重理论学习和实践锻炼；在功能方面，物资循环、能量流动和信息交流，使学生获得学历证书和职业资格证书。构建“三术共育”的人才质量。第一，技术导向：预备工匠之师培养阶段（中职阶段），以培养技术技能为主的中职预备工匠之师培养阶段采用“校校企”模式，即招生院校、中职学校和企业联盟，为工匠之师培养预备生。第二，教术导向：优质工匠之师培养阶段（本科阶段），以培养教育教学能力为主的本科优质工匠之师培养阶段采用“政校校”联合模式，即由省教育行政部门批准，面向预备培养基地对口招生。第三，学术导向：卓越工匠之师培养阶段（研究生阶段）。以培养学科学术能力为主的卓越工匠之师培养有两条路径，一是实验班保送，二是中职教师在职攻读。

职业教育是一种根据人的发展和社会的发展的需要，通过适宜的职业教育活动，使受教育者个体的综合职业素质得到和谐发展，成为应用型人才的教育活动。党的十八大报告中曾提出“深化教育领域综合改革”的总要求，并且在十八届三中全会明确指出：“要加快现代化职业教育体系的建设，深化产教融合、校企合作，培养高素质劳动者和技能型人才。”党对教育改革的总方向与重点实施举措作出了明确的指示，这为进一步促进我国职业教育的发展，培养适应社会市场需求的新型技能人才提供了政策上的有力保障。目前在职业教育领域中，工匠之师的培养工作尚且处于发展阶段，这种不成熟的阶段注定了卓越工匠之师的培养是一项需要长期、系统探索的工作，其培养模式也需要不断完善。

乡村职业教育是以乡村地区为依托，以乡村人口为主要教育对象，对发展现代农业所需的具有现代农业生产技能的就业者实施的专业知识教育，是服务于农村区域经济社会发展的教育。乡村职业教育的建设是将教育从单纯的农、林、牧、渔等传统农业知识中解放出来，将教育的内容向着“加工、物流、服务、智库”等深层次的专业知识与技能的方向拓展。乡村职业教育不仅延续了初中、高中之后的正规的职业学校教育，还包括了非正规的针对农民某项专业技能开展的短期或长期的培训，也涵盖了非正式的职业教育。乡村职业学校的办学形式有综合高中、职业高中、职业技能培训班等。为实现我国乡村职业学校的全面发展，加快对卓越工匠之师的培育已变得日益重要。卓越乡村工匠之师与我国一般工匠之师的培养不同，卓越乡村工匠之师的培养具有其内在的特殊性。由于我国乡村职业教育本身的发展就处于一个比较薄弱的环节中，教育在人才培养环节所投入的人力、物力、财力较沿海地区和城市还存在很大的差距。所以在当前我国生产力发展水平下，要想在发展农业经济方面有所突破，就必须有针对性地为培养具有现代化专业技能的工匠之师投入更多的资源和精力。

2. 乡村卓越工匠之师的特征

职业技术师范人才培养具有师范性、学术性和技术性的一般特征，卓越乡村工匠之师同时具有特殊性，系统地概括为具有乡村性、工匠性、师范性、技术性的特征。

(1) 乡村性特征。乡村职教的乡村性主要是指我国的县域属性与农村环境。现代职业教育以“人人皆可成才、人人尽展其才”为宗旨，是与现代化经济社会相适应并服务于经济转型和产业发展的教育。现代职业教育的理念已经从传统的正规学校教育的特定阶段向着终身化教育的方向转变，并且将职前教育、就业指导、在职培训紧密结合在一起，成为一个较为连续的过程。但当前我国不同地区农业发展水平不尽相同，造成我国乡村区域教育具有一定的共性，同时也具有一定的地区个性。乡村卓越工匠之师的培养从根本上就是要依托乡村区域特色和发展现代职业教育的需求，以不同地区的特色农业为导向，因地制宜，因材施教，为广大乡村职业教育培养能力出众的教师。

中国共有 34 个省级行政单位，每个省级行政单位农业经济发展的现状都不尽相同。以我国西部地区或南方山区为例，由于受地理环境的制约，大多数省市的乡村都分布在较为偏远的山区，这些地区与外界的现代化发展隔绝较深，生产力发展水平落后，所有的农业生产大多还采用传统的手工劳作，尽管近年来政府在发展乡村现代化农业方面对其予以了很多政策、资金上的支持与补助，但并没有使这些地区的农业生产得到本质上的改变，农业经济还处于一个由量变到质变的进化过程当中。在此情况下，开展乡村卓越工匠之师建设，不仅要求在师资培养环节使教师掌握发展现代农业所需要的先进的专业技术，而且需要职教教师针对不同地区特殊的地理与生产环境，在订单预定、产品再加工、物流配送、资金链接等各方面做出较为完备的教学方案开展教育教学活动。这无疑是对乡村卓越工匠之师培养在技能与跨专业甚至跨域相结合的多元化融合发展方面提出的更高层次的要求。

(2) 工匠性特征。卓越工匠之师要求与一般的工匠之师有所不同，它不仅要求工匠之师具有工匠精神和专业的技能知识，更要求工匠之师在“融通乡村、热爱职教、师德高尚、学术宽厚、技能突出、教学过硬”方面有非常高的综合素质，以彰显其自身能力的卓越性。卓越工匠之师作为工匠之师培育的工作重点，对于提高整个乡村地区师资的整体素质、加强师资队伍建设具有先导性和决定性的作用。乡村工匠之师培育处于我国基础教育比较薄弱的农村地区，较低的义务教育完成率、匮乏的资金投入给乡村工匠之师培育的发展造成了严重的阻碍。在乡村职教中培养工匠之师群体是对职业教育基础匮乏的有效弥补手段。

对工匠之师的培育应根据乡村区域经济和教育发展战略及专业需求，增加专业的覆盖面，实现工匠之师的培养和储备。由于工匠之师具备了双重的实践特征：“一是作为职业教育教师的教学实践，它存在于教学的具体组织与实践过程中；二是作为专业技术人员的生产实践，它存在于生产劳动的具体组织与实践过程中。职业教育师资的任务，是使学生具备在企业从事专业技术工作必须具备的职业能力，因此职业技术教育教师的教学实践必须与不断变化的专业技术人员的职业实践相适应。”[①] 可见，卓越乡村工匠之师在教育环节的教学实践与生产实践中不仅要紧密结合乡村生产力发展的现状，而且在教学环节与实践环节中既要涉及专业科学与职业专业工作的理论、模式和内容，又要涉及学和教的农业职业实践、学科科学成果和理论的具体情境[②]，由此可知，卓越乡村工匠之师较一般的职业院校教师而言其卓越性更为凸显。

（3）师范性特征。乡村职业教育的专业设置与课程改革必须要与农业现代化发展的人才需要相适应，在师资培养环节注重职业技术教育师资队伍素质的建设是乡村职业教育发展的有力保障。目前我国职业教育发展过程中，师资所具有的师范性特征主要表现在职业教师队伍的专业化发展，即教师的专业成长与内在结构不断更新、演化和丰富的过程[③]。造就一支专兼结合的“双师型”师资队伍，是教师专业化发展的必经之路。乡村职业教育以农村的“三化”服务为导向，以打造新型农业生产为目标。在这一过程当中，卓越乡村工匠之师的师范性显得尤为重要。高素质的技能型人才是支持农业经济快速发展、建设创新型国家的生力军，而这些人才的培养离不开乡村工匠之师的知识传授。

卓越乡村工匠之师的师范性特征要求教育必须培养具有教师素质的合格职教师资，基本要求就是具备从事职业教育活动的基本品质和技能。现代农业技术和生产力的发展，要求乡村职业院校培养的人才具有更强的适应能力和技术创新能力，要求教学与实践、教学与科研更加密切的结合，因而必然要求卓越乡村工匠之师具有更高的基础理论水平和更强的科研能力、农业实践能力，要求教师受过专业的高学历教育。核心的师德素养是要理解和热爱教师职业，并立志投身乡村职业教育，为新农村建设和社会发展无私奉献。卓越工匠之师必须充分认识到我国乡村职业教育是科教兴国的重要组成部分，是把我国由人口资源大国变为

---

① 陈永芳，颜明忠．德国职业教育的专业教学论研究［M］．北京：清华大学出版社，2007：56.

② 田秀萍．职业教育资源轮［M］．北京：光明日报出版社，2010：86.

③ 夜澜，等．教师角色与教师发展新探［M］．北京：教育科学出版社，2001：226.

人力资源大国的重要手段，也是发展现代农业的必然途径。每一位从事乡村职业教育的教师都应该把自己的平凡工作与建设新农村、和谐社会建设紧密联系起来，形成热爱和献身乡村职业教育事业的强大动力，兢兢业业地完成教学工作，这对学生是一种无形的教育。卓越师资应具备双师素质和卓越的教学组织能力，既能从事专业理论教学和实践教学，又能引领专业和人才的发展方向。

（4）技术性特征。卓越乡村工匠之师未来教育对象不是从事理论研究、设计研发方面的人才，而是生产和建设一线的技能人才。因此，在卓越乡村工匠之师培养中需强调基于岗位的技术技能学习，并要有一定的创新能力，能够根据发展需要不断更新提升技术技能。这不仅要求卓越乡村工匠之师有较强的业务素质，还需要针对乡村特殊的教育环境实施先进的教育理念。卓越乡村工匠之师精通所教授科目的理论知识是解决教什么，培养拥有什么技术能力的人才，那就要掌握丰厚的教育科学知识，懂得运用教育规律，解决怎么教。这就要求教师不仅有较高的学术水平，而且要有教育理论和技术方面的知识。乡村职业教育是一个复杂的教育实践过程，尤其是一些偏远的山村地区，气候、交通、技术、人力、物力等因素都是这些地区发展职业教育、实现农业现代化所要面临的严峻问题，要想在这些问题上取得突破就必须在教师所具有的专业技术层面上着力。

乡村卓越工匠之师的技术性特征要求职教从业者具有先进的教育理念，即乡村企业经营的理念、引导学生投入生产学习的理念、终身学习的理念和不断反思的理念。首先，乡村企业经营理念是乡村职业教育理念的目标。发展现代农业就是要实现农业生产的产业化、集中化经营，较国外家庭农场而言，国内的农业生产技术水平比较低，发展乡村企业经营提高农业科技水平是职业教育的宗旨。其次，加强引导学生投入到生产学习的理念是发展乡村职教的现状要求。乡村地区原本就是我国基础教育的薄弱地区，义务教育普及率不高，学生群体基本的专业知识存在很大欠缺，带学生深入到农业实践中去学习是学生快速掌握生产技能的关键。再次，终身学习理念是现代教育的主要理念。当代社会是一个学习化社会，经济基础的快速发展决定了上层建筑需要不断地更新，这更是对从事乡村职教卓越师资的最根本要求。第四，不断反思的理念是对卓越乡村工匠之师建设的自我完善过程。反思的重点是教学过程中的专业技能和教学技能，卓越乡村工匠之师要考虑怎样用最优化的方法达到预期的目标，批判性的分析乡村职教实践过程的合理性，并且思考如何将课堂环节设置与乡村产业生态结构联系在一起。这些都是对乡村卓越工匠之师提出的知识层面与实践层面上的技术要求。

第二节　对乡村卓越工匠之师现状的认知

关于工匠之师培养的问题，2014 年 8 月教育部公布的《关于实施卓越教师培养计划的意见》指出，我国将从选拔、实践、创新等方面全面提高教师的培养质量，并筛选出 10 个卓越中等职业学校教师培养计划改革项目，通过项目的实施促进职业教育师资整体水平的提升。与普通工匠之师培养不同，从事职业教育的教师除需要具备扎实的普通教育背景、优秀的教育教学能力以及相关的实践性和技术性的知识能力以外，还需要掌握如何培养学生形成职业能力的知识和技巧[①]。所以，乡村卓越工匠之师的培养不仅需要符合教师这一群体所需要的知识技能的培训，还需要从专业技能方面着手，注重提高教师的应用技能水平。乡村职业教育作为现代职业教育的重要组成部分，对工匠之师的需求显得尤为重要。卓越乡村工匠之师教育培养首先要解决的就是技术与农业生产环节和产业经营相结合，在技术应用上形成一套完备的体系。

一、国内外有关乡村卓越工匠之师培养发展的现状

当前我国教育体系正处于大变革之中，经历着由传统的精英教育向现代大众化教育的转型，卓越工匠之师发展面临着诸多的机遇与挑战。

① 米靖. 现代职业教育论［M］. 天津：天津大学出版社，2010：122.

教师教育是教育事业的工作母机，有高质量的研究生教育才能有高水平的工匠之师，才能培养出高素质的技术技能型工匠人才。近年来，我国研究生教育体系不断完善，研究生教师教育改革也在不断地推进演化，在研究生教育中工匠教师培养的质量和水平也得到了提高。教师培养已经成为发展现代教育的基础和前提。2014 年 9 月 9 日，习近平总书记同北京师范大学师生代表座谈时曾明确指出："教师重要，关键在于教师的工作是塑造灵魂、塑造生命、塑造人的工作。一个人遇到好老师是人生的幸运，一个学校拥有好老师是学校的光荣，一个民族源源不断涌出一批又一批好老师则是民族的希望。""要加强教师教育体系建设，加大对师范院校的支持力度，找准教师教育中存在的主要问题，寻找深化教师教育改革的突破口和着力点，不断提高教师培养培训的质量。"习总书记的讲话高屋建瓴，为培育卓越工匠之师资指明了方向，提出了明确要求。2017 年 9 月，李克强总理在天津考察职业教育，提出了"工匠之师"的概念。他对天津职业技术师范大学的师生说："你们不仅讲解书本知识，同时传授职业技能，不仅引导学生服务国家、服务社会，同时引导学生修炼匠心、格物致知。"①

工匠之师的建设一直被世界各国作为提高职业教育水平的重要途径。工匠之师在各国均有较长的发展历史，但是卓越乡村工匠之师的建设作为一个新的研究课题，在国内外还没有此方面的政策和方案实施，所以以下主要从工匠之师的培养层面进行概述。

1. 国外有关工匠之师培养的发展现状

英国工匠之师教育培养模式主要是以学校为基地的教育实践模式。这种培养模式是对传统培养模式的决裂。传统的教师培养模式主要体现在：理论与实践分离，课程太偏重理论学习，缺少教学实践方面的内容，同时，教育实践时间短并且安排靠后。针对传统教师培养模式忽视对教师实践能力培养的弊端，英国以学校为基地的教育实践模式应运而生，开始实施实践取向的教师培养方式。

---

① 曹晔. 培养工匠之师 支撑中国制造［N］. 中国教育报，2017-10-10（9）.

德国14世纪开始出现学徒制，约70%的青年中学毕业后会接受2～3年的双轨制职业教育，每周一半时间在企业实践，一半时间在学校学习理论，如今德国社会开展了300多种职业培训。这种双元制培养制度为德国工业强国战略提供了大量人才，他们追求效率、重视品质，并不断传承。在这种传承中，企业、学校、政府成了其中的关键点，学生在学校学习理论，在企业进行实践，院校研究就是依托双元制而进行的培养全过程工匠精神的渗透。得益于德国政府的强力支持，使企业有义务提供岗位用于双元制实习。2004年12月16日，德国政府颁发了教师教育新标准，以确保基础教育的质量①。新标准的颁布，使德国在两段式职前教师培养模式的基础上，优化并改革其培养模式：在课程中加大教育科学的比重，把培养师范生的职业能力和技能作为重点；把教育学、教学法的学习与专业学习有机地联系起来；加强职前教师教育第一阶段和第二阶段之间的联系；改革传统的课堂教学方式，探索新的课堂教学模式。

美国从国家战略发展的高度出发，从20世纪80年代以来，在教师教育改革中呈现出实践导向。美国教师教育改革的主要措施：通过采取课程学习与教育实践同时进行的方式，把教师培养的重心从大学转向大中小学共同合作讲授课程和指导师范生教育实践，并把师范生的教育实践延伸至社区、福利院等社会机构，以加强教师教育与社会的联系，发展师范生的社会性。

日本的院校主要通过以下几点来塑造学生的职业精神、职业意识，从而帮助其实现职业目标，处处凸显工匠精神：产学结合、校企合作，注重就业体验；高职人才培养以就业为导向，兼顾理论与实践，强化专业教学，课程设置以提高专业技能为出发点；结对教学，认真辅导，职业指导以培养职业素养为目的；要求严格，凸显专业素质，师资队伍以提升综合素质为宗旨。另外，社会对工匠的尊敬和崇拜更是将工匠精神植入民众的心中，这成为日本经济的一个软实力、硬素质，日本的工匠

① 吴卫东. 德国教师教育的新标准及启示［J］. 外国教育研究，2006（9）：57-61.

文化、工匠研究、工匠传承蓬勃发展[①]。

2. 中国关于工匠之师的培养现状

与发达国家工匠之师教育培养相比，我国真正实施工匠之师教育培养起步较晚，但具有中国特色的以大国工匠体现工匠之师特征的教育培养和评价体系不仅起步较早，而且成效显著。

（1）独具中国特色的特级教师计划。新中国成立以后，百废待兴，但党和政府非常重视科技和教育，使科教事业得到突飞猛进的发展。然而，制约科教事业发展的关键因素——教师教育培养问题却一直摆在党和政府的面前。为了加强教师队伍建设，培养大量工匠之师，国家实施了一系列教师教育培养和评价政策，其中延续至今的特级教师计划就是独具中国特色的工匠之师教育培养模式和评价机制。

1978年，教育部、国家计委联合下发了《关于评选特级教师的暂行规定》，1993年，国家教委、人事部、财政部又在广泛征求意见的基础上，将上述《暂行规定》修订为《特级教师评选规定》，明确指出："'特级教师'是国家为了表彰优秀的中小学教师而特设的一种既具有先进性又具有专业性的称号。特级教师应是师德的表率、育人的楷模、教学的专家。"很显然，在我国，特级教师就是工匠之师，其主要特征包括：师德表率、育人楷模和教学专家。

1998年10月，国家科教领导小组第二次会议通过的《面向21世纪教育振兴行动计划》，是我国跨世纪教育改革和发展的施工蓝图。行动计划明确提出"要实施'跨世纪园丁工程'，大力提高教师素质"。园丁工程的核心内容就是中小学教师素质提升工程，无疑为工匠之师教育培养指明了方向。1999年，我国又实施了《跨世纪园丁工程·特级教师计划》，开启了全国性、制度化工匠之师培养的先河，为我国教育的公平、均衡、优质、快速发展奠定了坚实的基础。

（2）工匠之师的培养发展。2017年12月，国务院办公厅印发了

---

① 曹晖. 高职学生事务管理中的"工匠精神"国内外研究现状浅议［J］. 人力资源开发，2017（9）.

《关于深化产教融合的若干意见》，而产教融合表现在教育教学中就是教师与师傅、学生与学徒、教室与车间、教学与生产、作品与产品、理论与实践的融合。

(3) 2016年，教育部中国职业技术教育杂志发表长篇特约评论员文章《乡村卓越工匠之师培养的创新标本》指出："湖南农业大学在探索乡村卓越师资培养培训过程中，率先走出了一条示范引领、实践创新之路，开创的培养模式的独到构建和显著的培养成效，值得我们认真总结和推广。"时任湖南省副省长李友志对刊有湖南农业大学针对涉农职教专业萎缩问题推进的乡村卓越工匠之师培养计划内参予以批示。工程院院士官春云对该成果的推荐语是："该成果在国内首次界定了卓越工匠之师内涵特征，建构了乡村卓越工匠之师素质标准，探讨了乡村卓越教师成长规律。"省教育厅吸收我校参与制定了"关于2016年高中（中职）起点本科层次农村中等职业学校专业课教师公费定向培养计划招生工作的通知"，有针对性地推进这项工作。

(4) 职业院校教师素质提升计划造就大批工匠之师。职业教育是我国高等教育和高中阶段教育的重要组成部分。目前，我国中等职业学校7294所，在校生1311.81万人；高职职业院校1486所，在校学生上千万人。职业院校在校学生数与普通高校和普通中学在校人数旗鼓相当，职业教育为我国区域经济发展和国家产业结构升级改造与换代做出了巨大贡献。正因为如此，党和政府非常重视职业教育师资培养培训工作，从上世纪末开始，就全面实施了旨在提升职业教育教师队伍能力和素质的教师素质提升计划。特别是"十二五"时期，中央财政累计投入26亿多元，支持开展职业教育专业骨干教师培训、赴国外进修、青年教师企业实践、工匠之师培养培训专业点建设和工匠之师培养资源开发等项目。这一措施的实施，极大地提升了职业教育教师队伍的整体水平，主要体现在：

第一，专业课教师双师素质进一步提升。45万多名职业院校教师参加国家级培训、企业实践和省级培训，仅国家级和省级培训人数就已达到全国职业院校专任教师总数的35%，近半数参加培训的教师取得了更高一级职业资格证书或专业技术资格证书，成为行业领域专业技能型人才或教学名师。

第二，校长办学理念和管理能力显著提高。近万名国家级重点中等职业学校校长、3000多名高等职业院校领导干部参加国家或省级培训。通过培训，他们的校本治理水平、办学理念、管理能力均得到显著提升。

第三，教师队伍结构得到明显改善，专业技能和综合素质得以提升。在中央财政引领下，各省市本级财政投入近10亿元，支持5149所中等职业学校的15344个专业聘请48202名兼职教师，极大地优化了职业教育人才培养理念，改善了人才培养体系。

第四，校企合作开展教师培养培训的机制初步形成。完成65家基地300个工匠之师培养培训专业点建设，引领300多个省级工匠之师基地、580多家教师企业实践单位，搭建1100多个用于教师培训的校企合作平台，实施联合培训项目，企业在教师培训中的作用进一步发挥。

第五，培养培训资源进一步丰富。继“十一五”开发80个特色专业培训资源之后，“十三五”期间又制定100个专业中职教师标准，以及工匠之师本科专业培养标准、培养方案以及500门核心课程、特色教材和数字化资源。

第六，国际交流成效显著。选派了500多名中等职业学校骨干校长、2000多名中等职业学校骨干教师、450名高职校（院）长、2200多名高职职业院校骨干教师到国（境）外进修学习，并将进修学习成果进行本土化改造，培养造就了一大批在办学和教学中发挥引领示范作用、在国内具有影响力的名校长和工匠之师。

“十三五”期间，将通过中央、省、市（县）、校四级组织实施方式，进行教师全员培训制度。主要实施项目包括以下10个方面：开展专业课教师理实一体化专项培训和信息技术应用培训，不断提高专业课教师专业教学能力和应用、处理信息技术的能力；组织新任教师、专业骨干教师、文化基础课教师到企业、行政事业单位进行为期3～6个月实践实训，不断增强实践教学和实训操作能力；加强名师工作坊建设，充分发挥教学名师辐射带动作用，实现优质教育教学资源整合共享；积极推进教师非专业能力培训，不断增强教师班主任工作、德育工作、心理健康教育工作和学生教育管理工作等方面的能力和水平；进一步推进教师国际交流研修工作，开阔教师国际教育视野，不断增强教师国际交流合作能力；实施中高职专业衔接教师能力提升项目，遴选100所高职院校牵头联合中职学校以及本科基地高校，开展教师能力提升工作，有效实现中高级专业衔接；加强校企合作培训基地建设，提升“双师型”教师培养培训能力；积极开展中高级职业院校校（院）长高级研修，培养造就一批在全国具有较大影响力和在中高职教育教学改革创新中发挥引领、示范作用的高级管理专家和领军人才；设立兼工匠之师的助理岗位，聘请社会和企事业单位专业技术人员、高技能人才到中高级职业院校兼职任教；加强工匠之师培养培训基地建设，改善专业实训条件，完善校企合作机制，建立健全适应教师专业化发展要求的培养培训体系。

二、我国发展乡村卓越工匠之师建设存在的问题

1. 宏观上存在乡村卓越工匠之师培养“机制不活”的问题

工匠之师主要是在学校培养，缺乏与政府、企业紧密联系，缺少有效的运行机制。“三界”即指政界、学界、业界缺乏联系。政界即县乡政府；学界即培养学校，包括本科院校和中职学校；业界即产业界。

2. 中观上存在乡村卓越工匠之师培养“路径不畅”的问题

在乡村卓越工匠之师队伍建设方面缺少有效的培养路径，存在师资实践经验不足、实训基地较少、评价方式单一等问题。在培养主体方面，没有做到校内学术导师和校外专业导师结合，分别开展理论指导和实践指导；在培养环境方面，没有建立校内理论教学基地、校外专业教学基地（职校专业教学基地和企业职业教学基地），不注重理论学习和实践锻炼；在功能方面，没有物资循环、能量流动和信息交流。

3. 微观上存在乡村卓越工匠之师“质量不高”的问题

卓越乡村工匠之师存在培养能力不足、培养层次脱节、培养目标不

明确等问题。没有优秀的技术导向、教术导向、学术导向。

三、乡村卓越工匠之师的建设困境

1. 乡村卓越工匠之师政策落实的困境

2014 年，中共中央总书记习近平就加快发展职业教育作出重要指示："要加大对农村地区、民族地区、贫困地区职业教育支持力度，努力让每个人都有人生出彩的机会。"国务院《关于加快发展现代职业教育的决定》中提出："加大对农村和贫困地区职业教育支持力度。积极发展现代农业职业教育，大力培养新型职业农民。"2015 年，教育部、财政部《关于实施职业院校教师素质提高计划的意见》强调："重点支持中西部、农村和民族地区教师队伍建设。"至今，除省、自治区、直辖市召开了相应会议外，绝大部分县（市、区）人民政府并未召开落实会议。2015 年，蓝山县人民政府在《关于同意蓝山县中等职业教育攻坚计划实施方案》的批复中，提出了关于现代职业教育发展的四点建议：①适量聘请兼职教师（每年十名左右）；②实施专业领军人物特聘计划（每个特色专业设立 1～2 个特聘岗位）；③实施专业教师免费定向培养计划（每年拿出 1～2 个专业教师免费定向培养名额）；④加强对专业教师的培养和考核（"双师型"教师比例达到 80%）。但在具体执行过程中，批复和实际情况完全脱节，只是停留在纸面上，实际流于形式，正如有些教师发表的感叹："上面政策好，下面很难搞。"

2. 工匠专业教师招聘的困境

乡村职业中学地处农村，文化基础差，生活条件艰苦，福利待遇低，个人成就感很难凸显，职业归属感缺失等现实原因，导致农村职业中学招聘教师困难，再加上现有政策——逢招必考，而且有些县（市、区）对就读高校的不当认知和要求，导致乡村职业中学教师招聘更是难上加难。如 2014 年 9 月份，湖南省蓝山县职业中专面向社会公开招聘专业课教师，招聘岗位主要有汽修、模具、旅游管理、机电四个专业。但报名人数甚少，仅有 6 人，其中 4 名专科生，2 名本科生，人数未达到国家要求的 1∶3 职业学校外聘教师的开考比例，经过校方加大宣传力度，使报名人数有所增加，最终勉强聘用 4 名教师，但 4 人都没有教师资格证。究其原因主要是学校要招收既懂教育又懂技术的教师，而应聘者要么懂教育不懂技术，要么懂技术不懂教育，无合适师源。

3. 免费师资定向招生的困境

2014 年 8 月中共湖南省委、省人民政府出台《关于加快发展现代职业教育的决定》，提出："开展农村中等职业学校教师免费定向培养。"湖南省 2015 年开展试点，其中湖南农业大学计划招生 180 人，实际招生只有 27 人，只完成当年招生计划 15%。另外两所大学：湖南师范大学和湖南科技大学招生也差不多只有这个比例甚至更低。蓝山县职业中专获得汽修专业定向免费招生计划 1 人，要求面向普通高中生源，他们转给当地二中，结果够一本分数线的学生均无人报名，普通高中学生毕业后不愿报考职教专业，导致招生计划落空。究其原因有三：一是除农科、服装设计等传统专业以外，其他专业只允许面向普高招生，但普高学生并不愿意报考免费定向培养的职业教育专业；二是宣传不到位，很多中学考生及老师、家长并不清楚有此类招生政策；三是部门利益相互牵制，导致计划下达不合理和难以落实。

4. 工匠兼职教师外聘的困境

比如湖南省人民政府办公厅关于印发《湖南省农村中等职业教育攻坚计划（2014—2016 年）》的通知中明确指出，落实职业院校教师编制标准，支持职业学校按照有关规定自主聘请兼职教师，实现"编制到校、经费包干、自主聘用、动态管理"。按国家规定，职业中专外聘教师应为在校总教师的 15%，但所有乡村职业中专基本达不到这个要求，如蓝山县职业中专专业课教师仅在 2011 年通过考试招新增加了 9 人，仅占总教师比例的 4%。其原因在于县政府投入资金不足，本应投入 60 万元，实际投入只落实了 18 万元，青年教师每月工资不足 2000 元，年人均工资不足 3 万元，高校毕业生不愿来，学校招不到合格专业教师，导致教师编制缺额较大而又无法完成招聘任务。

5. 工匠教师素质提升的困境

比如蓝山县职业中专目前由文化课教师转型为专业课教师的比例占了教师总数的46%，同时面向高校招聘的教师实训、操作能力较差，无法满足学生技能培养的要求。且国家规定职业中专在校师生比例为1∶11，该县职中目前实际总教师数为201人，在校生3468人，师生比例为1∶17。教师任务重，压力大，没有足够的时间和精力进行专业培训。

第三节　乡村卓越工匠之师的专业素质

一、专业及专业的本质特征①

在“教师专业发展”中，“专业”（profession）是一个最基本的概念。了解专业及专业的本质特征，有助于对教师专业发展的理解。

1. 专业的概念

“专业”一词，在现代社会的日常生活中已经是一个耳熟能详的术语了，但人们对其含义的理解还是比较模糊的。

“专业”一词最早是从拉丁语演化而来，原始的意思是公开地表达自己的观点或信仰。与之相对的是“行业”（trade），包含着中世纪手工行会所保留的对其行业的专门知识和技能控制，只能传授给本门派的人的神秘色彩。德语中“专业”一词是beruf，其含义是指具备学术的、自由的、文明的特征的社会职业。

《现代汉语词典》中关于“专业”的解释是：①高等学校的一个系里或中等专业学校里，根据科学分工或生产部门的分工把学业分成的门类；②产业部门中根据产品生产的不同过程而分成的各业务部门；③专门从事某种工作或职业的。

---

① 中华人民共和国教育部师范教育司. 教师专业化的理论与实践［M］. 北京：人民教育出版社，2003：32.

凯尔·桑德斯（A. M. Carr-Saunders）认为，专业是指一群人在从事一种需要专门技术之职业，这种职业需要特殊的智力来培养和完成，其目的在于提供专门性的社会服务。日本学者石村善助认为，所谓专业，即专门职业，是指通过特殊的教育或训练掌握了已经证实的认识（科学的或高深的知识），具有一定的基础理论的特殊技能，从而按照来自非特定的大多数公民自发表达出来的每个委托者的具体要求，从事具体的服务工作，借以为全社会利益效力的职业。冬尼（R. S. Downie）认为倘若要给专业寻找定义，那么我们的目标应是对专业群体共同性的宽泛概括，而不是一套严格的充分必要条件。

2. 专业的本质特征

在对专业进行语义学的解释时，社会学者则关注于对专业本质特征的揭示。社会学中关于专业本质特征的分析架构主要有两种理论模式：即特质模式（trait model）和权力模式（power model）。在此我们主要介绍特质模式。

特质模式把专业界定为基于专业知识和职业道德而建立起来的职业群体，它所提供的社会服务具有不可或缺的社会功能。这一模式是在结构功能主义社会分析理论指导下，以医生、律师等社会公认的成熟的专业作为理想的模式，从中归纳出一系列的专业特质，以此建立起一套具有普遍性的专业特质量表，用来度量职业群体的专业化程度，并判定哪些职业是专业。

1948 年美国教育协会提出了专业的八条标准特质，它们是：

①含有基本的心智活动；

②拥有一套专门化的知识体系；

③需要长时间的专门训练；

④需要持续的在职成长；

⑤提供终身从事的职业生涯和永久的成员资格；

⑥建立自身的专业标准；

⑦置服务于个人利益之上；

⑧拥有强大的、严密的专业团体。

1956 年利伯曼（M. Liebeman）提出了专业的八条特征：

①范围明确，垄断地从事社会不可缺少的工作；

②运用高度的理智性技术；

③需要长期的专业训练；

④从业者无论个人、集体均具有广泛的自律性；

⑤在专业的自律性范围内，直接负有作出判断、采取行为的责任；

⑥非营利，以服务为动机；

⑦形成了综合性的自治组织；

⑧拥有应用方式具体化了的伦理纲领。

1984 年曾荣光通过综合韦伦斯基（Wilensky）和古德（Good）的研究，提出了专业的七条核心特质和十条衍生特质，其中专业的核心特质包括：

①一套有学术地位的理论系统；

②一套与理论系统相适应的专业技术；

③理论与技术的效能获得证实与认可；

④专业知识具有不可或缺的社会功能；

⑤专业人员服务具有忘我主义；

⑥专业人员具备客观的服务态度；

⑦专业人员的服务公正不偏。以上前四个方面属于专业知识的范畴，后三个方面属于专业服务的范畴。专业的十条衍生特质是：

①受过长期的专业训练；

②专业知识是大学中的一门学科；

③专业形成了垄断的专业知识系统；

④有管理控制职业群体的自主权；

⑤有制裁成员权力的专业组织；

⑥专业人员对当事人有极高的权威；

⑦对与其合作的群体有支配权；

⑧专业人员对职业投入感强；

⑨有一套制度化的道德守则；

⑩获得社会及当事人的信任。

综合起来看，一种职业要被认可为专业，至少应该具备以下三个方面的基本特征：

（1）具有不可或缺的社会功能。职业是社会分工的产物，社会分工的发展变化决定和制约着职业的发展变化。在人类社会初期，就存在着建立在性别和年龄基础上的自然劳动分工，如男女的劳动分工、老人和儿童的分工，但那时还没有出现职业，还没有固定从事某项专门工作的人。随着人类社会的发展，一部分人开始专门从事驯服、饲养动物的畜牧工作，于是畜牧业从原始农业中分离出来，实现了人类历史上的第一次社会大分工，人类开始出现职业。以后，人类社会又实现了第二次、第三次的社会大分工，职业活动成了普遍的社会现象。随着生产社会化程度的日益提高，分工愈益细化，职业也越来越多。

任何职业都具有一定的社会功能，即有社会存在的价值，对社会发展具有推动作用，包括在日常生活中对于国家和人民的共同福利所担负的责任，对于发展社会政治、经济、科学、文化事业的意义，每一种职业的社会功能是不同的。一般来说，专门职业对社会具有重要作用，其作用的重要性表现在它具有不可或缺的社会功能，即它不但对社会有作用和贡献，而且其作用和贡献更是整体社会继续存在及发展所不可缺少的，倘若专业服务不足或水准低下，则会对社会构成严重的伤害。

专业的社会功能属性，决定了其从业人员须具备较高的专业道德规范和专业素养，以更好地履行专业职责、承担社会责任，促进专业社会功能的实现。

（2）具有完善的专业理论和成熟的专业技能。专业理论和专业技能是一种职业能够被认可为专业的理论依据和技能保障。作为一门专业，必须建构起自己相对完整的理论体系，为具体的专业活动提供思想指导，从理论上指明专业发展的方向，确定专业知识的框架，明确专业活动的对象和范围，掌握从事专业工作所需要的专业知识。

专门职业对专业知识和技能的要求决定了从业人员只有经过长期的专业训练，才能掌握其工作方法和实践能力，胜任专业工作。正如有的学者指出的：首先，由于专业知识包括理论系统与实践原则，所以专业的训练每每较其他职业需要更长时间的学理学习及在职实习，亦因此专业的职业社会化比较完整和深入；其次，由于专业知识包括复杂的理论系统及实践原则，加上专业内每每自备一套特有的词汇、传播方式与操作程序，因此专业知识每每自成一封闭系统，而形成所谓的圈内的知识，而且圈内的知识的形象更能为社会大众所接纳，即一般人均相信专业知识非他们所能理解、掌握并接受，只有受过专业训练者才有能力、甚至才获准运用这些知识，否则便可能对整体社会构成伤害。

(3) 具有高度的专业自主权和权威性的专业组织。高度的专业自主权和权威性的专业组织成为专业实践和发展的内在要求。由于专业活动所依赖的专业知识是圈内的知识，是一套高深的学术，它只能为专业人员所掌握，并为专业人员所垄断。因此，只有业内人员才有能力对业内的事务作出判断，控制业内的裁决权，如审核执业者的资格与能力，判断执业者的专业水平与品行等。为了独揽业内的裁决权，专业内必须形成一个对从业人员具有制裁权力的专业组织。

所有公认的专业一般都有一个强大的专业组织，专业组织往往具备了三重职能：保证专业权限，保证水准，提升专业地位。“专业一出现，开业者就被建立一个专业组织的共同兴趣所推动……那么引起每一个专业的成员建立专业团体的动机是什么……当然首先是随着专业的出现，开业者中受过较好的训练的人认识到他们拥有一定的技能……但公众并没有赋予他们对此描述的独特权力。不仅训练很差的人可以用这些头衔来称呼他们自己，而且没有任何训练的人也会如此。受过较好训练的人要求应该以某种方式对此予以区别，最后他们建立了协会，协会成员被限于那些拥有最低限度的资格的人……后来，这些协会逐渐要求所有的开业者至少都应该拥有最低限度的资格……可以说，在排斥无资格的人的意义上，专业协会是独一无二的……第二动机是专业其实希望建立和保持一个关于专业行为的专业标准……这样，专业协会可以规定和实施专业行为守则。换句话说，专业协会成员不仅相互担保他们的能力，而且相互担保他们的荣誉……第三个动机……是提高专业地位。”

3. 教师职业是一种专业

专业和职业是有区别的。这种区别概括起来主要表现在以下几个方面：

（1）从事专门职业需要以掌握系统的专业知识和技能为前提，按照科学的理论和技术行事；而从事普通职业无须专门的知识和技能，只需按例规行事。

（2）专门职业的从业人员需要接受长期的专业训练，而且这种训练是在大学里进行的，是以是否接受过高等专门教育为标志；而普通职业的从业人员无须接受长期的专业训练，主要通过个人体验和个人工作经历而积累工作经验。

（3）专业与职业相比，更多地提供一种特有的、范围明确的、社会不可或缺的服务，在自主的范围内对于自己的专业行为与专业判断负有责任，以高质量的专业服务获得报酬，并且把服务置于个人利益之上。

（4）专门职业把服务和研究融为一体，即专业人员不仅要提供优质的专业服务，同时为了保证服务品质和服务水平的不断提高，还要在服务中不断进行研究，通过研究提高专业水平，并且对专业人员而言，这种研究是一种自觉的行为；而普通职业仅提供一种服务，没有研究的意识。

（5）在专业问题范围内，有明显的内行和外行的差异，非专业人员对专业内的事物了解极为浅薄，正所谓隔行如隔山；而普通职业无内行和外行之别。

（6）专门职业的从业人员把工作看作是一种事业，是一种生活方式，不同专业的从业人员有不同的生活方式，而普通职业的从业人员仅仅把工作当作是一种谋生的手段。

（7）专业人员一般具有较高的职业声望，在社会职业声望的排位中处在最高层。

当我们明了专业和职业的不同之后，那么我们要问：教师职业是一种专业吗？埃利奥特等西方学者认为，教师与医生、律师、神父职业被并称为四个伟大的传统专业。但史汀内特、曾荣光、韦伦斯基等人通过对教学工作的特征与专业标准的吻合程度进行分析后认为，教师职业与“已确立的专业”的专业化程度的要求还有一定的差距，是一种“准专业”或“边际专业”。埃齐奥尼等人将教师、护士、社会工作者三类人员划归为“半专业”人员，认为教师培训时间较短、社会地位较低、团体专有权难以确立、特有的专业知识较少、专业自主权缺乏。也就是说教师的专业化程度不及典型的专业人员，如医生等，还没有达到完全专业的水准。

二、乡村卓越工匠之师的专业素质特殊性分析

1. 乡村卓越工匠之师专业素质的含义

专业素质又称专业技术素质，是指人们对从事某一职业或承担某项工作所需的专业技术知识和职业操作技能的理解程度及占有范围。对于工匠师资来讲，专业技术素质是他们进行教育教学活动、实现人才培养目标的基础和先决条件。专业技术素质的内涵包括本专业需要的实践技能、技术知识、工匠教育的理论与方法。

第一，实践技能。工匠之师功能发挥的过程和所有教学活动的最终目的，就是运用科学的方法，使用有效的手段，利用有限的时间去最大限度地开发学生的潜能，以便使他们都能掌握从事某一职业或承担某项工作的技术知识和实践技能。教师作为各种技能的主要传授者，本身能否进行高水平实践的示范和指导，是决定整个教学过程能否成功的关键。因此，作为工匠之师，必须要具备实践技能。

第二，技术知识。工匠之师集教师与师傅于一身，可以保证相应教学内容与具体职业内容之间的一致性，提高学生对职业和工作的适应性，此外还能保证专业教学内容的超前性和广泛性，提高学生对技术转变的适应性和主动性。但工匠之师还必须具备技术知识体系，即具备一般教师所不具备或不完全具备的工匠技艺。

第三，工匠教育的理论与方法。它是指那些能够促进技术教育师资教学能力形成及发展的教育基础理论和技术教育理论知识、教育技能与方法。能否掌握职业技术教育的前沿理论与方法，不仅关系到教师们能

否顺利进行教育和教学工作，而且还将影响所有技术教育过程的存在价值和社会效益，也是工匠之师应具备的基本素质。

第四，职业指导方面的理论与方法。职业指导就是根据学生的身心特点、家庭情况、就业需求和学生特质与兴趣等方面的具体情况，通过咨询的方法，帮助学生选择相应工作和工作层次的就业指导过程。为了保证能够有效地开展职业指导工作，帮助学生进行合理的择业决策，工匠之师必须掌握职业指导的基本理论与方法，并能适时有效地指导学生进行职业认同和选择。

2. 乡村卓越工匠之师的一般专业素质

根据传统的认识，素质通常是指事物本来的性质。根据心理学的原理，素质是指人们生来就已经具有的，在解剖生理上的某些特点。但在职业技术教育领域内，当前教育界人士认为素质的含义还应涵盖人们后天的经验和已掌握的技能。所以，当我们谈及职业技术教育师资所应具备的素质时，就不单单是指在解剖生理方面的某些特点，同时还包括那些促其自身专业能力和教学能力形成与发展的各种知识及技能的占有范围和理解水平。因此，素质是指人们能力形成与发展的物质基础和自然前提，有什么样的素质，才可能发展成什么样的能力。根据这一原理，乡村卓越工匠之师要拥有职业技术教育的课程开发与评估能力、教学设计能力、教学实施能力、教学评估能力、公共关系开发能力、对学生的指导能力、自我完善的能力等八种主体能力，除了主观努力和长期实践外，更重要的就是要具备与之适应的一些基本素质。换句话说，只有拥有了相当多的专业技术知识和职业技能，掌握了一定的职业技术教育理论和教学方法，而且生理心理均属健康的人，才有可能发展成为卓越的职业技术教育师资。

乡村卓越工匠之师的专业技术能力和教学能力是在其自身素质基础上形成与发展起来的，同时教师素质的高低，在某种程度上，甚至制约着职业技术教育事业的发展与推动。“师者，教人以道者之称也。”“师也者，教之以事，而喻诸德者也。”“四海之内者一家，通达之属，莫不服从，夫之谓之人师。”“师者，人之模范也。”“师者，所以传道、授业、解惑也。”以上这些定义有的是按教师的功能和作用做出界定的，也有的是从教师所应具备的品质来加以说明的，它们都从某一方面表述了教师的基本特征。乡村卓越工匠之师也是教师，他们也应具有作为教师的一般素养。教师要很好地完成教育、教学任务，培养出高质量的学生，必须兼备良好的教师职业道德和完善的教育心理科学知识，以及积极的个体身心素质。

第一，教师职业道德。顾名思义，就是教师这个行业的道德，即教师这个行业的人在从事教师的职业活动时的行为规范。职业道德，既要体现社会、时代的道德准则，又要体现各行各业自己的特点，并且具有在较长期社会实践中自然形成的特点。教师职业道德就是反映教师职业特点的社会行为准则。工匠之师职业道德主要包括以下几个方面的内容：①对待教育事业的道德规范。②对待学生的道德规范。③对待教师集体的道德规范。④对待自己的道德规范。⑤引领教师团队的道德规范。⑥引领职业教育发展的职业规范。

第二，教育心理科学知识。作为工匠之师，除了具备广泛而卓越的文化知识和专业知识外，还应具有卓越的教育心理学知识。教师要搞好教学，必须了解教育活动的规律和教育过程中学生的身心活动规律，缺乏系统的教育心理理论知识武装，教师的教育活动难免陷于盲目被动。

职业学校学生心理素质特征和普通中学学生大不一样。普通高中学生多有心理优越感，追求的目标是读大学，读硕士、博士，将来当教授、学者、这样那样的专家，在家长和社会心理的引领下，动力较足，上进心一般很强。而职业中学学生，多是文化基础较差，认为自己考不上普通高中的学生，他们的文化基础素质大多较普通高中学生低，好像在人们心目中天生就是差生，学生自己也多有自卑感，不少学生出于无奈才进入职业学校，一般学习动力不足，胸有大志的很少。因此，职业学校的教师尤其是工匠之师只有了解自己学生的心理特征，才能有效地进行教育活动。职业教育，教学活动本身也和普通高级中学教育有许多不同，在教育教学原则、方法、手段、形式等方面都有自己的特点。这就要求广大职业学校的教育者不仅要懂得普通教育学、心理学的理论，而且要掌握职业教育学、职业教育心理学、职业教育法等方面的知识，能够按照职业教育的规律、原则、方法去从事教育教学活动。职业技术学校的教师除具备高尚的道德修养、渊博的理论知识、卓越的操作技能之外，还必须具备较为完善的教育心理科学知识。从某种意义来说，职业学校教师的专业素质必然高出普通职业中学“一般”教师范畴。职业学校工匠之师更应具备卓越的心理素质、心理品质和心理学科知识。

第三，个体身心素质。身心素质分为心理素质和身体素质两个方面：心理方面，能承受挫折和失败，勇于接受挑战，能适应各种环境，既要有从众性、合群性，又要有个性、独立性，有接受新鲜事物的欲望和广泛的兴趣爱好；身体方面，具有健康的体魄，仪态大方，热爱体育运动，具有卫生保健知识，掌握科学的健身方法，全面发展体能，增强身体的灵活性、耐力及反应力，具有良好的生活规律和卫生习惯。教师的个性心理品质是影响教育、教学效果的一个重要因素。

研究结果和事实告诉我们，一名教师达到了必要的智力、知识水平和具备一定的教育能力之后，其自身的个性品质就是影响学生成长的重要因素，正如哈马切克（D. Hmachek）所说：“两位具有同等智力受到同等培训，对课题材料达到同等掌握的教师，却很有可能在教学成绩上有很大差异，部分差异是由于教师的个性对学习者的影响造成的。”① 苏联学者高纳波林认为：“教师的个性是教育工作成功的有决定意志的因素。”②

3. 乡村卓越工匠之师专业素质的特殊性分析

（1）对工匠之师乡村职业教育特性的适应性

卓越工匠之师素质的特殊性是由其工作的特殊性所决定的，因此，

---

① 李执芬. 谈中学英语教师的心理学修养 [J]. 昭乌达蒙族师专学报（汉文哲学社会科学版），2003，24（4）：80.

② 刘暖. 教师的人格魅力 [J]. 生活教育，2008（1）：27.

我们有必要认识职业教育特色究竟体现在哪些方面。职业教育作为教育的一种类型，它既要有教育的共性，更要有自己的个性即特色，只有这样才有存在的必要，才会有生命力。

适应乡村职业教育的教育性，要求工匠之师具备较强的科研能力和较高的理论修养。我国职业教育是在初高中和职业中专文化基础上，培养具有必要的理论知识和较强实践能力，从事生产、建设、管理、服务等第一线和农村急需的专门人才，是在中高等学校中实施的教育，是我国教育的重要组成部分。乡村职业教育的教育性：一是学生的文化基础教育，是在初高中文化基础上，除了职业技术的培训外，还要接受相当比例的文化基础教育，使毕业生具备相当的文化素质，为今后学习和发展提供保证；二是新技术教育，不仅要掌握本专业成熟技术和管理规范，还要着眼于未来高科技信息、高技术及应用领域，使之渗透于教育教学的全过程；三是毕业生的综合素质教育，培养的毕业生应具有更强的综合应用能力、创新精神和创业能力。

由于乡村职业学校教育的生源主要是普通初高中和中职毕业生，要完成职业学校的培养任务，对这两类学生的基础教育应各有侧重，中职生应加强文化基础的学习，初高中生应加强基础技能的训练。

适应乡村职业教育的职业性，要求教师具备指导学生就业和创业的知识和能力。职业技术教育是从一个人将来从事的职业或技术领域的需要出发，分析其所必需的知识、能力和素质，构建教学培养模式，因此，职业定向性是它的本质特性。

乡村职业教育的职业性表现在专业设置、培养目标、人才规格、教学内容和方法、师资队伍建设诸方面：①职业技术教育必须以市场需求为导向，针对社会职业岗位（群）或相应技术领域的需要设置专业；②职业技术教育是以某一社会职业岗位或技术岗位群所需要的理论知识和技术技能为依据，面向生产、建设、管理、服务第一线，培养技术应用型人才，以及高新技术关键岗位的操作、检测、调试和维护的智能技能型人才；③在基础理论、专业理论知识和实践技术技能各方面，职业学校人才必须具有复合型特征，这种复合型人才，不仅表现在相关专业知识的整合，而且表现在技术和技能的统合；④职业院校教学内容不是以某一专业的学科理论为依据，而是针对某一职业岗位（群）的实际需要，以胜任岗位工作需要的理论知识、技术技能、品德和非专业能力为依据，贯彻“能力本位”的教学思想，具有很强的针对性和应用性；⑤职业院校教育强调在与职业环境相近或类似的职业岗位进行实践训练，以促进专业技能的掌握和职业素质的形成，实践教学以培养技术应用能力为目的，在教学安排中占有较大的比例，毕业生参加职业技术等级考核，获得“双证”；⑥职业院校教育的培养目标决定了职业院校教育师资的双重素质，他们既是讲师，又是工程师，还要从行业、企业、用人单位聘请部分既有理论又有实践能力的兼职教师，建立一支以专职为主、专兼结合的“双师型”师资队伍。

适应乡村职业教育的技术性，要求教师具备熟练的技能技巧。现代社会，人们的分工越来越具体，对人才的需求趋于多元化。课题组对人才的诸种类型作出如下划分：第一种类型为学术型（基础研究型、科学型）人才，其任务是探索、发现自然界和人类社会的奥秘（规律），即“认识世界”。第二种类型为工程型（工程科学型、技术研究型）人才，运用已知的自然和社会发展的规律“改造世界”，进行应用研究，技术理论研究，开发、设计、规划、决策、领导改造自然和改造社会的工程。第三种类型为技术型（应用型、技术应用型）人才，他们的任务是在生产或社会服务的第一线，领导和组织工程设计（广义的）并将规划方案付诸实施，这一类人才在经济和社会不发达的地方，往往由较低层次教育培养。而在现代社会，越来越多地由较高层次教育来培养，这就是职业教育的高移现象。第四种类型为技能型人才，具有技术操作能力和解决操作中出现问题能力的人才。

我国的职业院校教育主要培养技术型人才，属于专业技术教育。技术型人才是介于工程型人才与技能型人才之间的中间人才，其任务是将工程型人才的意图或工程图纸转化为物质实体，并能在现场从事技术指导和管理工作。因此，这种人才必须具备一定的专业理论和较强的技术应用能力，它既不是普通高等学校的通识教育，又不是中职强化的专识教育。“职业院校教育所指的技术，主要是理论为指导的应用技术，同时，还要掌握一定的经验性技术。”① 因此，基础理论应以技术应用为依据，以“必须”“够用”为度，专业课应加强针对性和应用性，同时应加大实践教学的力度。

（2）乡村卓越工匠之师专业素质的特殊性

乡村卓越工匠之师不仅与普通教育师资素质要求上有差异，而且与技术人员的素质要求也有很大差异。日本工业大学土井正志智教授等对技术人员与工匠之师的差异做了如下比较，见表 2-1：

表 2-1　技术人员与专业课教师差异比较

技术人员	职业技术学校专业课教师
1. 制造产品	1. 指导制造产品的教学及制造产品的方法等
2. 使用机械、工具、装备	2. 使用规定的设备并教授学生
3. 掌握专门技术	3. 除掌握专门技术，还需指导技术操作
4. 需要专门的知识	4. 除专门知识，还要掌握教育学知识
5. 需要诚实、坚强、忠实的品质	5. 除需要工程师的品质外，还要有耐心和组织领导能力

乡村卓越工匠之师作为工匠之师队伍中的一个特殊群体，其专业素养要求在横向上与普通教育师资相比有鲜明的特点，在纵向上与其他职业教育师资也有不同的业务侧重点和专业标准。乡村卓越工匠之师不仅对外部而言有着横向上与纵向上的鲜明特色，就其内部而言也同样存在着整体上和个体上的不同特点：

（1）乡村卓越工匠之师整体专业素养的特点。作为工匠之师，必须具有与时代精神相通的现代职业教育理念、复合型知识结构以及卓越高效的能力素质结构。

首先，乡村卓越工匠之师要形成与时代精神相通的职业教育的教育

① 蔡柏良. 普通高等教育与高等职业技术教育的比较分析 [J]. 盐城师范学院学报（人文社会科学版），2003（1）：116.

理念，即现代职业教育的教育观、学生观和教育活动观，这是工匠之师专业行为的基本理念支点。现代职业教育的教育观主要包括创业教育观、开放教育观、创新教育观、终身教育观。①创业教育观是乡村职教工匠之师必须具备的基本观点。通过创业教育树立学生正确的择业观和竞争择业意识，通过就业指导使学生了解社会，了解职业要求和职业性质，结合就业形势，做到正确认识自己，正确认识现实，正确评估职业未来走向。充分考虑个人理想和社会现实，个人愿望、兴趣和经济收入，长远利益与短期收益。在开展创业教育的同时，学校应该积极帮助和扶持毕业生自谋职业，例如建立基金提供贷款，介绍项目提供技术支持，介绍市场预期等都是可行的方法。由此可见，只有教师具有创业教育观才能教育学生树立正确的创业观。②开放教育观。开放性是市场经济的重要特征，也是当代国际经济的一种发展趋势。职业技术教育的任务是培养市场经济中能胜任职业岗位、符合社会需要的人才。因此，在市场经济条件下，职业技术教育只有面向市场、走向市场、适应市场，才能适应经济和社会的发展需要。职业教育的特点决定了职业院校教师必须具有开放教育的意识，面向社会、市场培养所需要的人才。同时作为职业院校教师应加强国内、国际相互交流与合作，沟通学习，相互取长补短才能共同提高。诚如《学会生存》一书指出的，教育的“另一种合作方式是给教师提供到别国去工作的机会。教师可以到外国进行一些跟上时代的高深研究，从事某项特定的研究项目或钻研某种专门的学科。这种方式可以充实教师的训练，提高他们的能力”。③创新教育观。创新是实施素质教育的根本宗旨，引导学生逐步养成创新意识，以培养他们创新能力为基本立足点，使他们在未来职业发展过程中，能够掌握一把开启未来知识大门的钥匙。21 世纪是超前发展的世纪，是创新的世纪。职业院校教师要成为创新型的教师，应善于吸收最新教育科研成果，将其运用于教学中，并且有独特的见解，能够探索行之有效的新教学方法，还应具有创新能力，强烈的求知欲，能创立宽松和谐的学习氛围，能与学生共同学习、研讨，在不断提高自身能力的同时也提高学生的学习能力。④终身教育观。职业院校教师既要重视已就业者的在职培训，又要重视其职业生涯各阶段的继续学习，其总的精神是终身教育。职业院校教师与普通教师的一个重要区别就是职业院校教师不仅要重视在校生教育，同时也要重视在职培训，面向终身教育。他们视野所及“不仅要看到在校的学生，还要看到已就业的毕业生，要看到广大的在职人员，施以在职培训，助其择业、就业，也还要面对老龄社会的庞大的老年人群，施以现代生活的生活教育”。联合国教科文组织（UNESCO）在21世纪第一个10年的技术和职业教育计划中指出：“TVET是通向未来的桥梁，但是必须有由TVET导向就业的道路，否则我们就是在制造新问题。”为此，应“促成技术和职业教育（TVE）作为终身教育的一个有机组成部分”。职业技术教育是实现全民教育、终身教育的一个部分，因此，作为工匠之师应该树立终身教育观，以便指导其行动。每个工匠之师都应当把自己的业务做到精益求精，使之体现匠人之心，匠人之能，匠人之德；具有发展之愿，求知之心，创新之能。只有努力弘扬工匠精神，做有匠心的教师，才能更好地进行教育教学，更好地服务学生。

工匠之师的学生观认为，工匠之师必须具有良好的职业道德。职业技术教育除了培养学生的技术应用能力外，同时还要培养学生良好的职业素养和伦理素质。而职业素质的培养并非一朝一夕之功，这就要求教师在教学活动中要用自己的一言一行引导学生。因此，教师自己须为人师表，表现出良好的职业素质和修养。在教学过程中，教师不仅要传授专业知识，还应该加强对学生思想道德品质的教育，培养学生热爱祖国、尊敬师长、团结同学、热爱劳动的优良品质，为他们将来以良好的精神面貌踏入社会作好准备。

教育活动观主张，乡村职业学校的教学工作主要包括理论知识传授和操作技能培养两个部分。乡村职业学校的人才培养目标，确定了操作技能培养在职业学校教育教学工作中的核心地位。因此，乡村卓越工匠之师在教育教学活动中应注重学生操作技能的培养，处理好操作技能和理论知识传授的关系，在专业理论教学活动中要突出应用性，教学形式要突出实践性。

其次，乡村卓越工匠之师的知识结构应是多层次复合型的，突出科学精神与人文精神，技能定向性与适应性，知识基础性与应用性的统一。具体而言包括三个层面：一是相关的当代科学、人文等方面的基本知识。当今世界，科学技术突飞猛进，知识经济日新月异，综合国力的竞争日趋激烈，国家综合实力越来越体现在国民素质的高低和创新人才的数量和质量上，越来越体现在一个国家的创新能力上。而人文素养和科学素质的耦合，则成为人才培养的关键，只有培养出高素养的工匠之师才能培养出高素质的学生。乡村卓越工匠之师应具备相当丰硕的科学知识和人文知识，具备卓越的人文素养和科学素质，并实现二者的融合，从而提高创新能力。二是掌握两门以上学科的专业知识与专业技能。工匠之师知识结构中经验性知识和实践动手能力应占重要地位。近年来，为适应新技术在生产工艺流程和生产岗位上引起的震动和变迁，职业技术教育教学改革的新趋势更是加“宽”、改“浅”、出“新”，基础课程的设置已突破传统意义的内涵，改变了本科教育内容偏窄、偏专、偏深的倾向，把教学的稳定性和先进性有机地结合起来，把知识的广度和深度很好地结合起来，把基础理论传授和基本能力培养和素质培养相融合。因此，作为乡村卓越工匠之师在对本专业知识和技能充分了解和运用自如的基础上，应随时关注本专业领域的前沿信息及发展动向。三是具备开展职业技术教育研究工作的教育学知识。教育科研能力是提高教学质量和教师学术水平的需要，是由经验型向学者型教师转化的必由之路，它能够使教师逐渐进入一种新角色，同时也能提高教师的业务能力。而从事教育科研活动，就必须掌握职业教育活动的基本规律，具备职业教育学的基本知识，为此，乡村卓越工匠之师必须学习钻研教育理论课、教育基本技能课、教学实践课。教育理论课包括职业教育学、心理学、教材教法等。教师基本技能课包括对学生教态、板书、普通话达标以及电化教育技术等方向的训练。教学实践课包括教学实习、教学实践等，是教育能力课模块中的重要部分。

最后，乡村卓越工匠之师必须具备卓越、高效的工作能力，主要体现为实践教学组织能力和职业教育的研究能力。加强实践性教学是职业技术教育的重要环节，要求教师实践性地教，学生实践性地学。教师作为教学活动的组织者和领导者，其教法不仅关系到教学任务的完成，而且直接影响到学生的学法及学生各种技能的培养和提高。专业技术教师的实践能力尤为重要，教师的实践能力强、动手操作流程顺畅，学生的实践能力也会相应较高。因此，职业技术教育注重实践教学的特点要求教师应通晓实习、实验、实训等实践性教学环节，具备很强的实践教学组织能力。职业教育的研究能力是教师追求卓越、走向卓越、成为卓越的工匠之师的一种专业生活的方式，指结合教学实践，研究职业教育规律，不断改进教学，探索新教学模式的能力。

(2) 乡村卓越工匠之师个体具有专业素养的特点。工匠之师除具备职业院校教师整体专业素养外，其作为个体在专业素养上因执教课程、教育对象和就职单位的不同，也应各具特色。

职业院校的课程总体上分为三类，即基础理论课、专业理论课和职业实践课。与此相适应，教师也有三类，讲授不同课程的教师在专业素养上的要求是不同的。基础理论课，包括文化基础课和专业基础课，其内容以满足专业课程的需要和符合职业技术人才的长远发展和继续深造的课程标准为度，以掌握、强化、应用为教学重点。因此，职业学校的基础理论课教师与普通学校基础理论课教师无实质性区别，只是在教学方法上要更注重于理论与实际的联系。对于这类教师，特别是文化基础课教师的任职要求，不必硬性规定其具有“双师”标准。专业理论课的教学以“必需、够用”为原则，以充分满足专业所面向的职业或职业群的实际需要为度，要求教师教学具有较强的针对性和实用性，能传授实际知识和经验。对乡村卓越工匠之师专业理论知识的修养，有两点核心要求，即对专业理论知识的整体构建和发展趋势有相当清晰的认识和广泛的了解。以面向生产、管理、服务第一线培养技术应用型人才的教育目的，以充分满足专业所面向的职业或职业群的实际需要为度，在实际教学中对专业理论知识进行有针对性和实用性的裁剪、筛选和再加工，向学生传授走向工作岗位后必须具备的专业理论知识。因此，这类课程偏重于实际知识和经验的传授，其教师应是既懂理论又懂实际的双师型教师。职业实践课是以形成职业技能为目标的课程，教师的教学重点应着重于学生智业技能和创造技能的培养。所以，乡村卓越工匠之师首先应当掌握与所授理论课程相当的专门职业技能。其次，应着力在实践工作中培养获得工作经验和工作阅历的能力和自觉，即工匠之师的知识结构中应有卓越的经验性知识和实践工作经历，例如电子工程类专业的教师要有电子技术、电工技术等方面的专业技能和工作经验。近年来，新技术、新工艺大量运用于生产工艺流程和生产岗位，在专门的职业技能上引发了突破性的革新和革命，作为乡村卓越工匠之师应高度关注本专业领域的前沿信息和走势，及时学习和掌握各种在实际操作中必须应用的新技术、新工艺、新方法。因此，对于职业实践课教师的要求也应该是双师型教师。此外，不同课程因其涉及的专业领域不同，还要求从业师资具备与其专业相符的专业技能和能力。

下面分别介绍乡村卓越工匠之师通用教育教学能力标准和乡村卓越工匠之师素质结构。

附：乡村卓越工匠之师通用教育教学能力标准

一、职业道德教育能力

1. 示范职业道德能力

1.1 遵循教育和职业教育法律法规、政策、职业道德和相关行业的规章制度

1.2 明确教师的职责及角色任务

1.3 查阅相关职业教育法律法规、政策及相关规章制度

1.4 遵守相关法律、法规、规章制度

2. 传授职业道德能力

2.1 对学生进行相关行业职业道德规范和法律法规教育

2.2 在教学中融入职业道德和法律法规内容

2.3 指导学生遵守职业道德和法律法规

2.4 评价学生的职业道德表现

二、行业联系能力

1. 进行行业联系能力

1.1 获得相关的行业经验

1.1.1 拟定行业实践计划

1.1.2 参加行业实践活动并获得行业证明

1.1.3 提交行业实践活动总结或展示实践技能

1.2 在教学中运用相关行业知识和技能

1.2.1 在教学中融入相关行业岗位技能要求和知识

1.2.2 在教学中介绍行业新技术、新技能、新知识

1.3 建立行业联系网络

1.3.1 制定行业联系计划

1.3.2 走访、联络相关行业，建立行业联系网络

1.3.3 关注和参与行业趋势研究及培训

1.3.4 及时反馈行业信息

2. 提供行业培训服务能力

2.1 能参与行业需求分析和培训

2.2 分析行业培训需求信息，确认行业培训需求

2.3 确定行业能力标准，确认培训目标，制定培训计划

2.4 实施培训

2.5 提交培训结果

三、职业课程设计能力

1. 设计和开发教学计划能力

1.1 根据职业能力标准、学生实际开发教学培训计划

1.2 根据职业能力标准制定教学目标和计划

1.3 确认、分析和管理教学资源

2. 设计和开发教学材料能力

2.1 按照职业技术实际需要开发教学材料

2.2 根据教学计划确定教学内容

2.3 编写教学材料
3. 回顾和评估教学计划能力
3.1 能评估教学计划，提出改进建议
3.2 落实评估对象、目的和内容
3.3 实施评估方案
3.4 分析评估材料，写出评估报告
四、职业教学设计与实施能力
1. 设计教案能力
1.1 选择教学材料和设计教学活动
1.2 根据教学计划确定教学内容
1.3 选择和组织适合学生的教学材料
1.4 设计以学生为中心的教学活动
1.5 确认教学资源和场地
2. 教学组织和实施能力
2.1 有效组织教学活动，激励学生主动学习
2.1.1 解释学习目的和学习过程
2.1.2 关注每一个学生的学习表现并进行及时的反馈和调整
2.1.3 鼓励学生大胆体验、积极探索
2.1.4 有效利用教学资源
2.1.5 在教学活动中融入对学生职业发展能力的培养
2.2 能运用现代职业教育技术组织教学活动
2.2.1 利用现代职业教育技术检索、收集分析教学所需的信息
2.2.2 选择和运用多种现代职业技术教育资源开展教学活动
3. 评估教学效果能力
3.1 设计和实施教学评估方案
3.2 确定评估的目的、内容、方法及时间
3.3 设计教学评估的步骤
3.4 选择、设计开发教学评估工具

3.5 实施教学评估

3.6 写出评估结果报告

五、职业技能鉴定能力

1. 计划并组织职业鉴定能力

1.1 确认鉴定程序

1.2 确定并联系与鉴定相关的人员

1.3 向学生解释鉴定要求和确定鉴定的工具以及鉴定程序

1.4 拟定鉴定计划

2. 应用开发职业鉴定工具的能力

2.1 能根据鉴定方案设计鉴定工具

2.2 依据职业能力标准设计收集鉴定证据的活动

2.3 按照证据原则编制职业鉴定工具文本

2.4 编写职业鉴定工具指南

3. 实施职业鉴定的能力

3.1 评估鉴定过程

3.2 回顾、讨论鉴定过程

3.3 写出鉴定改进意见

六、交流与合作能力

1. 能进行有效沟通能力

1.1 能发现、处理工作场所中的交际障碍

1.2 收集、分析师生交流中存在的问题

1.3 制定解决交际障碍的有效措施

2. 有效进行团队合作能力

2.1 能与团队成员协调解决工作中的矛盾

2.2 与同事共同分析工作中矛盾产生的原因

2.3 与同事共同讨论并解决问题

七、健康、安全的保障与教育能力

1. 保障教学及实习实训场所健康与安全的能力

1.1 提供有关职场健康和安全咨询，改善学习和实习场地的环境

1.2 帮助初级教师检查和鉴定职场中的危险源，并辅导其填报相关清单

1.3 确定已采取的危险控制措施的有效性和可靠性

2. 进行职场健康与安全教育的能力

2.1 培养学生自我保护和事故处理的能力

2.2 培训学生相关职场健康与安全的操作技能

2.3 发现并及时纠正学生在职场中违反职场健康安全规则的操作行为

八、学生服务与管理能力

1. 在教学中管理学生的能力

1.1 组织、指导学生参加校内外教学活动

1.1.1 确认校内外教学活动的目标和内容

1.1.2 制定符合学生个性特点的管理措施

1.1.3 依法组织、实施校内外的教学活动

1.2 关注学生的身心健康

1.2.1 在教学活动中融入生命价值观教育

1.2.2 及时发现和疏导学生的心理问题

1.2.3 及时向相关人员报告学生存在的身心问题

1.3 帮助学生形成良好的行为习惯

1.3.1 在教学中进行良好行为习惯的养成教育

1.3.2 引导学生改正不良行为习惯

2. 提供职业指导服务的能力

2.1 能提供职业指导

2.1.1 向学生介绍专业就业前景

2.1.2 提供职业选择的建议

2.1.3 培训学生找工作的技能

2.2 开展创业教育

2.1.1 在教学中激发学生的创业意识

2.2.2 帮助学生了解产业发展趋势，引导学生选择创业方向

表 2-2　乡村卓越工匠之师素质结构一览表

一级指标		二级指标		核心成分解析
社会素质	专业素质	德识	善乡愁	乡村意识
				乡村情怀
				乡村责任
		技识	会乡技	基本技能
				跨界技能
		知识	懂乡知	基本职业知识
				跨界知识
		见识	能乡识	决策能力
				判断能力
		器识	得乡道	基础性乡艺
				创造性乡艺
	文化素质	道德品质		道德判断与行为能力
		审美能力		鉴赏和创造美的能力
		普通文化素质		通识性的知识与方法
		思想境界		辩证唯物主义世界观
		政治态度		遵守主流意识形态价值观
心理素质		非智力因素		正确的信念追求、积极乐观的人生态度
		智力与能力因素		思维能力、定向能力、动手操作能力
		心理现状因素		自我评价、自我认识、心理承受能力
		社会适应因素		社会适应能力、学习、责任、角色、事业心
生理素质		生理特征		性别、年龄、体质、感官
		生理机能		运动、速度、负荷、抗压能力、潜能开发

第四节　乡村卓越工匠之师专业标准研究

一、乡村卓越工匠之师标准

乡村卓越工匠之师标准也就是乡村职业教育教师标准。乡村职业教育教师标准是为了进行合理的职业教育教师管理，获取该职业的最佳活动效率，以经济、技术、教育科学和职业教育实践经验的综合成果为基础，根据职业教育教师的职业特性，经有关方面协调一致，对教师领域重复出现的活动名称、活动目标、活动内容、活动方法、活动程序、活动质量，以及实现以上活动所必须具有的知识、技能、态度要求等方面内容作出的综合性规定，并作为共同遵守的基本准则和依据[①]，如图2-1。

由于产业结构的变化，生产技术与专业知识日新月异，生产企业对职业院校毕业生在专业知识和技能水平上的要求日益提高，对职业技术学校师资的素质也提出了更为规范与严格的要求，职业技术教育任务的内涵也不断丰富。目前我们通常所说的职业技术教育的任务包含的主要方面有：其一，进行普通文化知识的教育，即要向学生传授决定社会发展的现代生产技术的基础知识，使之了解人类社会生活的基础，这也是普通义务教育的主要任务；其二，使学生掌握就业所需要的知识、职业技能与技术创造能力；其三，掌握职业技术的发展规律，学习专业理论知识。此外，还要对学生进行全面发展的教育。

由此可见，职业技术教育是一种特定的、以掌握生产技术及与之有关的科学知识基础理论、专业理论知识与实际应用科学为主的教育形式。它与普通教育、专业教育有所不同，这一点在高等职业技术教育中尤其显得突出。高等职业技术教育培养的是高层技术、管理人员，属于高级应用型、工艺型人才，与普通理工科高等职业院校培养的人才有所

---

① 刘育锋：论职业教育教师标准［J］，职业技术教育（教科版），1998（9）：20.

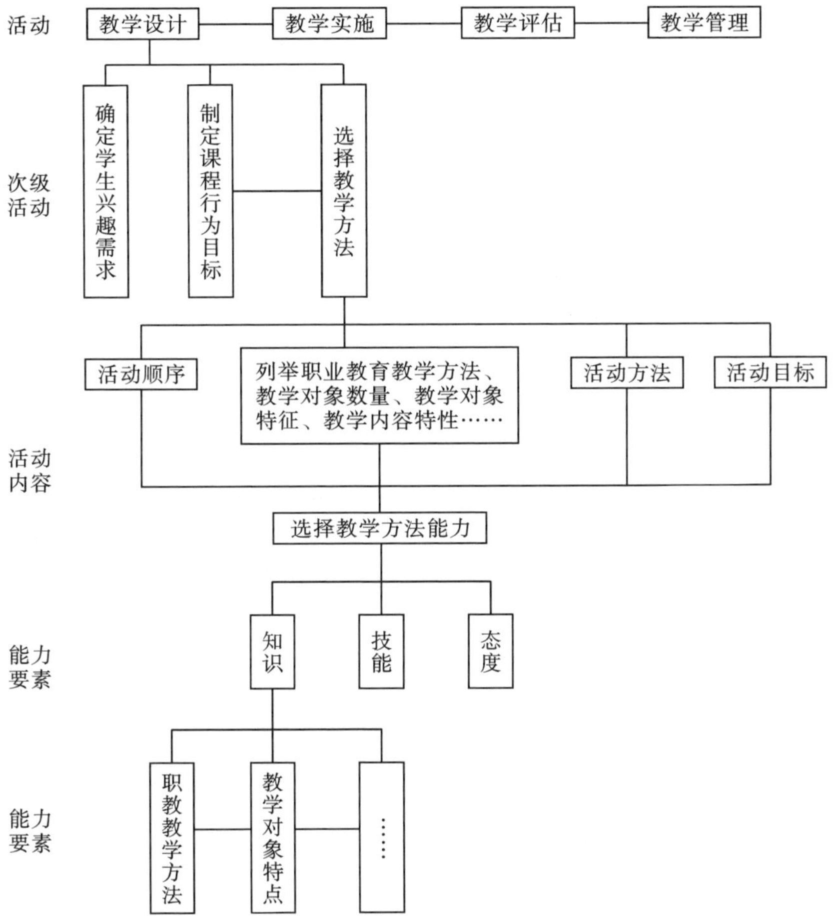

图 2-1　乡村职业教育教师标准

不同。随着科技的发展，分工越来越明确，一项高科技产品的问世，需要经过基础理论研究、应用理论研究、工程与工艺设计、工程与工艺设计方案的组织实施四个层次的人才通力合作才能完成。前三种人才属于科技基础理论研究、应用理论研究、产品研制开发型人才，主要由普通理工科高等职业院校来培养；后一种类型的人才属于技术或技艺型人才，其主要任务是根据新产品研制的设计图纸或方案，在工艺过程中组织实施、监督、检测、分析、技术服务、管理等工作，主要由高职职业院校来培养。

基于职业技术教育的特殊性，在职业技术类学校中，为培养熟练工人及初、中级专业人才所需的主要课程一般有：普通文化课、专业课（专业理论课与专业技术课）以及实习（实践）课。这就决定了职业技术教育师资队伍应有不同于普通教育师资队伍的构成与资格要求。

乡村卓越工匠之师队伍一般由以下几种类型课程的教师组成：普通文化课教师、专业课教师、生产实习指导教师。

普通文化课教师主要进行普通文化知识课教学，与普通中学的文化课教学有所不同，在教学中要反映职业教育的方向性和职业性。

专业课教师包括专业理论教师与专业技术教师。他们主要进行专业理论与专业技术的教学，要求他们具备广博的专业基础知识、熟练的操作技能，同时还要具备把这些知识与技能传授给学生的教学能力和组织管理教学工作的能力，所以他们又不同于工程技术人员，应突出双师型特性。

生产实习指导教师：主要是指导学生进行生产与社会实践，他们要具备一定的生产实践经验、专业知识与操作技能、社会适应能力，同时也要有教育理论知识，懂得教育规律，所以，他们又不同于一般的专业技师。

乡村卓越工匠之师所具备的素质应较普通学校教师更为广泛、多元与专门化。台湾一位工业教育研究所的教授曾将一个理想的职业教育专业教师所应具备的素质归纳为九个方面：

①专业精神与专业道德；

②专业知识的能力；

③专业技术的能力；

④教学能力；

⑤教材规划、设计与编制的能力；

⑥教学测验与计量的能力；

⑦职业教育的专业能力；

⑧人际关系及技巧的能力；

⑨工场与课堂管理的能力等方面。

可见，乡村卓越工匠之师不仅要具备专业基础知识，同时还应熟悉本专业的生产实际，具备生产操作能力、实验操作能力与解决生产中实际问题的能力，做到理论与实践的结合。如苏联职农技术教育界所说，职业技术教师的工作是具有综合特征的职业，他们应是同时具备教育家、工程师和高度熟练工人等三种职业所需要的素质与能力的工程师，即教育家[①]。

二、乡村卓越工匠之师专业标准

研究乡村卓越工匠之师专业标准的理论，首先要对与其相关的概念予以界定，进而把握其内涵特征，在此基础上才能构建出乡村卓越工匠之师可操作的专业标准。那么，什么是乡村卓越工匠之师专业标准呢？所谓标准，按照《辞海》的解释为衡量事物的准则。在英语中表示标准的词有两个：standard 和 criterion，依据《牛津高阶英汉双解词典》，它们的意思是事物评判的尺度。所谓教师专业标准，即作为一个合格的教师，在教育教学活动和自身发展方面应该达到的专业要求和水准[②]。通过制定这样的标准，使每个教师对职业生涯中应该做什么、怎么做、怎么发展心中有数，目标明确。教师专业标准的意义在于它是选拔教师的依据，是培训教师的指南，是评价教师的尺度，是引领教师自身发展的导向，还是提高整个教师队伍素质和水平的依据。综合上述各项定义及前面提到的乡村卓越工匠之师标准，我们认为，所谓乡村卓越工匠之师专业标准即在职业院校里作为一个合格的乡村卓越工匠之师，在教育教学活动和自身发展方面应该达到的专业要求和水准。构建卓越乡村工匠之师的专业评判标准，旨在明确教师的选拔、评价依据，明了其职业

---

① 漆书清，何齐宗，万文涛．职业技术教育师资培养模式研究［M］．南昌：江西高校出版社，1998：102-103.

② 董桂玲，唐林伟，周明星．职业院校双师型教师内涵新解［J］．天津工程师范学院学报，2005（3）：89.

生涯的核心内容，并对于其自身职业生涯规划和发展起科学导向作用①。

国内外对职业教育、职业培训、教师教学标准等问题进行了相关研究，取得了一些成果。如美国职业教学标准委员会（National Board for Professional Teaching Standards）于 1996 年 5 月颁布的国家标准委员会证书职业教育标准草案（*Vocational Education <Draft> Standards for National Board Certification May* 1996）②，英国培训和开发领导团体（Training&Development Lead Body）于 1992 年 3 月颁布的培训和开发国家标准（National Standards for Training & Development）③ 和英国国家资格委员会（NCVQ：The National Council for Vocational Qualifications）于 1995 年颁布的国家职业资格标准和指南（NVC：criteria and guidance，1995）等。同时，近几年也积累了一些开发标准的方法和工具，如 DACUM 职业分析法、柱状图表分析法、流程图表等等。此外，各国还对职业教育教师的任职提出了自己的要求，颁布了相关的法规条文，我国学者通过研究也提出了职业教育教师的标准。美国加州把教师标准分为三个层次：标准、要素、问题。在澳大利亚等国，能力描绘法比较流行。我们认为后一种方法比较适合双师型教师标准的划分。

能力描绘法（competence profiling）是在国际上被广泛采用的一种职业分析方法。比如，澳大利亚国家培训委员会（National Training Board）在确定技术和职业资格（Technical and Professional Qualifications）时就选用了此方法，英国国家职业资格（National Vocational Qualifications）标准也是采用此种职业分析法确定的。根据该方法创立者 Spencer 和 Hooghiemstra 的总结，一般来讲，能力描绘法包括以下七个步骤：①确定作业有效性的标准；②选择标准样本；③任务/功能

---

① 李方，钟祖荣．教师专业标准与发展机制［M］．北京：北京出版社，2004：126.

② Vocational education standards for national board certification [S] //National board for professional teaching standards. May 1996.

③ National standards for training & development [S] // March 1992.

分析；④作业特点分析；⑤行为事件的访谈；⑥数据分析和“能力模式”的建立；⑦有效性。以上步骤的最终目的是确定某一特定职业的能力模式，并对能力模式群按照特定维度进行逐级细化。如图 2-2 所示。值得一提的是，该方法的创立者还提到了一种阈能力（threshold competency）。阈能力是一种要求从业人员具备，但又不能超过或低于某种程度，具有一定限度的能力。阈能力和一般能力与工作表现的关系如图 2-3 所示[①]。

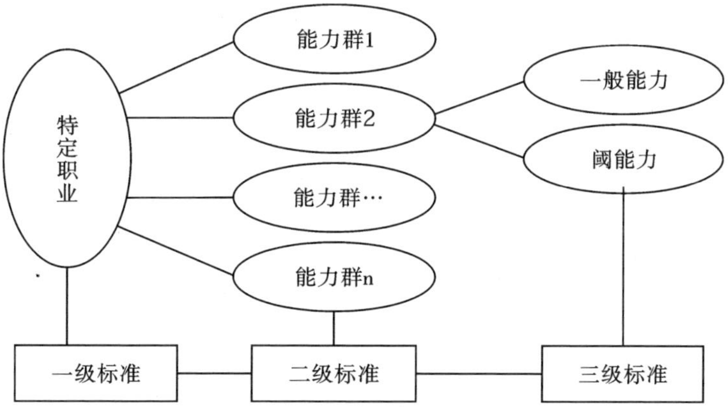

图 2-2　能力结构模型

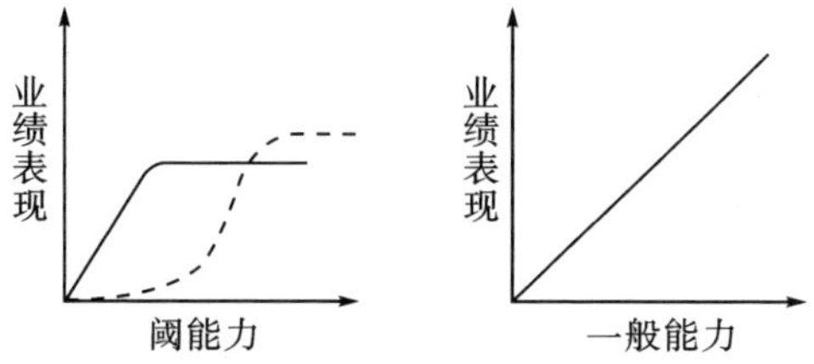

图 2-3　阈能力/一般能力与业绩表现关系

［唐林伟，董桂玲，周明星．乡村卓越工匠之师专业标准的解构与重构［J］．职业技术教育，2005（4）.］

① LEES，CORDERY．Job analysis and design［M］//Work and organizational psychology. Blackwell Publishing Ltd.，2000.

通过解析国内已有的职业教育教师专业标准和观察国际划分标准的先进方法，不仅刺激了我们研究的兴趣，而且将使我们获得对卓越乡村工匠之师专业标准理想的重构。

我们采用能力描绘法，依据联合国提出的教育四大支柱①，在对乡村卓越工匠之师从事教学活动的研究基础之上，对乡村卓越工匠之师的能力层次作了进一步的细化，在细化的基础上建立层级专业标准，也就是三级标准体系。一级标准，即卓越乡村工匠之师应具备的卓越乡村工匠之师标准，根据我国教师法及操作中的通行惯例，一级标准内容包括：大学本科或以上学历，持有教师资格证或具有教师法规定的教师任职资格；中级或以上专业技术职务；相应专业的国家职业资格证书（中级或以上）、专业主管部门颁发的职业资格证书、国家通用的职业资格证书或技术（技能）等级证书，或者应有两项或以上的技术开发或设计成果；符合国家规定的教师道德要求；职业指导资格证书或相应的实际工作经验。二级标准，即经师能力群（经典专业知识，让学生学会认知）＋技师能力群（精湛专业技术，让学生学会做事）＋人师能力群（价值引导，让学生学会共同生活）＋事师能力群（职业引导，让学生学会发展）。三级标准，即将二级标准中的能力又具体分为一般能力和阈能力。具体如下：

（1）经师能力群。一般能力要素：掌握本专业系统扎实的基本理论、专门知识和相关专业知识；具有较强的组织管理教学能力；精通职业教育理论，具有丰富的心理学知识；熟练运用现代化教学技术的能力。阈能力要素：一定的科研能力和课程开发能力。

（2）技师能力群。一般能力要素：具有精湛的工艺能力、设计能力、技术开发和服务能力；具有现场分析、解决专业实际问题的能力。阈能力要素：具有将缄默知识，也就是将实践过程中形成的个人独特

① 联合国教科文组织提出的教育四大支柱为：学会认知、学会做事、学会共同生活和学会生存。见国际21世纪教育委员会向联合国教科文组织提交的报告．教育——财富蕴藏其中［M］．北京：教育科学出版社，1996：2-3．

的、只能意会不可言传的知识显现化的能力，即不但能够胜任专业操作工作，还具备把实际操作能力融合于教学过程的传授能力。

（3）人师能力群。一般能力要素：具有教师伦理道德、教育法律法规方面的基本知识；具有可持续发展意识和健康的心理素质；具有优良的思想政治素质，树立远大理想及科学的人生观、价值观；具有高度的敬业精神；具有优质的教学态度，能够真正做到用博爱之心待学生，用诚挚之心育后人。阈能力要素：民主意识、法律意识。

（4）事师能力群。一般能力要素：具备行业所需的职业道德和职业素质；具有指导学生择业及创新创业的能力；了解社会、用人部门对本专业、工种人才技能水平的要求，对学生正确定位，进行就业指导；具备对该行业发展的一定预测能力，能通过专业化眼光、知觉能力及思维方式，预测行业可能的发展方向和潜在增长点，给予学生建设性的意见和建议，科学引导其职业生涯发展的能力。阈能力要素：社会资源意识和综合社交能力。

综上所述，我们认为乡村卓越工匠之师的工作内容有一定的重复性、规律性和专业性，因而应该有一个较为统一和成熟的专业标准，在解析和重构过程中应充分体现教育与职业或生产劳动的结合、内在素质能力与外在从业资格要求的结合和操作性与评测性结合。当然，一个良好的专业标准的形成有赖于广大理论工作者和实践工作者的集体智慧。

三、乡村卓越工匠之师能力标准的研发

以汽车运用与维修专业乡村卓越职教教师教学能力标准为例。

1. *研发的依据*

为切实加强中等职业学校教师队伍建设，不断提高职业教育的办学质量和水平，2006 年 12 月 26 日，教育部、财政部联合下发了《关于实施中等职业学校教师素质提高计划的意见》，国务院《关于加快发展现代职业教育的决定》提出的加强职业教育基础能力建设计划全面实施。该计划任务包括三部分：一是到 2010 年，培训 15 万名中等职业学校专业骨干教师，优化教师队伍的素质结构，提高职业教育教学水平；

二是开发 80 个专业的师资培养培训方案、课程和教材，完善培养培训项目体系，提高工匠之师基地的培养培训能力；三是支持中等职业学校面向社会聘请专业技术人员、高技能人才兼职任教，促进教师队伍结构的优化，推动教师队伍建设的制度创新。

为配合中等职业学校教师素质提高计划的顺利进行，完成中等职业学校汽车运用与维修专业师资培养培训方案、课程和教材的开发，以及培养培训项目体系的完善，原天津工程师范学院（现天津职业技术师范大学）的孙奇涵教授通过申请，承担了“汽车运用与维修专业师资培养培训方案、课程和教材开发项目”课题研究任务。

该任务主要包括：制定教师教学能力标准、设计教师培训方案、制定培训质量评价指标体系、开发教师培训核心课程教材、开发专业教学法教材及其他五大部分。其中制定教师教学能力标准是其他研究顺利进行的基础条件。为了保证课题的顺利进行，总课题组特别成立“汽车运用与维修专业教师能力标准”子课题研究小组，由原天津工程师范学院（现湖南农业大学）周明星教授担任子课题负责人。

2. 基本概念

教师能力标准的研究涉及两个相关的基本概念，在此进行必要的解释说明，以便研究结果的交流与应用。

汽车运用与维修专业，是指在中等职业学校里通过开展相关专业课程的教学，以培养适应社会主义现代化建设需要，德智体美全面发展，掌握汽车运用工程、汽车维修工程的基础知识、基本理论、基本方法，具备较强的汽车检测、维修等方面的实践能力和创新能力，掌握汽车检测与诊断、汽车维修、服务管理等方面的基本技能的高等技术应用人才的专业。

教学能力是指教师为达到教学目标、顺利从事教学活动所表现出的一种心理特征，可以分为普通或一般教学能力与特殊或具体学科的教学能力，主要包括教学交际能力、教学组织能力、教学设计能力、职业指导能力等方面。

能力标准是指能够通过测量统计获得的，并能通过个人行为外显的个人特征，它是将优秀的和一般的、高效的和低效的工作者显著区分开来的主要依据，主要由价值与态度、知识与技能、应用与创新三个纬度组成。

3. 理论支撑

汽车运用与维修专业教师教学能力标准制定以教育心理学家布卢姆的教育目标分类学为理论支撑。布卢姆把教育目标分为认知、情感和动作技能三个目标领域，并按照由低到高、由简到繁的顺序把每个目标领域再细分为多个层次和水平。

其中认知领域的教学目标分为六个等级：知识、领会、应用、分析、综合、评价；情感领域的教育目标分为五个等级：接受、反应、价值化、组织、价值或价值体系的性格化；技能领域的教育目标分为七个等级：知觉、定向、有指导的反应、机械动作、复杂的外显反应、适应、创新。

布卢姆的教育目标分类法，基本上涵盖了个体发展的所有内容，这为制定汽车运用与维修专业教师能力标准提供了一个理论框架基础。

本课题研究即在布卢姆教育目标分类学的基础上，吸收其它相关领域的研究成果，将汽车运用与维修专业教师的能力分为上岗、提高和骨干三个水平，根据汽车运用与维修专业教师的日常工作内容把本专业教师能力细化为六个方面：包括教师基本素质；教学内容设计；教学组织实施；行业交流合作；学生管理服务；个人专业发展。具体如表 2-3 所示。

4. 能力标准开发模式

能力标准开发模式通常用来描述职业或组织角色所必需的知识、技能、情感态度、能力和工作任务。它的开发模式一般包括三个阶段：第一个阶段关注的是当前的实践活动，期望的绩效标准，职业道德规范和价值观，以及对未来的展望。第二个阶段关注的是确定与能力绩效相关的知识、技能和情感态度，然后确认这些能力。在第三个也是最后一个阶段，采用更为细化的绩效指标来对得到确认的能力进行详细阐述，并将得到确认的能力分组归入相关的活动维度。此三个阶段过程是可重复的，特别是当职业角色发生重大变化时，为确保职业能力的更新，此三个阶段过程就更需要再次循环重复。具体如图 2-4 所示。

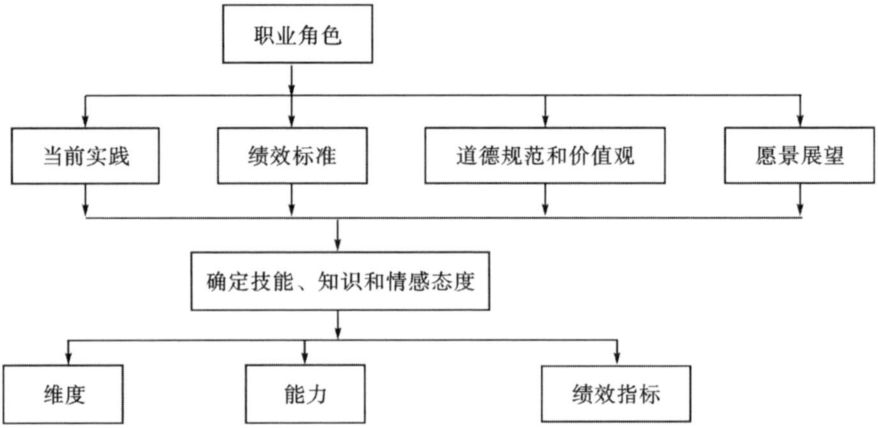

图 2-4　能力标准开发模式过程示意图

5. 能力标准具体指标（见表 2-3）

表 2-3　汽车运用与维修专业教师能力标准

1 教师基本素质		
1.1 示范职业道德		
水平	能力要素	能力表现指标
上岗提高	1.1.1 遵循教育和职业教育法律法规、政策、职业道德和相关行业的规章制度，掌握现代职业教育理念	1.1.1.1 明确本专业教师的职责及角色任务（解读相关内容） 1.1.1.2 查阅相关职业教育法律法规、政策及相关规章制度（提供相关说明资料） 1.1.1.3 严格遵守相关法律、法规、规章制度（查询师德考核结论） 1.1.1.4 对现代职教理念的学习和掌握情况（提供相关资料）

续表

水平	能力要素	能力表现指标
骨干	1.1.2 帮助和指导其他教师遵守与职业教育有关的法律法规，研究现代职教理论	1.1.2.1 指导其他教师学习相关职业教育法律法规、政策及相关规章制度（提供指导记录和被指导者的反馈结果） 1.1.2.2 对其他教师提出履行职业道德的改进建议（提供建议材料） 1.1.2.3 对职业教育理论实践进行研究与运用（提供相关材料）
1.2 传授职业道德		
水平	能力要素	能力表现指标
上岗提高	1.2.1 对学生进行相关行业职业道德规范和法律法规教育	1.2.1.1 在教学中融入职业道德和法律法规内容（教学展示和学生反馈） 1.2.1.2 指导学生遵守职业道德和法律法规（学生反馈） 1.2.1.3 评价学生的职业道德表现（提供评价结果）
骨干	1.2.2 指导其他教师对学生进行相关行业职业道德规范和法律法规教育	1.2.2.1 指导其他教师对学生进行职业道德教育（提供指导记录和被指导者的反馈结果） 1.2.2.2 指导其他教师评估学生职业道德表现（提供指导记录和被指导者的反馈结果）
2 教学内容设计		
2.1 设计和开发教学内容		
水平	能力要素	能力表现指标
上岗	2.1.1 明确教学内容的具体要求	2.1.1.1 解读本专业各教学内容的能力要求和知识技能体系（提供支撑体系材料明细） 2.1.1.2 解释本专业各教学内容与知识技能的相关性（提供各知识技能关系表） 2.1.1.3 写出完成教学内容的主要成果和教学方案（提供符合要求的计划文本）

续表

水平	能力要素	能力表现指标
提高	2.1.2 根据能力标准、学生实际，开发教学培训计划	2.1.2.1 根据学生能力标准选择教学内容组合（提供组合文本） 2.1.2.2 根据学生能力标准制定教学知识技能教学体系、目标和计划（提供计划文本） 2.1.2.3 建设和管理教学资源（提供教学资源清单）
骨干	2.1.3 分析专业教学内容需求和确定内容标准	2.1.3.1 收集、分析专业需求、发展趋势信息，提出课程调整方案（提供专业分析报告） 2.1.3.2 根据专业需求，确定教学学期（年级）能力标准，确定各阶段完成内容标准（提供内容分析报告、各阶段教学内容标准明细） 2.1.3.3 参加开发、修订专业能力标准（提供参加证明）

2.2 设计和开发教学材料

水平	能力要素	能力表现指标
上岗	2.2.1 选用适合教学目标和教学对象的教学材料	2.2.1.1 收集和分析相关教学材料（提供分析结果和材料清单） 2.2.1.2 选用恰当的教学材料和辅助材料（提供所选定的材料）
提高	2.2.2 按照实际需要开发教学材料	2.2.2.1 根据培养方案确定教学内容（提供教学内容逻辑框架） 2.2.2.2 编写教学基本材料（提供教学基本材料文本） 2.2.2.3 制作教学辅助材料（提供教学辅助材料样本）
骨干	2.2.3 帮助和指导其他教师开发教学材料	2.2.3.1 指导其他教师修订已开发的教学材料（提供指导记录、被指导教师的反馈结果和修改后的材料） 2.2.3.2 帮助其他教师提高教学材料开发能力（提供指导记录、被指导教师的反馈结果） 2.2.3.3 评估教学材料并向相关人员及时提供反馈（提供评估报告）

续表

2.3 教学内容评估		
水平	能力要素	能力表现指标
上岗	2.3.1 辅助、参与教学内容评估	2.3.1.1 协助收集 整理、汇报评估的材料（提供参与证明，如指导教师评价、工作记录等）
提高	2.3.2 能评估教学内容，提出改进建议	2.3.2.1 落实评估对象、目的和内容（提供实施评估计划文本） 2.3.2.2 实施评估方案（提供工作记录） 2.3.2.3 分析评估材料，写出评估报告（提供报告文本）
骨干	2.3.3 能制定和修改教学内容评估方案	2.3.3.1 设计评估标准（提供文本） 2.3.3.2 制定评估方案（提供文本） 2.3.3.3 根据评估结果修订评估方案（提供评估报告）

2.4 教学知识体系保障		
水平	能力要素	能力表现指标
上岗	2.4.1 教师知识体系	2.4.1.1 汽车运用与维修专业知识达到高级维修工水平 2.4.1.2 具备汽车总成大修的能力 2.4.1.3 能编制汽车各总成主要部件的维修工艺卡 2.4.1.4 能进行汽车发动机、底盘和电气的故障诊断与排除 2.4.1.5 现代企业管理知识
提高	2.4.2 教师知识体系	2.4.2.1 汽车运用与维修专业知识达到技师水平 2.4.2.2 编制汽车修理工艺规程 2.4.2.3 解决汽车维修过程中的技术难题
骨干	2.4.3 教师知识体系	2.4.3.1 汽车维修的生产管理 2.4.3.2 设计、制造实践课所需实验台架

续表

3 教学组织实施		
3.1 教案设计		
水平	能力要素	能力表现指标
上岗	3.1.1 根据能力标准、学生实际制定教案	3.1.1.1 了解能力标准与教学内容的关系（提供教案） 3.1.1.2 能够与学生交流，明确学生的学习期望（提供交流记录并在教案中体现学生需求） 3.1.1.3 按教学计划和“四新”要求制定教学目标（在教案中陈述教学目标） 3.1.1.4 合理设计教学环节、教学时间和教学场景（在教案中体现）
提高	3.1.2 选择教学材料和设计教学活动	3.1.2.1 根据教学计划确定教学内容和选择教学材料（提供教学内容框架） 3.1.2.2 选择和组织适合学生的“四新”内容并予以传授（提供教学内容材料） 3.1.2.3 设计以学生发展为中心的实践教学活动（提供活动设计方案） 3.1.2.4 确认所需的实践教学资源和场地（提供说明材料）
骨干	3.1.3 能指导其他教师设计和修改教案	3.1.3.1 评价其他教师的教案，提出改进建议（提出评价意见） 3.1.3.2 组织其他教师进行教案研讨（提供研讨记录） 3.1.3.3 制定并组织实施提高教师教案设计能力的培训计划（提供过程记录和反馈结果）

续表

3.2 教学组织和实施		
水平	能力要素	能力表现标准
上岗	3.2.1 有效组织教学活动，激励学生主动学习	3.2.1.1 解释学习目的和学习过程（教学展示和在鉴定者评估记录中体现） 3.2.1.2 关注学生的学习表现并进行及时的反馈和调整（教学展示和在鉴定者评估记录中体现） 3.2.1.3 有效利用教学资源（教学展示和在鉴定者评估记录中体现） 3.2.1.4 在教学活动中融入对学生发展能力的培养（教学展示和在鉴定者评估记录中体现）
提高	3.2.2 能运用现代教育技术组织教学活动	3.2.2.1 利用现代信息技术检索、收集教学所需的信息（展示和提供所收集的信息资料） 3.2.2.2 选择和运用多种教育技术、教育资源开展教学活动（教学展示和在鉴定者评估记录中体现） 3.2.2.3 积极设计、开发教学媒体进行教学及交流（教学展示和行业评价资料）
骨干	3.2.3 能指导其他教师实施有效的教学活动	3.2.3.1 观察、分析教师授课情况，并及时与授课教师分析讨论评价效果（提供相关记录） 3.2.3.2 制定并实施提高教师授课能力的培训计划（提供过程记录和反馈结果） 3.2.3.3 示范教学（教学展示和相关证明材料）
3.3 评价教学效果		
水平	能力要素	能力表现指标
上岗	3.3.1 协助和参与教学评价	3.3.1.1 协助选择适合学生的评价方法（提供参与工作记录和指导教师评价） 3.3.1.2 协助实施教学评价（提供参与工作记录和指导教师评价） 3.3.1.3 协助写出评价结果报告（提供参与工作记录和指导教师评价）

续表

水平	能力要素	能力表现指标
提高	3.3.2 设计和实施教学评估价方案	3.3.2.1 制定评价的目的、内容、方法及时间（解说评价计划） 3.3.2.2 设计教学效果评价的步骤（提供设计文本） 3.3.2.3 实施教学评价（提供评价过程记录） 3.3.2.4 写出评价结果报告（提供评价报告文本）
骨干	3.3.3 指导其他教师设计和实施教学评价	3.3.3.1 确定评价方案、过程、工具的有效性（提供工作过程证明材料） 3.3.3.2 指导其他教师设计和实施教学评价方案（指导记录和被指导教师的反馈结果） 3.3.3.3 根据教学评价结果指导其他教师改进教学方法（指导记录和被指导教师的反馈结果）

3.4 教学鉴定

水平	能力要素	能力表现指标
上岗	3.4.1 能选用恰当鉴定方法，执行鉴定程序	3.4.1.1 明确鉴定的目的和标准（解说或写出相应内容） 3.4.1.2 正确执行鉴定程序和标准（提供标准和证据文本） 3.4.1.3 选定恰当的鉴定工具（提供鉴定工具文本） 3.4.1.4 明确鉴定计划中规定的鉴定方法（解说方法） 3.4.1.5 提供必要的鉴定资源（提供需求资源清单）
提高	3.4.2 能设计鉴定方案和鉴定工具，反馈鉴定结果	3.4.2.1 依据能力标准设计鉴定内容和程序（提供鉴定方案） 3.4.2.2 设计鉴定方法和编写鉴定工作指南（提供指南文本） 3.4.2.3 及时向管理部门和学生反馈鉴定结果（查询相关证明材料） 3.4.2.4 评价鉴定过程（提供相关记录，写出鉴定改进意见）

续表

水平	能力要素	能力表现指标
骨干	3.4.3 指导其他教师实施鉴定	3.4.3.1 通过培训提高教师开发鉴定工作的技能（提供培训计划、材料和记录） 3.4.3.2 指导其他教师选用合适的鉴定工具（提供指导记录和被指导教师的反馈结果） 3.4.3.3 指导其他教师根据鉴定计划开发鉴定工具（提供指导记录和被指导教师的反馈结果）
3.5 教学技能保障		
水平	能力要素	能力表现指标
上岗	3.5.1 职业资格	3.5.1.1 中等职业教育教师资格（提供教师资格证书） 3.5.1.2 高级工以上职业技能等级或初级以上专业技术职称，实践教学教师应具备高级工职业技能等级（提供技能证书、技术职称证书）
	3.5.2 教学环境检查	3.5.2.1 检查在学习和鉴定环境中会出现的危害源并鉴定其危害程度（提供检查记录和报告） 3.5.2.2 确定已采取的危险控制措施的有效性和可靠性（提供相关证明材料，如讨论记录） 3.5.2.3 教学设备的调试与维护（提供维护记录）
提高	3.5.3 职业资格	3.5.3.1 技师以上职业技能等级或中级以上专业技术职称（提供技能证书或技术职称证书）
	3.5.4 采取有效措施预防事故发生	3.5.4.1 检查、确认相关的教学制度和机械设施设备的完备性（提供检查结果清单） 3.5.4.2 明确教学特殊需求，提供必要的教学防护装置（提供建议方案） 3.5.4.3 教学设备的诊断与排除（提供维护记录和处理结果）

续表

水平	能力要素	能力表现指标
骨干	3.5.5 职业资格	3.5.5.1 技师以上职业技能等级或高级专业技术职称（提供技能证书或技术职称证书）
	3.5.6 用正确方式处理教学场所的各种问题	3.5.6.1 制定和完善教学场所的教学设施管理制度（提供相关文件） 3.5.6.2 制定和评估发生教学事故的处置预案（提供预案文本、总结和评估报告） 3.5.6.3 开发教学设备（提供相关资料）
4 行业交流合作		
4.1 进行行业联系		
水平	能力要素	能力表现指标
上岗	4.1.1 获得相关的行业经验	4.1.1.1 拟定汽车运用与维修企业实践计划（以符合要求的计划文本为据） 4.1.1.2 参加汽车运用与维修企业实践活动并获得行业证明（以企业证明为据） 4.1.1.3 提交行业实践活动总结或展示实践技能（以总结文本或技能展示情况为据）
	4.1.2 在教学中运用相关行业知识和技能	4.1.2.1 在教学中融入相关汽车运用与维修岗位技能要求和知识（以教案、教学材料和教学反馈情况为据） 4.1.2.2 在教学中介绍汽车运用与维修专业新知识、新技术、新工艺、新方法（以教案、教学材料和教学反馈情况为据）
提高	4.1.3 建立行业联系网络	4.1.3.1 制定校企联系计划（以符合要求的计划文本为据） 4.1.3.2 走访、联络相关企业，建立校企联系网络（提供走访记录、企业名单和联系方式） 4.1.3.3 关注和参与行业发展趋势研究及培训（提供相关工作记录或研究成果） 4.1.3.4 及时收集、反馈行业信息（提供相关材料：书面报告、讲座记录等）

续表

水平	能力要素	能力表现指标
骨干	4.1.4 根据行业需求及发展预测，对学校课程改革提供建议	4.1.4.1 调查和收集相关行业需求和发展预测信息（提供行业需求分析报告） 4.1.4.2 分析行业需求和发展预测信息，提出课程改革建议（提供课程改革建议报告）
	4.1.5 指导其他教师提高行业联系能力	4.1.5.1 确定教师行业联系能力的需求（提供调查问卷和分析结果） 4.1.5.2 指导其他教师开展具体的行业联系活动（提供指导记录，被指导教师的反馈结果） 4.1.5.3 指导和培训其他教师进行行业联系所需的知识和技能，提高教学能力（提供指导记录，被指导教师的反馈结果）
4.2 提供行业培训服务		
水平	能力要素	能力表现指标
上岗	4.2.1 辅助参与行业培训服务工作	4.2.1.1 参与收集汽车运用与维修行业培训需求信息（参与证据：会议记录等相关材料） 4.2.1.2 协助开展汽车运用与维修行业培训服务活动（提供活动记录）
提高	4.2.2 参与行业需求分析和企业培训	4.2.2.1 分析汽车运用与维修行业培训需求信息，确认行业培训需求（提供分析报告） 4.2.2.2 确认培训内容，制定培训计划（提供符合要求的计划文本） 4.2.2.3 实施汽车运用与维修行业培训（提供培训过程相关资料） 4.2.2.4 提交培训结果（提供考核记录和总结）
骨干	4.2.3 指导其他教师提供行业培训服务	4.2.3.1 指导其他教师分析和确认行业培训需求（提供指导记录和被指导教师的反馈结果） 4.2.3.2 指导其他教师开发和实施行业培训活动（提供指导记录和被指导教师的反馈结果） 4.2.3.3 组织其他教师进行行业培训活动（提供培训方证明）

续表

4.3 团队合作		
水平	能力要素	能力表现指标
上岗	4.3.1 能与团队成员和谐相处	4.3.1.1 积极参与团队的各种活动（提供活动记录） 4.3.1.2 与他人分享教学资源，参与项目研究（提供相关证明材料） 4.3.1.3 相互帮助，服从本团队共同利益（提供相关证明材料）
提高	4.3.2 能与团队成员协调解决工作中的矛盾	4.3.2.1 带领和协调教师共同完成各种教学任务（提供总结材料） 4.3.2.2 与同事共同讨论并解决存在问题（提供讨论记录）
骨干	4.3.3 能有效管理团队	4.3.3.1 分析和掌握团队成员的能力特点对工作进行合理分工（提供分工名单） 4.3.3.2 搭建团队成员交流沟通的平台（提供活动记录） 4.3.3.3 建立规范的管理制度，营造严谨、愉快的工作氛围（提供相关材料）
5 学生管理服务		
5.1 在教学中管理学生		
水平	能力要素	能力表现指标
上岗	5.1.1 组织、指导学生参加校内外教学活动	5.1.1.1 确认校内外教学活动的目标和内容 5.1.1.2 制定符合学生个性特点的管理措施（提供管理措施文本） 5.1.1.3 依法组织、实施校内外的教学活动（提供活动记录）
提高	5.1.2 关注学生的心理健康	5.1.2.1 及时发现和疏导学生的心理问题（提供记录） 5.1.2.2 及时向相关人员报告学生存在的心理问题（提供报告文本）

续表

水平	能力要素	能力表现指标
骨干	5.1.3 帮助学生形成良好的行为习惯	5.1.3.1 在教学中进行良好行为习惯的养成教育（教学展示和学生的反馈） 5.1.3.2 引导学生改正不良行为习惯（提供指导记录）

5.2 能进行有效沟通

水平	能力要素	能力表现指标
上岗	5.2.1 与他人有效沟通	5.2.1.1 与学生、家长和同事建立沟通关系（提供相关记录） 5.2.1.2 与学生、家长和同事建立长期沟通的渠道（提供联系方式清单）
提高	5.2.2 能发现、处理工作场所中的交际障碍	5.2.2.1 收集、分析师生交流中存在的问题（解说、写出存在的问题） 5.2.2.2 制定解决交际障碍的有效措施（提供措施文本）
骨干	5.2.3 能指导其他教师有效沟通并处理障碍	5.2.3.1 指导其他教师利用各种手段与他人有效沟通（提供指导记录和被指导教师的反馈结果） 5.2.3.2 指导其他教师解决与他人沟通的障碍（提供指导记录和被指导教师的反馈结果）

5.3 提供职业指导服务

水平	能力要素	能力表现指标
上岗	5.3.1 能提供职业指导	5.3.1.1 向学生介绍汽车运用与维修专业就业前景（学生反馈） 5.3.1.2 提供职业选择的建议（学生反馈） 5.3.1.3 培训学生寻职择业的技能（学生反馈）
提高 骨干	5.3.2 开展创业教育	5.3.2.1 在教学中激发学生的创业意识（学生反馈） 5.3.2.2 帮助学生了解汽车运用与维修技术发展趋势，引导学生正确选择职业和发展方向（学生反馈） 5.3.2.3 指导学生进行职业生涯规划（学生反馈）

续表

5.4 进行安全生产教育		
水平	能力要素	能力表现指标
上岗	5.4.1 对学生进行汽车维修场地健康与安全常识教育	5.4.1.1 讲解汽车维修技术健康与安全方面应遵循的守则（教学展示和在鉴定者评估记录中体现） 5.4.1.2 讲解并示范汽车维修设备的安全操作程序和注意事项（教学展示和在鉴定者评估记录中体现）
提高	5.4.2 提供汽车维修场地健康和安全咨询，改善学习和实习场地的环境	5.4.2.1 帮助上岗教师检查和鉴定汽车维修场地中的危害源，并辅导其填报相关清单（提供指导的相关材料） 5.4.2.2 确定已采取的危险控制措施的有效性和可靠性（提供相关证明材料，如讨论记录）
	5.4.3 培养学生自我保护和事故处理的能力	5.4.3.1 培训学生相关实训场地健康与安全的操作技能（提供培训成果） 5.4.3.2 发现并及时纠正学生在实训场地中违反健康安全规则的操作行为（提供相关记录）
骨干	5.4.4 示范用正确方式处理机械加工过程中的健康和安全问题	5.4.4.1 制定和完善教学实训车间的健康与安全检查清单（提供清单文本） 5.4.4.2 制定危害健康和安全的事故处置预案（提供预案文本） 5.4.4.3 定期总结和评估预防和控制危害的措施的有效性（提供总结和评估报）
	5.4.5 指导其他教师保障职业健康与安全并开展健康与安全教育	5.4.5.1 审查、解释相关清单、程序、规则并提出建议（教学展示和在鉴定者评估记录中体现） 5.4.5.2 归纳、总结并向相关教师通报实训场地健康与安全事故原因和控制措施（提供工作记录和被指导者的反馈结果） 5.4.5.3 为所有教师提供职业健康与安全问题的培训（提供培训计划、记录）

续表

6 个人专业发展		
6.1 提高专业知识和实践能力		
水平	能力要素	能力表现指标
上岗	6.1.1 能掌握不断更新的汽车运用与维修技术信息和技能	6.1.1.1 定期参加汽车运用与维修企业的实践活动（提供相关证明材料） 6.1.1.2 定期参加本校汽车运用与维修专业教学技能培训活动（提供相关证明材料） 6.1.1.3 掌握相关职业技能（展示技能、提供教师资格证书、汽车运用与维修类中等职业资格证书或证明材料）
	6.1.2 能制定个人专业发展规划	6.1.2.1 进行本专业教育能力自我鉴定（提供分析材料） 6.1.2.2 提出个人专业发展的目标、任务和措施（提供发展计划文本）
提高	6.1.3 能参加继续教育活动	6.1.3.1 参加各级本专业新知识、新方法、新技术、新工艺的学习和培训（提供活动证明） 6.1.3.2 参加学力提高教育（提供毕业证书或学历证书）
骨干	6.1.4 能指导其他教师规划职业生涯	6.1.4.1 指导教师确定个人发展目标和任务（提供指导记录和被指导者反馈结果） 6.1.4.2 指导教师写出达到目标应采取的措施（提供指导记录和被指导者反馈结果）
6.2 开展教育教学研究		
水平	能力要素	能力表现指标
上岗	6.2.1 能收集了解本专业国际国内职教研究新情况，参加教学研究	6.2.1.1 收集、分析国际国内职教研究信息（提供相关材料） 6.2.1.2 参加教育教学研究（提供相关材料）

续表

水平	能力要素	能力表现指标
提高	6.2.2 从事本专业职教教学改革研究，积极为职教教学改革提出建设性意见	6.2.2.1 收集并分析职教教学改革信息（提供相关材料） 6.2.2.2 提出本专业教学工作中存在的问题和改进建议（提供分析报告） 6.2.2.3 撰写教学改革学术论文（提供论文） 6.2.2.4 向学校提交本专业教学改革可行性方案（提供建议方案）
骨干	6.2.3 指导其他教师进行与职教教学实践相关的研究	6.2.3.1 指导教师分析研究国际国内职教研究新情况（提供指导记录和被指导者反馈结果） 6.2.3.2 带领教师进行教学改革实践（提供指导记录和被指导者反馈结果） 6.2.3.3 指导教师总结教学改革经验、开展教学研究、撰写教学改革学术论文（提供指导记录和被指导者反馈结果）

6.3 开展专业发展研究

水平	能力要素	能力表现指标
上岗	6.3.1 能收集了解国内外本专业发展新情况，参加专业建设研究	6.3.1.1 收集、分析国际国内本专业发展信息（提供相关材料） 6.3.1.2 参加专业建设研究（提供相关材料）
提高	6.3.2 从事专业改革研究，积极为专业建设提出建设性意见	6.3.2.1 收集并分析职教教学改革信息（提供相关材料） 6.3.2.2 向骨干教师提出本专业发展的建议（提供建议方案）
骨干	6.3.3 进行专业建设并指导其他教师进行相关的研究。	6.3.3.1 指导其他教师分析研究国际国内本专业发展新情况（提供指导记录和被指导者反馈结果） 6.3.3.2 具有汽车运用与维修专业社会需求分析、行业发展分析、企业工作能力要求分析能力（提供调查数据和分析材料） 6.3.3.3 向学校提交本专业发展方案（提供相关资料）

注：括号内是鉴定时的证据指南。

第五节　乡村卓越工匠之师成长规律

乡村职业教育作为中国职业教育的重要组成部分，对发展职业教育以及推动农村经济起着至关重要的作用。在中国，农村人口占社会总人口约三分之二，这一特殊国情更加凸显了乡村职业教育发展的必要性和重要性。相对于整个中国教育来说，中国乡村职业教育是最为薄弱的环节，无论从硬件设施建设上还是从招生质量和师资培养上都亟待提高。乡村卓越工匠之师肩负着推进乡村职业教育发展的使命，他们是乡村职业教育的直接实践者，在新农村建设中贡献自己的力量。因此，探索卓越乡村工匠之师成长规律，对于加快发展农村教育事业有着积极的意义。

世界上的事物和过程，表面看来千头万绪、杂乱无章，实际上任何事物都有自身的规律并按其规律运动、变化和发展。我们透过纷纭复杂的人才成长现象，可以发现教师成长是有规律可循的。乡村卓越工匠之师的专业成长是伴随其职业生涯的个体社会化过程，在与乡村教育环境的互动过程中，不断调整思想观念、价值取向，丰富专业知识、教学技能，成为善乡愁、会乡技和懂乡知的县级职业中专学校骨干教师、教学名师和顶级教师的卓越师资人才，其成长过程遵循一定的师承规律：师培规律、师传规律、师授规律和师训规律。

一、师培规律

乡村卓越工匠之师教学技能的获得来源于情境知识。人类学家莱夫在她具有代表性的名著《情境学习：合法的边缘性参与》中指出："学习应该从参与实际活动的过程中学习知识，但是学习历程是由周边开始再不断向核心推进，逐渐深入参与真实的活动的过程。""合法的边缘性参与"被看成是情境性学习的核心定义特征，根据这一特征，基于情境的学习者必须是共同体"合法"参与者，而不是被动的观察者，同时他们的活动也应该在共同体工作的情境中进行。"边缘的"参与是指学习者不可能完全地参与所有的共同体的活动，而只是作为共同体某些活动的参与者①。乡村职教教师要想从新手成长为共同体的核心成员即工匠之师，必须参与到实践共同体中去，而且知识和技能的掌握也要求新手充分地参与到共同体的社会文化实践中去，成为共同体的领跑者，并在成长的每一阶段都要细心观察和模仿专家或共同体内其他成员的行为，学习共同体内的行话，逐渐地开始按照共同体的标准来行事。随着时间的流逝，作为一名普通的工匠之师逐渐掌握了专家的知识与技能，并在使用的过程中得到发展、磨炼和升华②。这时，学习者逐渐获得了共同体中核心成员的身份，变得越来越自信，对共同体的贡献越来越大，反过来可以指导刚进入共同体的新手的学习。即学习者在共同体内进行文化适应的过程中，不断取得进步，最终成长为熟手乃至专家。正如波兰尼所说："一个人要想吸收这些隐含的规则，就只能那样毫无批判地委身于另一个人进行模仿。"③

基于这一理论，探索出乡村卓越工匠之师成长的第一条规律：师培规律。即新手教师在长期的观察和模仿中获取熟练教师或工匠之师的思维方式，并且通过练习获得其技能技巧，于是由工匠之师的隐性技能到新手教师的隐性技能得以转换，这也是一个"潜移默化"的过程。这种技能转化规律有三个特点：①技能的碎片性，即隐性动作技能是在不同高手或工匠之师的头脑之中呈碎片状的，即使在同一个工匠之师的头脑中，也是零散存在的，并没有形成系统化和整体性；②传授的默会性，即从隐性技能到隐性技能的转化，是不能通过语言交流来实现的，必须经过模仿等特定途径和手段；③获得的领悟性，即学习者必须具有一定的悟性，只有不断进行揣摩和意会，才能获得他人的隐性技能。

这一技能转换是在师父带徒弟式的情境学习过程中实现的。师徒制

---

① 莱夫，温格．情境学习：合法的边缘性参与［M］．王文静，译．上海：华东师范大学出版社，2007：1-2.

② COLLINS，DUGUID．Situated cognition and the culture of learning［J］．Educational researcher，1989，18（1）：32-42.

③ 波兰尼．个人知识：迈向后批判哲学［M］．许泽民，译．贵阳：贵州人民出版社，2000：79.

是人类技能传播最古老也是最有效的方式，是在解决真实任务的过程中进行技能学习与模仿，是一种知识、技术、文化传承的形式，尤其是现代师徒制强调在真实工作情景中以经验活动学习为主，是教师专业发展的重要方式。该制度长期以来被广泛运用于我国各行各业，尤其是绝技绝活传承中。在这一过程中，徒弟依靠观察、模仿和反复练习，形成与师父基本相同的思维模式，这些隐性技能就潜移默化地由师父传给了徒弟。比如，在教育领域中的师徒结对、传帮带、导师制、师徒帮带、带教、以老带新等活动；广州市轻工高级技工学校大师工作室的基本做法就是把新入职的教师学生置身于工作室的情境中，跟着大师一起学习彩绘、木雕和刺绣等；又比如，把职业学校骨干教师尤其是年轻教师放在企业当中进行岗位实训，在企业老员工的带领下学习某项实际操作技能。这些活动的实质都是从隐性到隐性的技能传递。于是，通过身临情境，新手教师或骨干教师能力的形成与提升得以实现。

二、师传规律

乡村卓越工匠之师教学经验的获得基于隐性知识。20 世纪 60 年代，英国哲学家波兰尼的知识理论被引用到教育理论研究中来，对教育领域许多重要问题的分析都产生了较大影响，特别是学校教育活动中大量的缄默知识（tacit knowledge）及其教育意义开始为人们所发现。波兰尼把不能通过语言明确表达和交流的个人内部认识活动纳入知识的范畴，并且与可以言传的知识置于同等重要的地位，这是在对当时西方盛行的逻辑实证主义科学观进行批判时提出的，也是对原有知识理论的决定性变革。他将“我们所认识的多于我们所能告诉的”（we know more than we can tell）这句话作为自己的认识论命题，指出“人有两种类型的知识。通常称作知识的是以书面文字、图表和数学公式加以表达的知识，只是其中的一种类型。没有被表达的知识是另一种知识，比如我们在做某件事情的行动中所掌握的知识”。他把前者称为显性知识（explicit knowledge），可以很容易表述和获得，而将后者称为缄默知识（即隐性知识），不易为人们阐明和掌握。

基于这种理论探索出乡村卓越工匠之师成长的第二条规律：师传规律。即师傅将依附于个体而存在的经验、直觉和想象，用语言深刻地概括并清晰地表达出来，形成自己的成果，进而将感性技能提升为理性技能，使高度个性化的技能知识向群体共享传播成为可能，这也是一个外部明示的过程。这种技能转换规律有三个特点：①技能的可言传性，即要转化的那部分隐性技能是可以通过一定的途径和手段用语言、文字、符号、图像和公式等形式表达清楚的；②传授的多样性，即这种技能转化的传授可以是由个体传授给个体，也可以是个体传授给群体，还可以是群体传授给群体或个体；③获得的创造性，即实现这种转化必须要经过一定的抽象和思辨，才能实现由经验到理论的飞跃，这也是一个不断创造的过程。

这一技能转换由个人个性化技能成果共享得以实现。师傅将个体通过实践积累起来的行为表现通过一定的途径用语言、文字、符号、图像或公式表达出来，形成自己的成果。这是一个将隐性知识概念化并通过语言表达出来的过程，这种模式对知识创造来说至关重要。类比、交往、倾听和深度会谈是推动隐性技能外化为显性技能的重要途径。实现这种转化的方式有隐喻式、交往式和反思式等。比如，职业技术教育领域，工匠之师不只是将经验“潜移默化”地传授给新手教师或骨干教师，而且还将包括技术经验、技巧、能力等方面的隐性技能开发为学校教育教学教材，供后来者学习、模仿和训练。那么，人们也就不仅将技术经验、技巧等隐性技能转化为显性的专业技能，而且能够通过传播“产品化”的显性技能，让整个学校、甚至更多的后来者学习分享，整体推进工匠之师的培养培训，不断提升教师的综合素质和能力，最终使自己成长为卓越的乡村工匠之师。

三、师授规律

乡村卓越工匠之师教学知识的获得属于显性知识。众所周知，美国现代课程理论的重要奠基者“现代课程理论之父”“当代教育评价之父”泰勒，在1949年出版的《课程与教学的基本原理》一书中，认为课程原理的基本内容必须回答四个基本问题：①确定教育目标。学校应该试图达到什么教育目标？②选择教育经验。提供什么教育经验最有可能达到这些目标？③组织教育经验。怎样有效组织这些教育经验？④评价教育计划。我们如何确定这些目标正在得以实现？课程编制过程的四个基本步骤可归纳为：确定教育目标、选择学习经验、组织学习经验、评价学习结果。这也是课程编制的方案框架，该理论被称为泰勒原理，成为现代课程编制经典。

基于这一理论探索出乡村卓越工匠之师成长的第三条规律：师授规律。即职业学校教师将职业教育的各种显性专业知识和技能包括规章制度、操作规程、专业标准和专业道德传授给新进教师。这是一种最普遍和常见的技能传递方式，也是一个汇总组合的过程。这种技能转换规律有三个特点：①技能的系统性，即这种转化规律中的技能是循序渐进的，是具有整体性和系统化的，新进教师通过学习可以掌握一整套的理论和方法；②传授的便捷性，即这种转化规律可以通过个体对群体进行传授，还可以通过现代化的通信和交流方式来实现，比如远程教育、网络博客等；③获得的公共性，即这种转化模式中的技能是面向大众公开的，通过公共的传播途径进行传播的，任何人都可以以文字、符号、图画等直观的形式来获得。

这一技能转换在教师培养培训过程中通过学校有组织的方式，或教师之间以老带新、导师制、师徒结对式等方式加以实现。这是一种典型的间接经验获取的渠道，也是目前教师教育供需中普遍采用的形式。这一模式是个体将零散的和不连贯的显性技能综合成一套技能体系，并可以在组织内部进行共享。这一阶段强调显性技能的采集分类、组织管理、提炼、升华，是对技能进行整合的过程。其转化方式有讲授式和自学式。比如，许多中职学校组织新入职教师或由工匠之师进行有组织的集中培训或参与校外培训，传授显性专业技能是一个重要的环节。通过从显性到显性的传递模式，教师会将显性技能的原则要求有意识地体现在他们的日常工作和教学模式中。又比如，教师上课传授专业知识和技能给学生，就是典型的显性技能到显性技能的传授模式。

四、师训规律

乡村卓越工匠之师教学实践的获得属于工作知识。关于工作场所学习最早的研究始于马席克和瓦特金斯，他们是根据正式学习、非正式学习和偶发性学习来定义工作场所学习的。随着现代文明的进步和工作实践的发展，学者们对“工作场所学习”内涵的认识也在延伸和拓展。综合国内外学者研究，工作场所学习是发生在工作场所这一真实情境中，在与专家、同事的互动过程中，为取得对组织和个人有价值的结果而进行的获取相关知识、习得工作技能的过程。工作场所学习理论把工作场所看作是一个重要的学习场所，认为与工作有关的知识与技能最好在工作场所中去获取。行为主义与认知主义理论所关注的个体学习，通常是指正式教育机构中的学习，与之相反，工作场所学习理论认为学习应被视为一种社会化的进程。在这一进程中情境结构、活动和关系，都是促进工作场所学习的条件并使其理论化的关键。这种理论的核心思想是为了了解人们如何学习成为“有知识的实践者”，应该集中分析活动发生的实践团体，该团体也是知识、技能和理论的来源。

基于这一理论探索出乡村卓越工匠之师成长的第四条规律：师训规律。即教师通过实践实训，使其技能更加熟练，达到炉火纯青的地步，进而将显性技能内化为个体的隐性技能的过程，这既是一个内化升华的过程，也是教师从普通走向卓越的过程。这种技能转换规律有三个特点：①技能的熟练性，即只有对显性技能非常熟练，对其有十分深刻的理解，才可能实现这种模式的转化；②传授的隐蔽性，即这种技能转化的程度和多少是因人而异的，其传授往往是隐蔽的，个体在掌握技能以后，不知不觉间已经将显性技能熟记于心了；③获得的重构性，即学习者必须把学到的显性技能重新归纳、整理，构建成个人的技能和技能体系，才能掌握技能。

这一技能转换由教师在工作场所中实现。实训的过程即显性技能向隐性技能的转变，这种模式是个体在学习或应用显性技能的过程中，将新技能内化以及在此基础上实现的对自身隐性技能系统的拓展、延伸和重构。这一过程也意味着一种更高层次的隐性技能形态—能力的形成。此技能转化的方式有动脑动手、实习训练。例如，“做中学”、技能训练等。比如，广东省旅游职业技术学校实践教学的基本做法是把教师和学生都导向一个真实的工作场所，并承担具体的实务作业。于是，以岗位能力培养为目标的实践教学就在工作场所中使教师能力的形成与提升得以实现。教师在团队合作和工作培训中获取职业规则和岗位技能，并且熟练掌握技能后转化为内隐技巧，实现技能的转换。

上述四种师承规律研究表明，乡村卓越工匠之师成长呈螺旋上升状态。正如野中郁次郎（Ikujiro Nonaka）在《知识创造的企业》中描述的，其知识转换的过程是“社会化→外化→结合→内化→社会化→外在化→ ……”即动员个人的内隐知识，经过外化成外显知识，经结合成另一种外显知识，再将之内化成内隐知识，以成为既定的观念与工作习惯，最后透过相互观察与模仿学习，将内隐知识社会化。如此形成“知识创造螺旋”的方式，让散布各处的知识结合起来，并镶嵌在不同的知识体系中，以进一步协调知识的流通、整合、转移与蓄积。

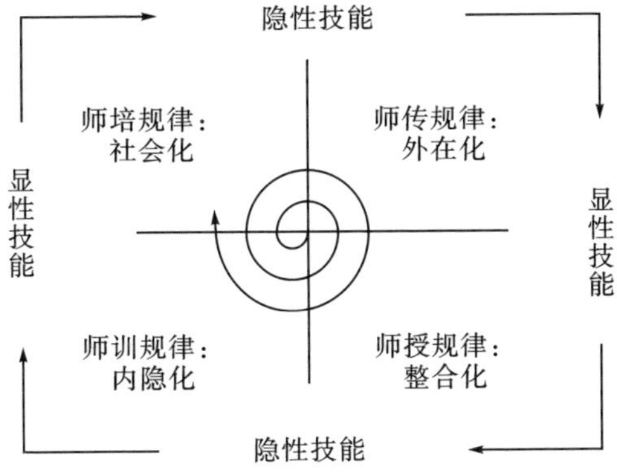

图 2-5　乡村卓越工匠之师成长师承模型

基于知识螺旋理论，我们发现，乡村卓越工匠之师成长的师培规律、师传规律、师授规律和师训规律并不是孤立的，它们是一个有机的整体，并遵循知识螺旋理论提出的知识转换过程，运用到职业教育方面，即技能转换的过程（如图 2-5）。其中，师培规律是“隐—隐”技能转换的社会化过程。在师培的过程中徒弟通过观察、模仿教育名师、工匠之师的动作技能、思维方式，让隐性技能可以从他人身上转移到自己身上。师传规律是“隐—显”技能转换的外在化过程。熟练教师或老教师将个体通过实践积累起来的知识和技能行为表现通过一定的途径用语言、文字、符号、图像或公式表达出来，形成自己的成果，再传授给其他教师尤其是新入职教师的过程。师授规律是“显—显”技能转换的整合化过程。通过课堂教学、定岗实习等形式，老教师或高技能教师把自己系统化整合化的技能知识教给新入职教师或普通教师，使其形成自己的间接经验。师训规律是“显—隐”技能转换的内隐化过程。通过实习实训，经过多次动作练习使个人加以吸收，并进一步内化为个人内隐技能。通过如此不断循环和提升的四个过程，最终成为更高层次的卓越型教师。

乡村卓越工匠之师的成长规律是：在乡村职业教育人才培养过程中，徒弟的德识才学得到师傅的指导、点化，从而使徒弟在继承与创造过程中少走弯路，达到事半功倍的效果，有的还形成“师徒型人才链”。美国有项统计，一半以上的诺贝尔奖获得者曾经跟高明的老师学习过，而且，跟高明老师学习的人比跟一般老师学习的人获奖时间平均提前7年。当然，卓越乡村工匠之师的成长不仅需要遵循一定师承成长规律，还应顺应时代的发展要求，把自身的成长同乡村文化与乡村职业教育结合起来，重新确定自身的责任与目标，与时代相呼应，重新找寻乡村知识分子在当代社会中的位置和方向，与乡村文化共生共长。在成长过程中致力于乡村社区建设，培育乡村社区文化；充分发掘乡村文化的教育价值，在课堂教学中融入乡土文化；参与农事生产，深入理解乡土的内涵与品质，在乡村开辟新的生存与发展道路，成为善乡愁、会乡技和懂乡知的工匠之师。此外，注重个人生活风格的养成，引领一种新的乡村精神。卓越乡村工匠之师要不断完善自身，提高自身的文化素养，心怀百姓，拥有朴素的乡土情怀；拓宽文化视野，具备多元文化素质；从乡土文化中吸收养分，夯实自身乡土文化底蕴，同时，培育人文精神与审美情趣，提高自身综合文化素养。

第三章　乡村卓越工匠之师培育模式

第一节　三界共商：政界、业界、学界

政校企深度合作办学模式，是实现人才培养、技术研发、人员交流、资源共享和信息互通的有效模式，是以政府发挥主导作用，行业协会指导、参与，职业院校、中职学校和地方支柱产业、区域龙头企业、高新技术企业以校企合作网络和区域共享实训基地为平台，通过构建利益驱动机制、资源共享机制和组织保障机制等，最终实现三方互惠共赢的一种可持续发展的工匠之师人才培养模式。

一、乡村卓越工匠之师培育校企协同的内涵

1. 协同与协同论

“协同”一词在英文中有 cooperation、collaboration、synergy、coordination 等多种解释，在《汉语大词典》中的解释，是齐心协力、互相配合的意思。1971 年，联邦德国斯图加特大学教授、著名物理学家哈肯（Hermann Haken）在系统论中最早提出了协同的概念，指系统中各子系统的相互协调、合作或同步的联合作用和集体行为，其最终结果是产生了“1＋1＞2”的协同效应[①]。一般来说，协同就是协调两个或两个以上的不同个体或资源，共同完成某一目标的过程或能力。协

① 何郁冰. 产学研协同创新的理论模式 [J]. 科学学研究，2012 (2)：166.

同表现了不同元素在事物整体发展过程中的协调与合作的性质。不同元素通过相互协作形成拉动效应，推动事物向积极方向发展。对于事物双方或多方来说，协同的结果是使各方受益、整体加强、共同发展。

协同论（Synergetics）是20世纪70年代以来，在多学科研究的基础上，逐渐形成和发展起来的，是系统科学的重要分支理论。协同论认为，人类社会和自然界的各种事物普遍存在有序、无序的现象，有序就是协同，无序就是混沌，这是一个普遍的规律。千差万别的系统尽管属性各不相同，但在从整个大环境来看，各个系统之间不可避免地存在着相互合作而又相互影响的关系。协同现象在一切领域中都普遍存在，如果没有协同，生产就不能发展，社会就不能进步，人类就不能生存。

按照协同论的基本观点，在一个系统内，如果各个子系统不能很好协同，甚至相互抵触，这样的系统必然呈现出无序状态，最终会因发挥不了整体性功能而瓦解。相反，如果系统中各子系统能够很好地配合和协同，多种力量就能集聚，就能形成超越原来各自功能总和的新功能。因此，解决一个复杂的系统的协同问题，需要不同属性的各个子系统的相互作用和协作，经历从无序到有序、从老结构到新结构的演变过程，产生协同效应和自我组织能力，从混沌状态生成新的稳定结构，从而实现整体功能增强的目标。

随着经济全球化的快速发展，各个学科之间、科学技术与社会经济之间、国家之间的联系与互动日趋紧密，单打独斗的发展方式已无法适应现代社会发展的需要，将多个不同主体之间的资源进行有效整合，努力实现协同效应，已成为必然的发展方向。

2. 乡村卓越工匠之师培育校企的协同

（1）乡村卓越工匠之师培育的校企协同的内涵与要求。

乡村卓越工匠之师培育的校企协同，指的是工匠之师培养职业院校与当地的支柱产业和知名企业加强联系和合作，学校和企业双方共同参与卓越乡村工匠之师培育的全过程，是实现资源共享、双方互利共赢的一种开放式互动办学模式。校企协同是工匠之师培养的必由之路。协同是合作的高级形态，职业教育校企协同不同于一般的校企合作办学模式，是更高层次的办学模式，是校企合作办学培养乡村职教卓越师资的升华。校企协同既体现了职业教育与经济社会、行业企业联系紧密的鲜明特色，又是改革工匠之师培养模式、教学模式、评价模式的关键环节，更是把卓越乡村工匠之师培育纳入社会经济发展和产业发展规划、促进工匠教育与社会经济发展需要相适应的重要途径[①]。

从协同论的观点来看，乡村卓越工匠之师培育过程中的校企协同是一个复杂的具有开放性的系统，卓越乡村工匠之师培育过程是一个职业院校和企业相互参与、相互协调、相互配合的互动过程。校企协同网络的建立，为工匠之师培养搭建了制度化的平台。通过校企协同的互动平台，企业可以对工匠之师培养目标、专业设置、师资素质和能力结构等关键环节提出建议和要求，提供咨询服务与全程指导。工匠之师培养院校利用校企协同互动平台，通过合作办学、订单培养等多种形式，加强与行业企业的紧密联系，与企业共同制定卓越乡村工匠之师培育标准，共同开发课程体系，共同实施培养过程，共同评估培养质量，使行业企业真正成为卓越乡村工匠之师培育的关键影响力量。在卓越乡村工匠之师培育过程中，工匠之师培养院校利用企业的场地、先进设备和专业人员建立实习基地、协同创新中心，围绕企业生产的关键技术问题开展研究，使工匠之师在真实环境下进行学习和探究，在实践的过程中学习知识和应用知识，在解决实际问题的过程中培养职业意识，提高工匠之师的教学实践能力和创新能力。总之，校企协同培养工匠之师的过程中，学校和企业成为工匠之师培养的双主体，企业不是局部的参与，而是全方位地参与卓越乡村工匠之师培育的全过程[②]。

协同论的一个重要思想就是资源整合。也就是说，通过组织和协调，把组织内部原本独立的功能和组织外部有独立经济利益的合作伙伴进行整合，建立一个为客户服务的系统，从而取得“1＋1＞2”的效果。

---

① 王汝志. 基于“校企协同”的高职市场营销专业建设路径［J］. 职业技术教育，2013（11）：21.

② 王建军. 基于三重螺旋的行业人才校企协同培养体系研究［J］. 河北民族师范学院学报，2013（1）：124.

校企协同中资源整合的核心目标是实现校企资源的协同效应，其实质是使学校和企业的各种资源按照一定的方式相互作用、协调配合，支配系统向有序稳定的方向发展，从而使整个系统的功能放大甚至翻番，即实现“1＋1＞2”的协同效应，促进校企合作中双方资源的充分利用，提高校企合作的水平，达到职业院校和企业实现双赢的目的①。乡村卓越工匠之师培育是一项“功在当代、利在千秋”的伟业，是工匠精神传承延续的大事，离不开培养院校与企业协同合作。

（2）我国乡村卓越工匠之师培育中校企协同的发展阶段。

我国乡村卓越工匠之师培育具有校企协同的优良传统，大致经历了松散的“产学研”合作和紧密的校企深度融合两个发展阶段②。

早在20世纪20年代，随着近代工业的快速发展，部分手工业企业相继开设了实习工场，采取半工半读的形式来传播西方先进的工艺技术，培养适应民族企业发展需要的专业技术人员。随着工业革命的兴起，工业生产逐步实现标准化、规模化，社会迫切需要大量掌握专业劳动技能的标准化劳动力。在这种形势下，学校逐渐从企业中分离出来，形成学校处于主导地位、企业处于辅助地位——“以学为主、以工为辅”的人才培养模式。企业根据学校的要求，提供适当的条件，协助学校完成一些实践教学训练任务；企业技术专家兼任工匠之师培养院校的教师，合作培养工匠之师，开展科学研究，产学研合作模式初步形成。

由于教育、科技和经济社会之间存在着体制机制方面的诸多羁绊，致使产、学、研条块分割现象十分严重。松散的“产学研”合作模式越来越不能满足工匠之师培养的需要。一方面，工匠之师培养院校要培养能适应企业工作能力要求的师资，迫切需要为师资提供真实的工作环境，希望与企业开展全方位的合作和对接。另一方面，企业希望从职业院校得到人才资源和科研方面的支持。但如果企业不能得到合理的投资

① 罗涛，王玉韩．基于协同论的高职职业院校校企合作资源整合模式研究［J］．湖北函授大学学报，2013（5）：2.

② 潘和平，孙道胜．互依、联盟、博弈：产业技术校企协同创新机制［J］．安徽师范大学学报，2013（3）：323.

回报，会缺乏深度合作的热情。然而，在市场经济的驱动下，企业、师资培养院校从保护自身的利益出发，会主动尝试开展深度合作：企业需要职业院校提供人力资源和技术支持；职业院校则需要利用企业的先进设备和工作环境，来降低工匠之师培养成本和提高工匠之师培养质量；工匠之师既需要职业院校为他们的成才提供教育，又需要企业为他们提供合适的实习就业岗位。企业、工匠之师培养院校、工匠之师三者是一个多元化的利益共同体，由此便催生了校企深度融合的模式。

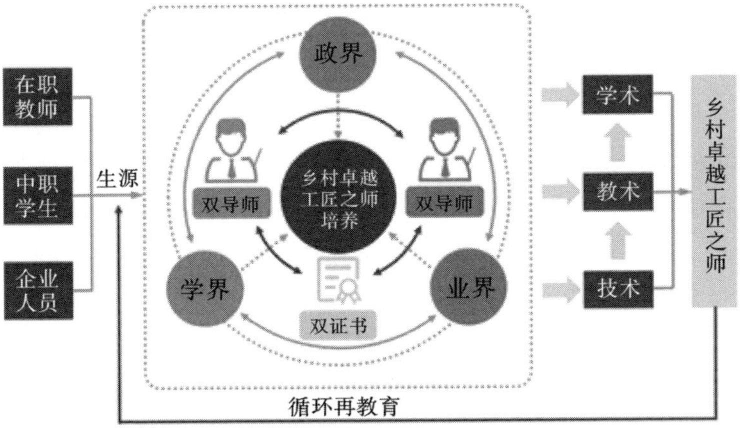

图 3-1　乡村卓越工匠之师培养“3D”模式

二、乡村卓越工匠之师培育校企协同的内容及原则

1. 乡村卓越工匠之师培育校企协同的内容

（1）职业院校专业教师与技术专家的协同。

通过工匠之师培养院校专业教师和企业技术专家的角色互换，实施“教师下企业，专家进课堂”的协同，建立职业院校专业教师与企业技术专家双向流动的机制，打造一支专兼结合的卓越乡村工匠之师培养教学团队。专业教师到企业接受培训，参与企业的技术革新、设备改造与新产品研发，了解市场前沿动态，收集教学案例和素材，积累实践教学经验，提高专业教学能力，并提高企业的技术创新能力。技术专家担任学校的兼职教师，承担职业院校的实践教学任务，负责工匠之师的技能训练指导，为基于生产过程导向的课程提供教学团队支持，也通过他们的实践经验，有效地促进工匠之师的技能水平的提高。

（2）工匠之师与企业工人的协同。

卓越乡村工匠之师培育院校在实施校企协同的过程中，通过工匠之师与企业工人的协同，改变传统以课堂为中心的知识传授模式，更好地促进工匠之师技能的习得。心理学的研究表明，操作性技能的掌握，必须要由两个关键因子促成：师傅的示范和徒弟的模仿[①]。工匠之师到企业顶岗实习的过程中，在企业工人师傅的指导和带领下，作为学徒来参与真实产品的生产过程。企业工人给工匠之师作技能指导，为工匠之师提供真实的工作情景和职业氛围使工匠之师得到熏陶。工匠之师在产品生产过程中学习产品的制造工艺和流程，在长期的模仿和练习中，掌握技能要领。在整个协同过程中，工匠之师也可以从企业工人的行为中体验到企业文化和职业道德。

（3）实训基地与生产车间的协同。

通过实训基地与生产车间的协同，既可以解决校内工匠之师实训基地资源的不足，也可以使企业在产品研发和培训工匠之师等方面得到扩展。职业院校的实训基地既是企业的生产车间，承担企业的生产任务，参与企业的生产流程，同时又承担工匠之师的实习实训任务。企业生产车间作为工匠之师培养院校实践教学的重要基地，能让工匠之师实质性地参与到企业生产的全过程之中。充分发挥职业院校实训基地与企业生产车间的各自优势，校企共建工匠之师培训实训基地，不仅可以使实训基地在仪器设备、生产技术等方面获得自我更新的能力，同时也大幅度地降低了工匠之师实习实训的原材料消耗，创造了经济效益[②]。

---

① 周明星，王良．论中职学校工学结合的有效形式［J］．职业技术教育，2011（1）：48．

② 张志强．校企合作存在的问题与对策研究［J］．中国职业技术教育，2012（4）：66．

（4）先进设备与仿真技术的协同。

在校企协同的过程中，认真做好仿真技术与先进设备的协同，可以大大提高工匠之师教学实习实训效果，有效降低工匠之师培养成本。一方面，工匠之师培养院校应积极拓展实习实训渠道，与更多知名与尖端企业合作，充分利用企业的先进设备和尖端技术，使不同专业的工匠之师尽可能多地接触到本专业的先进设备与前沿技术，最大限度地缩短工匠之师与职业技术教育岗位的适应期，实现无缝对接。另一方面，对于工匠之师培养院校来说，开设的部分工匠之师培养专业短期可能难以找到专业对口的顶岗实习的企业；而这些专业往往实训设备价格昂贵，技术更新频率较快。对于这类专业，可以采用仿真软件为工匠之师开展实习实训。通过仿真技术，工匠之师可以体验到产品生产的流程和设备调试的过程。这种形式，虽然最终的作品不是实际的产品，但可以增强工匠之师对真实生产过程的体验。仿真技术降低了实习实训的成本，是在资金短缺的情况下提高工匠之师教学实训效果的一种有效方法。

（5）工匠之师实训与员工培训的协同。

通过工匠之师到企业顶岗实训，企业员工到学校接受培训，实现工匠之师实训与员工培训的协同。由企业根据实际需要，为工匠之师安排实训岗位和指导师傅，工匠之师以准员工的身份接受企业管理，企业根据职业素质、工作量、服务满意度、出勤率等对工匠之师进行考核。企业可以借助职业院校的技术和人才优势，强化员工培训，包括开设专业知识讲座、开展短期理论培训等，以潜移默化的方式使自身转化为学习型企业。同时可以借助职业院校的信息与技术服务，进行新产品的研发、新模式的引进和新理念的实施①。

2. 乡村卓越工匠之师培育中校企协同的原则

（1）协同共进原则。

在教育生态学视域下，协同共进原则是指在卓越乡村工匠之师培育

① 梁雪松，郑雅萍．校企联盟培养“职业适应性”人才研究：协同教育理论的视角 [J]．教育发展研究，2013（9）：61-62.

过程中通过工匠之师培养院校和企业的合作来相互促进、相互发展的原则。协同共进在工匠之师培育中普遍存在，没有协同，卓越乡村工匠之师培养就会出现养分不足，企业的发展也会后劲不足。校企协同，是两种力量凝聚成一个合力，形成大大超越原各自功能总和的新功能。工匠之师培养院校是培养工匠之师的高等学府，企业是运用职业技术人才来生产市场产品的单位。企业要依赖工匠之师培养院校研发的科研技术成果来促进生产发展，而工匠之师培养院校也要依靠企业的工作岗位实训工匠之师。这样就让工匠之师增加了职业工作指导经验，使之毕业后就能适应乡村职教事业，缩短了卓越乡村工匠之师培养的周期。企业在提供实习岗位的过程中可以发现优秀工匠之师人选，从而储备乡村职教优秀师资力量。协同共进原则体现了卓越乡村工匠之师培育的新理念，开创了卓越乡村工匠之师新的培育目标。

（2）互动共享原则。

互动共享是指工匠之师培养院校与企业在相互作用、相互影响的过程中一起分享共同创造的成果。互动表明工匠之师培养院校与企业是命运共同体，你离不开我，我离不开你。共享意指工匠之师培养院校与企业两者对成果的一种哲学态度——共同分享。互动是协同的基础，共享是协同的保障。要实现互动共享，就必须具备四个条件：一是工匠之师培养院校与企业要成立一个协调小组，该小组要能调动各自所在单位的资源（人、财、物等资源）；二是协调小组要有办公的场地，以便定期开会商讨问题；三是协调小组要有长远合作的战略眼光，善于协调双方的矛盾；四是双方要签订合作协议书，做到有法可依，各自履行自己的职责。互动共享原则是工匠之师培养院校以企业为平台，通过信息共享、成果共分来实现工匠之师的培养。

（3）合作共赢原则。

合作共赢是指工匠之师培养院校与企业在共同培养工匠之师活动过程中互惠互利、相得益彰，实现双方的共同效益。工匠之师培养院校与企业合作才能共赢。在这个竞争十分残酷的市场经济时代和互联网时代，合作共赢是当今时代的共识。工匠之师培养院校有知识信息的优势，可以培养各种类型的工匠之师和技术人才，并且为各种类型企业输送人才。企业拥有技术、资金的优势，但必须通过工匠之师培养院校培养的工匠之师和职业技术人才才能发挥自己的作用。工匠之师培养院校通过派遣培养对象到企业实习，可与企业形成互补和合作。两者的合作最后带来的成果是共赢。动物界海葵和螃蟹（海葵附在螃蟹躯体上以增加猎食的机会，而螃蟹也因此不劳而获，分享海葵的战果）的例子是合作共赢的例证。事实上，社会生态的现实发展也表明了同样的道理，如艾克赛罗德设计的电脑游戏“囚犯的困境”①。合作共赢原则是一种智慧，是工匠之师培养院校与企业在经历社会发展实践以后形成的一种共识，是双方走向成功后升华的理论认识。

三、三界协同的内涵

1. “三界”内涵

“三界”即指政界、学界、业界。政界即县（市、区）乡政府；学界即培养学校，包括本科职业院校和中职学校；业界即产业界。“三界协同”指由政界主导、学界实施、业界参与形成的需求导向运行机制，即县乡政府根据当地社会经济需求，确定工匠之师需求数量和结构，落实编制，提出招生计划；产业界根据市场需求提出专业设置建议，提供工匠之师实习基地和兼职教师；培养院校根据卓越乡村工匠之师成长规律，面向中职学校招收相应专业学生，与中职学校、企业联合实施培养

---

① 这个电脑游戏，叫“囚犯的困境”，是政治学学者艾克赛罗德设计的。这个游戏的规则是，囚犯之间如果合作，便可得到 3 分；对立只能得 1 分；如果有一人和别人合作之后反戈一击则可得 5 分，而另一人只能得 0 分。以一般的思维，最聪明的获胜之道当然是先骗人合作，然后再反咬一口；最笨的就是那个轻易相信对方的“傻瓜”，因为即使运气好，也只能得到 3 分，而得 0 分的概率相当大。事实上，游戏一开始，“最聪明的”的确是赢家，“最笨的”的确是输家。然而，时间一长，艾克赛罗德发现，输家却是以背叛为手段的那个“最聪明的”，赢家却是以合作为手段甚至肯原谅别人背叛自己的那个“傻瓜”。为什么？道理很简单，有过背叛劣迹的，再无人肯跟他合作，于是乎，他在最初一两次得手之后，只能得到可怜的 1 分；而宽容的合作者总能得到 3 分，并且由于他不会背叛，其他人都愿意与他长期合作，保持和谐的关系，因为“共赢共生”总比你死我活要惬意得多。

（见图 3-1）。

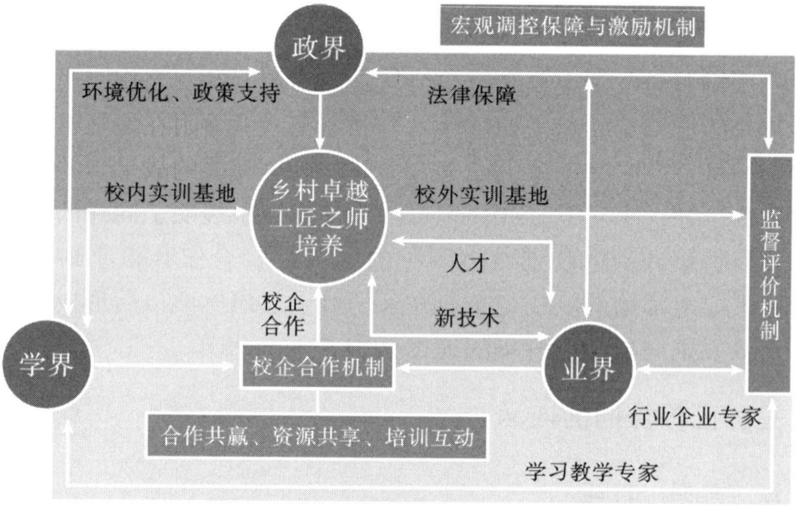

图 3-2　乡村卓越工匠之师“三界”协同培育机制

湖南农业大学乡村卓越工匠之师培养采用“政校企”一体办学模式，最大限度地共享人力资源、设备资源、社会资源和隐性资源。如学校从企业、职业院校聘请兼职教师，企业、职业院校互为培养（培训）基地，企业、职业院校共建实习实践基地、工程中心或技术中心等。在政府的统一协调下，学校是企业的学校，企业是学校的企业，实现真正意义上的融合。湖南农业大学卓越乡村工匠之师培养“政校企”一体的运作，得益于其科学合理的运行机制。概括起来讲，主要包括其动力驱动机制和运作机制。其中，动力驱动机制来自湖南农业大学乡村卓越工匠之师培养的内部需求，而运作机制主要包括政府、企业、学校在这一机制中的角色与使命。

首先，政府主导工匠之师培养办学方向、层次、结构和类型，也主导工匠之师培养专业调控和经费投入。政府和学校之间建立一种“缓冲机制”，即政府对于工匠之师培养院校的教育行为起到一种宏观指导和分类指导的作用，是一种“软控制”，学校在工匠之师培养上能够真正实现自主办学和开放办学；如果政府对工匠之师教育事无巨细地提出各种规定和要求，就容易使各工匠之师培养院校的教育行为出现一刀切现象。其次，学校和企业应该是共同的办学平台，尽管学校是办学的主体，但是现代企业也越来越多地扮演了主体角色，或者说起到了次主体作用，所以学校和企业之间应建立一种互惠机制。学校为企业培养人才，企业也要积极地介入学校人才和工匠之师培养的过程，目前校企之间表面化、被动式合作现象应通过机制的作用而得以改变。第三，学校和行业之间需要建立一种互动机制，行业协会在制定、指导、实施行业标准、规范等方面，其作用是不可或缺的；行业协会也可以避免企业的短视行为，使高职教育的工匠之师培养具有可持续发展性。可见，政府、学校、企业、行业这四个重要的相关体，它们的功能、定位、作用不一样，但是必须四方联动。也就是说，“官校企行”已经构成了一个系统化的行动网络，推进“校企”“校行”之间的合作，既需要政府和企业之间、行业之间进行统筹，又需要企业和行业之间进行协调，共同推动卓越乡村工匠之师的培育。

2. 协同的意义

《汉语大词典》对“协同”的解释：齐心协力、互相配合。指协调两个或者两个以上的不同资源或者个体，协同一致地完成某一目标的过程或能力。1971年，联邦德国斯图加特大学教授哈肯在系统论中最早提出了协同的概念，指系统中各子系统的相互协调、合作或同步的联合作用和集体行为，其最终结果是产生了“1＋1＞2”的协同效应。

3. 三界协同

指的是政界、学界和业界以工匠之师培养为纽带，培养职业院校与当地的支柱产业和知名企业加强联系和合作，学校和企业双方共同参与工匠之师培养的全过程，是实现资源共享，力争互利共赢的一种开放式互动办学模式。

（1）政府的宏观调控保障与激励机制。

“政界、学界、业界”三环相扣的乡村卓越工匠之师培养模式的顺利运行，前提是要建立政府宏观调控保障与激励机制。从职业教育比较发达的国家来看，政府都在职业教育工匠之师培育体系中起到十分重要的作用，政府部门往往会通过法律、法规、政策和税收等手段进行宏观调控，形成政府宏观调控保障与激励机制。“政界、学界、业界”三环相扣的工匠之师培养模式仅仅依靠市场机制是远远不够的，必须建立健全政府主导、行业指导、企业参与、学校主体的办学机制。政府要积极制定颁布大力发展工匠之师培育方面法律、法规和政策，并督导贯彻实施，切实保障工匠之师的受教育权，保证工匠之师接受良好的高等职业教育；适当增加奖学金指标与评奖项目，激励工匠之师积极主动参与；适当加大对学校财政投入并积极监督国家教育资金的有效使用，不断完善学校教学设备设施，不断优化学校自主办学、人事分配等政策；积极制定鼓励校企结合的信贷和税收优惠政策、人才交流与流动政策、知识产权制度保护下的利益分配制度、成果转让制度等，为参与校企合作的企业提供有利的条件与优惠政策，以增加企业自主参与工匠之师培养的积极性，不断健全完善校企合作法律法规体系。

（2）校企合作长效机制。

“政界、学界、业界”三环相扣乡村卓越工匠之师培养模式的顺利运行，关键是要建立校企合作长效机制。从学校外部来说，要积极建立“责任共担、资源共享、人才共育、事业共创”的校企合作机制，积极探索校企共建综合技术平台模式、校企共建科学技术研究中心模式、校企共建二级学院模式、校企共建双师团队模式、校企共建教师工作室模式、校企共建教学工厂模式等。从学校内部来说，要建立院、系、专业三级校企合作运行机构。学院设立校企合作委员会，委员会主任由院长担任，副主任由若干名副院长和企业负责人担任，主要职责是统筹规划校企合作模式，统筹管理校企合作项目，统筹调配校企合作资源。各个系设立校企合作教学委员会，委员会主任由系主任担任，主要职责是进行工匠之师教学指导、工匠之师招生指导、师资队伍建设、职业教育教学指导等。各个专业设立校企合作专业建设委员会，委员会主任由专业负责人担任，主要职责是专业工匠之师培养方案制定、课程标准制定、课程体系完善、开展教学实习实训和社会服务等。

（3）校内、外实训基地建设机制。

“政界、学界、业界”三环相扣的乡村卓越工匠之师培养模式的顺利运行，重点是要构建校内、外教学实习实训基地建设机制。乡村卓越工匠之师的重要特点就是动手能力强，教学实践经验丰富，具有解决实际问题的能力和创新能力。没有校内、外实训基地、工匠之师难以了解真实的工作环境，难以提高实践动手能力。因此建立相互补充、相互衔接的校内、外教学实习实训基地是工匠之师培养的物质基础。校内教学实训基地要本着“源于现场、高于现场、综合集成、资源共享”的原则建设，满足校内工匠之师实践教学需求，同时为行业企业开展技术服务、人员培训、技能鉴定打下基础。校内教学实训基地建设内容主要包括硬件设施、“双师型”师资力量、健全的人事分配与日常管理制度、具有学校特色、融合企业文化的校园文化等方面。尤其要高度重视校内模拟仿真实训条件建设，组织教师用现代化信息手段开发虚拟工厂、虚拟车间、虚拟管理、虚拟服务、虚拟营销、虚拟工艺、虚拟公司等，让工匠之师“学”有其所、“研”有其所、“训”有其所、“赛”有其所。行业企业与学校共建校外实训基地，为工匠之师实践教学提供真实的职业环境，满足工匠之师了解行业企业工作氛围的需要，为以后的职业教育教学服务。入学初期组织工匠之师到企业参观，让工匠之师感受企业工作环境，体验企业文化。企业兼职教师结合自己岗位和工作经验，为工匠之师介绍将要从事的职业技术教育教学岗位、职业要求、企业规范、项目开发流程等，让工匠之师对将要从事的专业技术教育工作有一个感性认识。安排工匠之师到企业进行顶岗实习实践，在兼职教师指导下，参与真实项目开发，进一步提升专业教学能力。让工匠之师“在做中学、在学中做，教学做合一”，使其感到学有所得、学有所成、学有所用，为以后的农村职教教育打下良好的基础。

（4）政府与学校、企业三方监督评价机制。

“政界、学界、业界”三环相扣的乡村卓越工匠之师培养模式的顺利运行，核心是要建立政府、学校、企业三方监督评价机制。成立一个由教育管理人员（政府部门）、教育专家教授（学校）和行业专家学者（企业行业）等三方共同参与组成的监督评价组织，完善监督评价体系。积极构建教学质量督导体系，督导师生（“生”指工匠之师）的“教与学”全过程和工匠之师培养模式方案实施的全过程，如：工匠之师培养方案执行情况、课堂管理、教学的内容与质量、教学日常管理、课程考试考核等。对校内涉及工匠之师培养模式运行的各方面，建立全员、全方位、全天候的教学质量监督机制。积极构建教学质量评价体系，把工匠之师的农村职业教育从业率、职业教育教学质量、乡村中职学校满意度等作为重要的评价指标。评价机制要注重主体的多元性和内容的全面性，评价方法上应当注重短期和长期相结合、把握定量和定性相结合、动态和静态相结合，增强评价结果的客观性、公正性、及时性和权威性。评价方式上，应将终结性评价与形成性评价相统一，终结性评价注重工匠之师的学习成绩和实习表现，形成性评价注重能力提升程度，注重工匠之师知识建构的动态过程，注重工匠之师自学能力、教学协作中各个环节的表现以及核心目标建构的实现。积极健全完善社会第三方评价机制，加强对工匠之师培养院校的综合评估，将办学水平、办学条件和“双师型”教师水平、对行业区域经济发展的服务能力等纳入评估指标，在评估体系上要坚持评软不评硬、评动不评静，凸显工匠之师培育特色。

综上所述，“政校企”一体既是一种办学模式，也是一种操作模型，在湖南农业大学乡村卓越工匠之师培养模式中处于宏观管理层面。其中，“政”是规则的制定者，在湖南农业大学乡村卓越工匠之师培养办学中起到了研制政策和中介协调的作用；“校”作为乡村卓越工匠之师培养的主体，其中的角色是联系企业，满足社会对“三高”（高技能、高素质、高境界）人才的需求，是人才的培育者；“企”为学校培养“三高”人才提供基本的条件保障和资源服务，三者共建新的工匠之师培养模式。

第二节　三双共生：双导师、双基地、双证书

一、双导师

导师制这种教学方式起源于英国剑桥大学和牛津大学，是伴随学院制（Collegiate System）的出现而产生的。导师制下，导师对学生进行一对一授课，或小组授课（一般 2～3 人）。早在 11 世纪牛津大学就已出现“教学”，而关于导师角色的记载最早可以追溯到 15 世纪。20 世纪 60 年代，导师制这种教学方式开始受到质疑，很多人认为这种模式过时且精英化（outmoded and elitist），在英国新式大学快速增长的形势下，导师制显得“没有效率且不合时宜”（inefficient and unsuitable）。1968 年，牛津大学圣约翰学院的莫尔教授（Will G. Moore）撰书“The Tutorial System and Its Future”为导师制辩护，声明其“维持大学导师制”的立场。莫尔认为导师制对个体的关注以及在培养对话、雄辩和独立思维上的独特作用足以驳回任何一切对它的批评。Rush Cosgrove（2009）的“Critical Thinking in the Oxford Tutorial”通过对牛津大学政策系的 3 位导师、7 位学生的访谈以及 4 次指导活动（Tutorial）的观察，讲述了导师制下，导师如何培养学生的批判性思维以及学生如何习得与发展的过程。有关研究还有 Markham 的 Oxford、Felix Palfreyman 的 The Oxford Tutorial 等。

导师（tutor）也称启导教师（supervisor）、辅导教师（mentor），另外，国外校企合作中的企业指导教师（企业导师）称作“company coach”。导师制（tutorial system）也称导师负责制，是指“由导师对研究生的学习、科研、品德及生活等各方面进行个别指导并全面负责的教学管理制度”[①]。它于 14 世纪起源于英国，是英国牛津、剑桥大学的一种教育制度。具体操作方式为：为学院里的所有学生配备导师，每位

---

① 孙义链．研究生教育辞典［M］．南京：南京大学出版社．1995：38.

导师负责6—12名学生；导师为同专业学者，全面负责指导学生的学习与品格修养，负责安排学习计划，指定阅读书目；学生每周必须与导师见面一次，由导师检查其学业，讨论疑难问题，布置新的学习任务。传统的导师制采用的是单一导师，随后导师制为各国所借鉴，具体做法不一，借鉴推广中也产生了诸如集体导师制（导师组）、双导师制、网络导师制[①]等。

1. 双导师制

双导师制，区别于传统导师制，是指为卓越乡村工匠之师配备校内校外两位导师，分别指导工匠之师的校内基础理论学习和校外教学实践课程的学习，两位导师共同担负对工匠之师的教育职责，各有侧重，在对工匠之师的培养教学活动中具有同样的指导作用。不仅包括对工匠之师的学习、生活、品德养成等方面进行个别指导的教学制度，还包括对两位导师的任职资格、工作职责、工作规范以及工作评价、监管等多个方面的制度。其中，两位导师各有专长，合作指导，相互切磋，共同培养工匠之师。

2. 双导师的功能

（1）导向功能。

双导师制的培养模式有利于实现校外实践教育环境需求和校内学术理论教学的双向互补。两位导师虽然不在同一个学校，但如果经常交流情况，共同制定卓越乡村工匠之师的培养方案并探索该方案的实施情况，有助于充分发挥在职硕士教育研究生培养的导向功能。在双导师制培养模式的框架下，校外实践导师可采用更加灵活的教学方式取代传统的、刻板的授课方式。比如，采取讨论启发式的教学方法激发学生的创新思维；采用网络远程教育方式使教学时间更加灵活等。校外实践导师要更多地注意教师的兴趣和意识的开拓，夯实理论知识和创新能力相结

① Liu. A study of the feasibility of network tutorial system in Taiwan [J]. Educational technology & society, 2008, 11 (1): 208-225.

合的基础[①]。

校内理论学习导师也可以在乡村卓越工匠之师入学时起就对他们的研究方向给予确定，并更多地关注乡村卓越工匠之师的行为与品德，更好地进行学科教学内容和教育方式的改革，倾注更多精力进行卓越乡村工匠之师的培养工作。双导师制的设置，不仅能够加强对乡村卓越工匠之师进行指导，让他们学会自己选择和归纳，对知识融会贯通，不断依据自己的教育教学经验提出新设想、构建新教育理论，而且能够督促乡村卓越工匠之师以掌握科学的学习理论和教育研究方法为出发点，全面透彻地领会理解教学大纲中规定的知识内容，依据教学经验形成整体性的推展能力，并使卓越乡村工匠之师以创新的精神去积累教育学方面的知识并形成新的理论。

（2）整合功能。

双导师培养模式有利于乡村卓越工匠之师在丰富教学实践经验的同时，科研能力也能得到提高。在乡村卓越职教老师培养过程中，两位导师分工明确、各司其职，校外实践导师主要负责学生日常实践部分的指导和一线教育教学实践创新能力的培养等相关工作，校内理论导师主要负责学生日常的课程学习、论文的指导等相关工作[②]；双导师都是乡村卓越工匠之师科研活动的具体指导者、支持者和参与者，能在日常教学中提高卓越乡村工匠之师的实践能力和科研学术水平。比如，校外实践导师可以进入卓越乡村工匠之师学习的课堂，针对卓越乡村工匠之师课程方面和教学方面的问题给予具体中肯的指导。校外实践导师参与到乡村卓越工匠之师的日常工作中去，帮助乡村卓越工匠之师成为一名更有经验的教师。乡村卓越工匠之师在得到理论指导的同时，实践能力又得到了进一步的提升。校内理论导师可以拓宽乡村卓越工匠之师的知识面，开发工匠之师的教学思维，使其教育教学经验逐步提升为具有科学

① 张学洪．研究生课外科研实践基地的建设与实践［J］．实验科学与技术，2013（2）：114-117.

② 《关于深入推进专业学位研究生培养模式改革的意见》［R］．2013（3）.

价值的教育理论，并培养乡村卓越工匠之师的学术科研能力。

（3）反馈功能。

双导师的教育培养模式，有利于使乡村卓越工匠之师学到的教育理论知识更好地接受一线实践教学的检验。校外实践导师侧重在职教育硕士的实践指导，教以乡村卓越工匠之师新的理念和新的方法，校内理论导师侧重于教育科学理论培养，给予乡村卓越工匠之师新的知识和新的技能；两位导师所授的内容相互结合，相互补充，乡村卓越工匠之师就可以达到“在做中学，在学中做”的理想教育情境，在一线教学实践中的具体问题可以及时跟两位导师进行沟通并解决。双导师这一纽带，能将理论与实践紧密地结合在一起，使学与做融为一体。

3. 双导师制的建构依据

（1）乡村卓越工匠之师的培养目标。

卓越乡村工匠之师，德、智、体、美、劳等方面必须全面发展，掌握教育学、心理学、乡村发展等方面基本知识，具备涉农专业知识和技能，能在农业生产相关领域和部门从事技术生产、经营管理等工作，也能在乡村职业学校从事教学、管理和科研等工作，成为一专多能型卓越师范人才，具有较好的教学应用能力和实践能力。

（2）乡村卓越工匠之师的基本特点。

从生理发展方面来说，卓越乡村工匠之师都是成年人。成人的大脑和身体发育已经完全或基本成熟，各器官及身体机能都处于相对稳定的状态，其可塑性不强，不能达到中学生或大学生可塑性极强的状态，各项身体机能都处于平稳期，很难达到人生可塑性的波峰。但是，成人学习目的性与学习能动性比较强，能够主动约束自身进行自主学习，不缺乏学习动力和学习目标。此外，成年人的身体各系统会随着年龄增长开始出现下降的趋势，比如记忆力减退，听力衰退、视力减弱等现象。从乡村卓越工匠之师的心理发展特点来说，首先，有较为丰富的知识和经验，生活阅历较多，间接经验强于学校传授的直接经验，由间接经验产生的知识体系比较稳固，接受直接经验的过程较慢，对客观事物的感知和把握总体强于在校大学生和中学生。

其次，在教学过程中有意注意的发展占主导地位，能自觉控制自我意识，推理和逻辑能力水平较高，容易形成较为清晰的逻辑思维。再次，由于工匠之师生活经验和学习经验较为丰富，由此较为容易地产生联想能力和创新能力。从生理角度和心理角度出发，可以看出工匠之师具有较明确的自我意识，在对自身的知识结构、学习能力、个性特征及学习结果的评价等方面有较为清晰的认识。

(3) 教师自身职业发展的理论。

教师专业发展（teachers professional development），广义上是指一个人在自身教育职业角色发展中的变化过程。狭义上来讲，是指一个人在经过教育教学相关职业训练和系统考核后的专业成长过程。教师的专业发展也可以看作为教师增强自我知识体系、拓宽教学思路、增加教育教学相关技能的过程，总体上是使教育工作者不断取得进步的活动。无论教育如何改革，基础教育如何适应社会的发展，教师自身的专业发展都是教育发展的基础。教师专业发展的这种连续性、专业性和系统性，决定了卓越乡村工匠之师教育必须强调教育培训的连续性和教师发展的可持续性。从一个立志成为一名教师的师范生，到初入教育界的新手教师，再到一名教育实践经验丰富的优秀教师，一名教育工作者的专业发展至少要经历这三个不同的且连续的阶段。乡村卓越职教老师，不仅要在教育学领域上获得更多知识的积累，而且要将所学应用到实践。因此，对于乡村卓越职教老师的培养，必须关注于实践和理论两个方面，必须与普通本专科生的培养有所区别，将理论赋予实践之中，实践驾驭在理论之上，是当前乡村卓越职教老师培养的当务之急。

4. 实行双导师制的必要性

师范生的教育实习在其整个培养过程中非常重要，它不同于普通高等职业院校的实习，也不能沿用高师高专的双师制。为了提高师范生教育实习的质量，在师范生实习中推行双导师制，从师范生自身、高师职业院校到基地实习学校都是必要的。

（1）提高高师职业院校人才培养质量的需要。

高等师范职业院校承担着培养未来教师的重任，是使学生成为专门教育人员的重要机构。教师职业技能的培养主要包括教学设计、讲课、教学反思、班级管理和生涯规划等五个方面，但这五方面技能的获得，必须到真实的教学情境中才能得到提升。由于高校教师长期从事学术研究，在基础教育的实际教学中不如一线教师有经验，对师范生的培养也主要采取的是理论教学和微格教室的模拟训练，很难将教育理论知识与具体实践有效地结合起来，教学反思、班级管理和生涯规划的能力也很难得到提高。因此，有必要在学生实习期间为其安排基础教育的一线教师单独指导，身亲感悟优秀教师的教育智慧，使自己从学识、行为、思想和人格魅力等方面都潜移默化地得到提升。虽然基础教育的一线教师有着丰富的教学经验和独特的教学见解，但是缺乏实践向理论转化的有效机制，高校导师可以帮助实习生将实践知识提升到理论层面，形成“理论—实践—理论”的模式，锻炼实习生的科研能力，全面提升未来教师的职业素养。因此，只有高校导师到实习学校与基地导师在真实情景下共同指导师范生实习，针对每个实习生的特点制定培养计划，因材施教，才能改变师范职业院校传统的培养模式，帮助实习生解决实际的教学问题，提高师范生的整体素质，培养出更多服务基础教育的优秀人才。

（2）提高实习学校教学质量的需要。

高师职业院校的教学与中小学的实际情况相脱离，导致乡村职教师范实习生对教学目标、教材的编排、教材的重难点问题以及当地农村儿童身心发展不够了解，这势必会影响实习学校的教学质量。为乡村职教师范实习生安排基地指导教师，可以帮助乡村职教师范实习生尽快进入教师角色，了解实习学校的教学状况，教材编排以及学生特点，避免实习生盲目试误。与此同时，有了乡村职教师范实习生和高校导师的加入，融入先进的教学理念和教学方式，为乡村职业学校输入了新鲜的血液，乡村职业学校教师在接触到新鲜的教学理念后，也会反思自己的教学方法并主动学习和更新教学理念，共同提升农村中等职业教育的教学质量。

（3）促进高师职业院校与乡村职业学校更好地合作交流的需要。

“顶岗支教—置换培训”工程架起了高等师范职业院校与乡村职业学校合作的桥梁，双导师是这座桥梁的信息传递者。在交流中，高校教师在实践中检验教育理论，帮助基地学校的教师将实践智慧提炼成教育理论，给经验赋予了价值，并为基地教师带去新思想。基地教师反思自己教学方法，成为解决实践问题的研究者，并对师范生的培养提出自己的观点。高校教师通过了解基础教育来提升已有的教育理论，培养职业教育真正需要的未来教师。这样一来，加深了高师职业院校与乡村职业学校的交流，打破了教育理论与教育实践长期隔离的局面。

（4）保障顶岗实习工程顺利完成的需要。

首先，乡村职教师范实习生初到实习学校，面对艰苦的生活环境，生活和心理上难免会遇到困难和挫折，高校和家庭都难以放心，若缺乏有效指导，顶岗实习工程将难以顺利完成。高师职业院校有必要选派认真负责、沟通协调能力强的高校指导教师扎根在实习基地，深入了解乡村职教师范实习生在生活、学习、教学等方面的问题，给予乡村职教师范实习生定期的关心，帮助他们与实习学校沟通协调，解决问题，使其有更多的精力投入到教学实践中。其次，高师职业院校实施乡村职教师范生顶岗实习的立足点并非顶岗，而是基于实习本身，基于培养未来优秀教师这一出发点和立足点。以提高师范生培养质量的教育实习，必须在指导教师充分的、有针对性的指导下才能高质量地完成。因此，选拔教学经验丰富、有热心、有责任的一线教师担任基地指导教师成为关键。由此可见，乡村职教师范实习生既需要高校导师的理论指导，也需要基地导师的实践指导。

（5）提高乡村卓越工匠之师实践能力的需要。

参与顶岗实习的乡村卓越工匠之师是双导师制的最大受益者。首先，乡村卓越工匠之师的理论知识得到升华。双导师制育人模式使课堂知识在实践中得到了检验，高校导师在学科教学与教学研究等方面发挥着重要的作用，基地导师则以丰富的实践智慧感染着实习学生，形成“理论—实践—理论”的模式，大大提升了卓越乡村工匠之师的理论素养。其次，卓越乡村工匠之师的教学技能得到提高。基地导师自身有着独特的教学见解和解决实际问题的能力，实习生可以身亲感悟名师的教育智慧，使自己从学识、行为、思想和人格魅力等各方面都潜移默化地得到提升。最后，提升了乡村卓越工匠之师的教育科研能力。顶岗实习卓越乡村工匠之师深入到农村学校的教学一线，选择自己感兴趣的研究课题，利用自己的专业知识进行调查和访谈。高校导师从专业知识的角度致力于指导学生如何撰写毕业论文；基地导师从实践的角度帮助实习生选择论文方向，提供论文所需的数据。总之，参与顶岗实习的卓越乡村工匠之师能在双导师的指导下得到全面的提升，成为最大的受益者。

5. 实行双导师制的操作要求

从政策方面来说，师范生顶岗实习工作得到了省政府、省教育厅以及各地教育部门的大力支持。为了进一步落实师范生的顶岗实习工作，山西出台了《山西省教育厅关于加强“国培计划”顶岗师范生管理有关工作的通知》。通知强调，要切实加强顶岗师范生的安全管理，建立项目职业院校和顶岗学校双向安全责任人制度。项目职业院校选派指导教师分片负责，采取驻点检查和巡回督查相结合以及日常电话随访的形式，把安全检查落在实处，防患于未然。要切实加强顶岗师范生教学管理，在顶岗过程中要选派实习指导教师，加强对顶岗师范生的全程指导和跟踪管理。接受顶岗师范生的学校要为每一位顶岗师范生落实一名实践指导教师，项目职业院校与接受顶岗师范生的学校均应分别制定顶岗实习指导计划，制定顶岗师范生实习任务标准和考核办法，共同做好实习指导工作。新思想、新活力，新血液，提高了实习学校，尤其是提高农村偏远地区实习学校的教学质量。在众多实习学校中，不乏存在教学经验丰富的优秀教师，这些优秀教师相对来说教学水平高、个人魅力足，非常乐意把自己的教学经验与实习生分享。作为我国师范教育体系顶端的高等师范职业院校，聘请基地优秀教师担任顶岗实习学生的指导教师要相对容易些。若实习学校缺乏相应学科的指导教师，高师职业院校可与基地实习学校统筹安排其他学科的优秀教师予以指导。从高师职业院校的角度来说，地方高师职业院校要承担起培养地方基础教育教师的责任，应该坚定为地方基础教育服务的理念，以提高地方教育水平作为工作的出发点和落脚点。

二、双基地

所谓双基地，即在实践中创建培养乡村卓越工匠之师的校内培养基地和校外实习基地。

1. 理论依据

（1）杜威的职业教育理论。

杜威是美国著名的哲学家、教育家，美国实用主义教育思想最有影响力和代表性的人物。他在《民主主义与教育》一书中专门列了“教育与职业”一章，将职业教育放在美国整个社会发展的角度来进行考察，认为必须强化职业教育。

他认为，在一个民主的社会中，每一个人都应该有责任感和道德理想，充分利用自己的才能来承担相应的社会责任，回报社会。他想利用教育尤其是职业教育对社会进行改造。

现代社会的工业化给社会带来了天翻地覆的变化，传统教育的弊端也日益显露，学校面临最大的问题是如何将学校教育同日新月异的工业生活联系起来，为社会提供亟需的人才①。因此，杜威提出“学校即社会”的理论，实际上就是学校和工厂结合起来，激发学生的学习兴趣，创造适合社会发展需要的人才。

杜威认为学生的学习没有一种现成的、简单的、永恒的或者一劳永逸的方法，而是需要学生进行不断的探索、尝试和试验的活动，因此职业教育不仅能让学生学会生存、就业的技能，而且还能改变传统教育，是现代社会不可或缺的一部分。面对美国传统教育的弊端，杜威以全新

① 陈钢，邱致裕. 职业教育校企合作办学可持续发展政策和制度保障研究［J］. 教育与职业，2011（12）：9-11.

的视角来论述职业和职业教育，认为职业教育不仅仅是商业教育和工艺教育，而应该教会人们掌握实业工业所需要的各种知识和科学方法，同时发展人的本能。实施职业教育就是要教给学生实际工作所需要的工作知识和工作技能，使学生具有更加明确的职业标准和职业意向。杜威的实用主义教育思想直接影响了美国职业技术教育的方向，奠定了美国职业教育校企合作的理论基础。

（2）福斯特的“产学合作”理论。

福斯特（Philip J. Foster）是当今职业教育界最具影响力的学者之一，以《发展规划中的职业学校谬误》（*The Vocational School Fallacy in Development Planning*）一文而闻名于世[①]。

①他认为职业教育发展的关键性因素是职业院校的学生毕业以后能否在劳动力市场取得良好的就业机会和发展前景，因此劳动力就业市场的需求是职业教育的出发点。

②职业院校在人才培养上虽然具有规模效应，但是由于其本身存在难以克服的缺陷，因此必须对其进行改造。最重要的措施是走产学合作的道路，改革职业院校的课程形式，在职业学校中多设工读交替的“三明治”课程。同时实践课要尽量在企业内实施，以缩小职业院校和实际的工作情景之间的距离。福斯特的这些职业教育思想被世界银行所借鉴，并成为世界各国职业教育指导思想的重要组成部分。

（3）“教育与生产劳动相结合”原理。

①“教育与生产劳动相结合”原理的主要内容。马克思理论认为教育与生产劳动相结合，有利于解决理论与生产相脱节的问题，促进受教育者素质的全面提高，促进社会生产的发展，也有利于促进社会的进步。

②“教育与生产劳动相结合”原理在校企合作中的具体运用。普通

---

① The European centre for the development of vocational training [M] // The material and social standing of young people during transition from school to work in the Federal Republic of Germany. Berlin: Berlin Press, 1990: 78.

的高等职业院校在单一的教学环境下，对学生的培养存在偏重于知识和理论，轻实践和技能等问题，教师主要向学生灌输书本知识，学生仅仅停留在理论认识的层次，缺乏对实践技能的掌握，难以从实践中去提升和锻炼自己。学校的教师检验学生也仅仅是通过考试的分数，缺乏对学生实践技能和操作技能的考核，甚至还会出现很多学校的专业远远落后于社会经济发展的现象，这与现代社会对高技能、高素质人才的要求相差甚远。通过校企合作，学校会按照企业的要求培养学生，学生不仅可以学到理论知识，同时还获得了实践技能，做到了教育与生产劳动相结合。

2. 国外校企合作主要类型

目前世界上高职院校的校企合作教育主要呈现出三种不同的模式：一是以企业为主导的校企合作模式，其代表有德国的双元制、日本的官产学合作。二是以学校为主导的校企合作模式，其代表是美国的合作教育。三是以行业为主导的校企合作模式，其代表是澳大利亚的 TAFE 学院。

(1) 德国的双元制模式。

双元制又称现代学徒制，是一种将企业的实践技能与学校的理论知识紧密结合，以培养具有高技能水平的专业技术人才为目标的职业教育制度。学生既在企业接受职业技能方面的培训，又在职业学校接受专业理论知识和普通的文化知识的教育。双元制模式的学生具有双重身份：在学校里是学生，在企业里是学徒工。双元制中的一元是企业，它是双元制教育中学生进行校外培训的场所；另一元是职业学校，是学生接受理论知识和普通文化知识的场所。双元制以企业为主、以学校为辅，教学以实践为主、理论为辅。

在双元制教育模式中，教学内容按照企业和学校的不同的特点进行分工和合作，国家行业的管理部门制定的各项职业培训条例，包括教育内容、时间安排以及考核办法等，是校企双方实施的标准和准则。在实施过程中企业根据培训条例和企业特点制定培训计划，职业院校服从企业的培训需求，主要负责深化培训中的专业理论教学。在双元制中，学生在企业接受培训的时间约占整个培训时间的 70%，在职业学校接受理论知识和普通文化教育的时间约占整个培训时间的 30%，即约 2/3 的时间在企业按照工商行会（或者手工业行会）的培训章程接受培训，约 1/3 的时间在学校里学习理论知识和文化知识[①]。双元制的教学安排基本上可以分为三种形式：一种是一体化模式，即理论教学和实践培训平行进行；第二种是叠加式，即理论教学和实践培训相继进行；第三种是交叉模式，即理论教学和实践培训交叉进行。双元制的考核、成绩认定以及证书发放则由各行业协会负责，通过考核的学徒工可以获得国家承认的岗位资格证书，成为岗位的合格技工。由于双元制的主要任务是培训企业所需要的初、中级技术工人和管理人员，企业要参与市场竞争并取得优势，提高产品的竞争力和提高经济效益，会主动承担职前、职后的培训，且不惜投入成本。根据职业教育法的授权，各行业协会还负责实训教师资格的认证和考核，颁发证书，以及培训合同的注册与纠纷仲裁等。近几年来，德国已经出现了第三种模式的校企合作教育培训，即跨企业培训。学生每年在接受学校教育和企业培训的同时，还必须抽出一定的时间，到跨企业培训中心接受集中培训，作为对企业培训的强化和补充。

（2）美国的合作职业教育模式。

合作职业教育是指美国的职业学校与工商界、企业界进行合作，共同培养学生接受职业教育的一种教育模式，亦称半工半读计划。合作教育的主要特点是办学以学校为主、企业为辅。学生一边在职业院校学习普通的职业教育课程，同时又在工商企业进行实践技能的锻炼，学习和工作交替进行。职业院校一般都设立由雇主代表组成的顾问或者咨询委员会，作为校企联系的桥梁；职业院校根据学生的专业和兴趣寻找合适的企业主，确定校企合作教育计划，双方签订合作合同，企业可以根据

---

① The European centre for the development of vocational training［M］// The material and social standing of young people during transition from school to work in the Federal Republic of Germany. Berlin：Berlin Press，1990：78.

相应的需要来提供适合的合作[①]。在校企合作中企业主要提供劳动岗位、提供给学生一定的劳动报酬，安排管理人员辅导学生适应劳动岗位、保障学生安全操作，协助职业学校的教师确定学生应掌握的技能，同时和职业院校的老师一起评定学生成绩、劳动态度、工作数量和质量等；学校派教师到企业指导、监督学生劳动，沟通学校与企业合作双方的诉求。学生有一半的时间在学校学习理论知识和普通文化课程，一半的时间在企业边工作边学习实践技能。

（3）英国的“三明治”模式。

“三明治”模式指的是英国职业院校将全日制课程学习和工商业训练相结合，采用学习—实践—学习，产教结合工读交替的职业教育模式。这种模式的主要特点有：理论学习与生产实践相结合；职业训练证书与就业辅导相结合。“三明治”课程按照入学和教学类型可分为三种：①学生接受职业技术教育和工作训练的时间各为半年，交替进行；②在三年制课程中，安排学生第二年或者第三年到企业单位实习；③在每年的教学计划中安排 9 个月的学校正式教育和 3 个月的实习，或是先进行一年的工业训练，接着实施两年的正式教育。采用这种工读交替的方式，有利于学生既能较好地掌握理论知识，又能熟练地掌握生产技能，掌握整个生产过程中各个生产活动的衔接程序和关系[②]。由于这种模式既能让学生掌握理论知识，又能掌握专业技能，并且在毕业后能立即投入工作，因此深受英国企业界的欢迎，毕业生能够很容易获得就业机会。

（4）日本的产学合作模式。

产学合作指日本产业界与学校互相承认学分，共同合作培养职业技术人才的职业教育模式。这种模式主要是通过产业界向学校投资、产业界和高职院校进行人事上的交流和科研上的委托等方式进行的。这种产

---

① SHARP. The business-education partnership [M] //International information associates, 1992：25-40.

② PRATZNER，RUSSELL. The changing workplace：implications of quality of work life developments for vocational education [M]. 1984：26-42.

学合作的模式主要有两种形式：一种是产业界与高中的合作；另外一种是产业界与大学的合作。企业对学校提供奖学金，以便使该校的学生毕业之后直接到企业进行工作。这样一方面可以让学校直接使用企业的实训基地，减轻了学校建立实训和实习基地的负担，另一方面也使学生在实习期间就可以获得在企业工作的经验，获得掌握职业技能和企业人际关系的能力。日本目前根据经济发展的需要，将职业高中作为日本职业教育的发展重点。日本高中阶段的校企合作主要是定时制高中、函授高中和企业的合作。它主要包含以下几种形式[①]：①定时制高中和技能培训机构的合作。学生的专业基础理论知识和专业科目在定时制高中学习，专业科目和实习工作则安排在企业内职业训练机构学习。②定时制高中、函授高中和职业训练机构三者相结合。学生的专业课程在定时制高中学习，普通的理论课程在函授高中学习，另外一部分专业课程和实习工作在职业训练机构学习。③集体入学方式。这种方式指的是企业所有还没有达到高中毕业程度的在职人员集体去上函授高中的课程，或者由高中派遣专业教师到企业进行集中面授。④巡回指导。企业的学员每周抽出 1 天和 3 个晚上的时间到高中进行学习，同时高中的教师到企业的生产车间和生产现场进行现场指导。⑤委托制。企业让新录用的初中毕业生脱产到全日制高中进行学习，企业负责向学校提供设备，学校负责委派讲师。

（5）新加坡的教学工厂模式。

新加坡的教学工厂是在借鉴德国双元制理论的基础上进行本土化创新的一种新加坡式的双元制[②]。这种模式是把教学和工厂紧密结合起来，把学校按照工厂模式办，把工厂按照学校的模式办。这种模式给学生创造了一个真实的工厂生产环境，学生在这种环境中既能学习到实际的操作技能又能学习到理论知识。这种模式被新加坡广泛地运用

---

① 高専卒業者のキャソァと高専教育［M］. 日本労働研究，2006：329.

② ARLOU. Rates of return to investments in formal and technical/vocational education in Singapore［J］. Education economics，2003，11（1）：45-48.

到各理工学院和工艺教育学院当中，有力地推动了高等职业教育的发展。教学工厂既不是简单的教学的工厂，也不是工厂的教学，它力图将工厂的需求和学校的教学尽可能地融合到一起，使培养出来的学生既具有先进的理论知识，同时又具有现代工厂所需要的实践技能和操作技能①，真正做到学以致用、学用结合。这种模式培养出来的人才广泛地适应现代大工业生产发展的需要，体现了高职院校和企业在文化知识教育和职业技术技能训练上职能分工、理论与生产实践紧密结合以及学校和企业资源共享的原则，具有很强的生命力，因此为世界各国所效仿和学习。

（6）澳大利亚的 TAFE 学院。

TAFE 是 Technical and Further Education 的简称。20 世纪 70 年代，澳大利亚联邦政府教育部在技术与继续教育咨询委员会的建议下重新明确技术与教育的含义，开始充分重视职业教育，明确地将职业技术教育和继续教育结合在一起，把学历教育和岗位培训结合起来，建立了新型的 TAFE 学院，实行新型的职业教育。TAFE 学院按照行业制定、国家认可、各州之间相互承认的能力标准来组织学院的教学和培训。TAFE 学院有灵活的办学和培训机制，学院有专门的教室、实验室以及和生产现场相一致的实习室、操作模拟室。TAFE 学院很多的培训课程是在工作现场进行的，注重实际工作技能的培训，以便使学生能够及时、安全、规范、高效地完成工作，同时学生在工作岗位的时候要进行实地培训和评估。TAFE 学院和企业、行业联系密切，为了使学院开设的专业与课程内容能够适应和符合社会发展的需求，学院定期召集各行业的企业代表参加座谈会，随时听取企业对于职业教育和培训的意见和建议，帮助自身提高教育质量。

TAFE 学院的学生到企业去实习，企业无条件接收，学生的实习工作要求也非常严格。每个学生不但要接受严格的文化理论教育，而且必

---

① Australian National Training Authority. Shaping our future-draft national strategy for vocational education and training [EB/OL]. [2004-02-10]. http://www.anta.gov.au.

须接受严格的实际操作技能训练。学生每年必须到企业实习 2～6 个月，可以是边学习边工作，一般是一周 4 天在企业实习，1 天在学校学习[①]。学生所学专业的每个岗位和环节都要经过考核和评估，学生毕业时还要进行国家规定的标准考试，只有全部通过国家的标准考试后，学生才能获得某种职业资格。因此，学生毕业时不仅具有很高的文化素养，而且具有较强的操作技能，70％以上的学生都能找到对口的工作岗位。

3. 国内校企合作主要类型

在我国，校企合作产生于 20 世纪 70 年代末。随着企业办职业学校，就有了校企合作、产教结合的模式，包括当时行业办中专、技校，但这种模式只能算企业办学校，还不能称之为真正意义上的校企合作模式。20 世纪 90 年代以来，全国职业教育工作会议多次明确提出，要大力推进校企合作、工学结合、半工半读的新型人才培养模式。经过职业教育界多年的努力探索，校企合作模式日趋丰富而成熟。纵观目前我国的职业教育，可将校企合作大致分为下面几种模式。

（1）订单式培养模式。

这种模式是职业院校根据企业发出的订单人数、订单专业和具体的其他要求组织招生。具体的做法是企业和学校共同制订人才培养计划，企业根据岗位的需求与职业院校签订用人合同，并且企业和学校在师资、技术、办学条件和招生、培养、就业等方面全方位全过程负责。学生在学校接受专业知识和理论知识的学习，在企业进行生产实践的学习，学生毕业之后直接到企业就业。这种人才培养模式使得学校和用人单位紧密结合，在培养人才上学校和企业实现零距离，学校人才的培养也更具有科学性、针对性[②]，这也是近年来国家大力提倡的一种校企合作模式。

---

① Australian National Training Authority. Shaping our future-draft national strategy for vocational education and training [EB/OL]. [2004-02-10]. http://www.anta.gov.au.

② 王燕萍，陈树耀. 职业教育中“订单式”人才培养模式初探 [J]. 中国成人教育，2010 (18)：114-115.

订单式的人才培养模式也有很多种类型，如“工学交替”产学研合作教育模式、“2+1”产学合作模式、“1+1+1”办学模式。“工学交替”产学研合作教育模式是将企业的岗位需求和学校的专业设置相结合的一种办学模式。学生在学校进行理论学习和在企业进行生产实践学习交替进行，在整个人才培养期间根据教学目标和培养目标的需要，多次安排学生到企业进行相关生产实践的实习或者顶岗工作，其目的就是将学生所学习的专业知识应用到企业的技术岗位上，培养企业所需要的技术人才，节省企业培养人才的时间，同时学生也可以借助企业先进的生产设备，提前掌握企业的技术需求，了解企业的文化，为毕业以后正式工作打下基础。这种模式很适合理论技术比较高、实训时间比较长的专业。

“2+1”产学合作模式指的是校企双方共同参与、分阶段进行培养的教育模式，学生在三年学习过程中，两年在学校内学习理论课和相关的实验、实习、实训课程；一年在企业内进行顶岗实习，同时学习部分的专业课，在临近毕业的时候结合生产实践来选择毕业设计题目，并在学校老师和企业指导老师的共同指导下完成毕业设计①。这种模式的优点是学生最后一年的顶岗实习能够和就业直接衔接起来，学生能够长期在企业工作，企业比较喜欢这种方式。这种模式是培养高实践能力的技术人才的有效途径，但也存在不少缺陷，很多学生由于在企业实习脱离了家长和学校的监控，并且又有工资收入，花钱随意，容易惹是生非；对于学校来讲，学生最后一年的实习在企业，但是还是属于在校生，还没有领到毕业证，外出实习后难以掌控其在外的各种行为，面对很多的突发事件很难做到提前预防。“1+1+1”模式主要针对农村、偏远地区的职业学校。在这种办学模式中，学生第一年在农村的职业学校学习理论知识，第二年职业学校将学生送到城市的职业院校学习相关的职业操作技能，第三年由城市的职业院校负责安置学生的顶岗实习②。这种模

① 方黛春. 高职“2+1”校企合作人才培养模式的实践研究——以 NBCSZJ 学院为例 [D]. 上海：华东师范大学，2008：5-17.

② 郭小静. 基于“紫金 1+1+1 模式”下的教学管理——以闽西职业技术学院应用化工技术专业为例 [J]. 郑州铁路职业技术学院学报，2011（2）：38-40.

式有利于解决欠发达的农村、偏远地区的职业院校的实训设备相对落后和顶岗实习相对困难的问题。

（2）职教集团培养模式这种模式是促进职业教育发展的新模式。

在这种模式中，职业院校和企业共享资源、优势互补，可以实现资源的优化配置[①]。许多的职业院校和众多的企业相互协作，共同组成产业群体或者职教集团，整合各自的教育资源，强强联合，做大做强校企合作，实现资源的优化配置和利益的最大化。这种校企合作重塑了竞争的形态，将原来的竞争形态从单个企业与学校之间提升到了更大的群体的空间。产业集群之后，学校和企业的分工协作，既可以提高单个个体的生产能力，同时学校和企业在办学层次、专业设置、人才培养模式、实习实训基地以及教育信息方面统筹协调，优势互补，还可以创造出一种在非集群条件下不能得到的集体生产能力，产生合作效应。学校和企业的集团化合作更能够充分利用资源，规避风险，增强竞争能力，不断适应多变的市场环境，产生很强的产业集群竞争力。

（3）实习基地共建模式。

这种模式指的是校企双方共同建立实习实训基地，学校提供相关的场地、师资以及所需要的其他服务，企业提供资金、设施设备与技术人员，学生以学校的实习生和企业的准员工的双重身份进入基地学习，企业在基地生产产品，校企双方共享利益。实训基地主要实行股份制，采用产权清晰、权责明确、政企分开、管理科学的现代企业管理制度，建立董事会领导下的校长负责制的实训基地管理模式，实训基地是一个独立的个体，是相对独立的法人[②]。通过这种合作方式，学校获得了学生顶岗实习、教师参与技术研发等机会，企业也获得了学校在厂房、技术以及技术人才等方面的支持。

---

① 许涛．职业教育集团化办学的理论分析与个案研究［D］．上海：华东师范大学，2011：16-19.

② 贾林．基于经营理念的职教集团组织结构创新设计［J］．职业技术教育，2010（32）：81-83.

（4）企业冠名班培养模式。

这种模式指企业通过在职业院校设立奖学金制度、为学生支付学费等方式参与学校的人才培养。目前的冠名班培养模式主要包括冠名定向扶贫班，一二年制冠名班等。冠名定向扶贫班主要针对的对象是农村乡镇的学生以及城市的低保户、贫困户子女，具体的实施方式是学校与企业联合开办定向扶贫班，设奖学金和助学金，企业全程参与到人才培养计划的制订、课程的设置和实施过程。这种模式培养目标明确，毕业生掌握的技能符合企业的需要，毕业后企业可以直接择优录用。一二年制冠名班主要是指学生在学校学习一两年后，企业到学校宣传，学生到感兴趣的企业报名，企业经过面试后单独组织针对企业生产特点的培养和训练，毕业之后，经过双向选择，学生直接进入企业工作。

（5）三方校企合作模式。

三方指的是企业、学校和教育培训机构。教育培训机构一般是指属于企业或者社会的培训机构，是联系企业与学校之间的桥梁。学校负责教学计划的具体实施和教学管理以及学生管理；教育培训机构将企业的认证课程引入学校，同时负责认证课程相关教师的师资培训，提供认证考试课程的教材和认证考试以及相应的证书，由学校通过正常的教学来实施；企业负责提供相应的实训岗位和师资培养环境，学生修完课程后参加相应的认证考试，可以同时获得相应的企业认证证书和毕业证书。企业按照择优录取的原则，安排优秀的毕业生直接就业。这种校企合作模式由于采用了认证证书的方式，增强了学生的职业技能和就业能力，提高了学生的就业率，因此被我国大部分高职院校所采用。

三、双证书

1. 双证书制

我国高等职业教育实行的是学历文凭和职业资格证书并重的政策，简称双证书制度，即高职毕业生在获得学历证书的同时，获得相应的职业资格证书。学历证书是指受教育者在国家学制系统内完成了一定教育阶段某一层次的学习任务所获得的文凭，是受教育者学习能力的证明，是综合文化素质和受教育水平的反映。职业资格证书是表明劳动者具有从事某一职业或岗位所必备的学识和技能的证明，是劳动者求职、任职、开业的资格凭证，是用人单位招聘、录用劳动者的主要依据。

职业教育学历证书与职业资格证书沟通与衔接（简称双证沟通），指的是职业技术教育中的学历教育（以学历证书为标志）与职业技术培训（以资格证书为标志）之间的一种融合、互认与沟通，其实质是两类证书内涵（即综合文化水平与职业技能等级）的衔接与对应。按照双证沟通的思路，对高职院校在校生实行双证书制，即一种教育形式同时获得学历证书和职业资格证书。通过实施双证沟通，可以增强职业教育的功能性，使职业教育与职业培训相互密切配合，更有效地培养高素质技能型人才，促进职业教育与经济社会的紧密结合，更好地为经济建设服务①。

2. 双证书制的构建依据

（1）实行双证书制度是当前人力资源开发和优化管理的客观要求。

在相当长一个时期，我国实行的是单一的学历文凭制度，不仅严重妨碍和限制了人力资源在不同层次和不同领域的发展，而且造成了经济结构与人力资源结构的失衡，在社会上形成了“重学历，轻技能”“重普教，轻职教”的不良倾向。为了从根本上改变这种被动局面，建立起科学的国家人力资源开发新体系，党和政府一方面推动了以批判应试教育、倡导素质教育为主题的教育改革，另一方面对我国人力资源资格认证体系和政策做出战略调整。1993 年 10 月党的十四届三中全会通过的《关于建立社会主义市场经济体制若干问题的决定》首次提出“要把人才培养和合理使用结合起来”，“要制定各种职业的资格标准和录用标准，实行学历文凭和职业资格两种证书制度”。中共中央的这个具有历史意义的决定，首次正式提出了在我国建立职业资格证书制度的思路，从制度建设和政策导向上扭转了我国职业教育培训事业长期存在的单纯

① 职业资格证书与学历证书相互沟通与衔接［J］. 武汉职业技术学院学报，2002（5）.

追求学历文凭的偏向，为从根本上解决我国教育不适应社会经济发展要求的矛盾开辟了新的思路。伴随我国社会主义市场经济体制的确立和逐步完善，劳动力市场的逐步形成、人力资源价值的评价机制和手段的不断完善，人力资源的开发与合理配置有了竞争性的环境，有了价值规律广泛发挥作用的条件，市场这只无情的、看不见的手就会对那种鄙薄职业教育，轻视技术技能人才的倾向给予惩罚。其表现是：忽视技术技能人员造成的劳动力市场的失衡，导致技术技能人才的市场价值不断提高；而普通高等职业院校毕业生供给的相对过剩，亦导致其市场价值的不断下降，一张文凭定终生的时代一去不复返了。这样的现象已经在北美、西欧、东亚（包括我国台湾地区）反复出现。毫无疑问，我国经济体制的市场化改革方向，为我国人力资源的合理开发与利用创造了条件。当一个以职业能力为主导，而不是以学历身份为主导的竞争性的现代市场经济社会到来之时，学科教育与职业教育并举，学历文凭与职业资格并重的时代也就到来了。这也正是我国高等职业教育实行双证书制度的深刻的历史原因。

（2）实行双证书制度是职业教育的本质属性决定的。

一是高职教育属性，是以高中文化为基础，以培养掌握较新的科学知识和较复杂的操作技能，在某些局部领域甚至可能站在前沿的高等技术应用性人才为目标，学生毕业后取得高等教育学历文凭，是当前我国职业教育的高层次。

二是职业教育属性，具有职业定向性和职业技术性。作为高新技术发展和广泛运用的产物，高等职业教育所培养的是能够理解现代企业、现代企业制度并掌握新技术、新工艺、新设备直接从事一线技术操作的技术应用型人才。高等职业教育的特殊属性及其特定的培养目标决定其与“以职业活动为导向，以职业能力为核心”的职业资格证书制度，有着天然的、密切的联系。在人才培养的目的、方向及方式上是相通的，在一些领域是相互交织，相互衔接的。二者本质上都是以就业、转岗、提高劳动者素质和职业技术水平为目的的就业准备教育。高等职业教育实行双证书制度，使学历教育与职业资格证书教育融为一体，建立起职业教育与职业培训相互渗透、相互沟通的教育模式，有利于促进高等职业教育改革与创新，有利于又快又好地培养社会急需的技术技能型人才。所以说，实行双证书制度，既是社会对高等职业教育的要求，也是高等职业教育自身发展的内在需要，是高等职业教育的本质属性决定的。

四、乡村卓越工匠之师培育模式——三双共生模式解析

1. 乡村卓越工匠之师培育模式——三双共生模式的理论依据

职场学习者理论（workplace learner），由当代美国人力资源开发的权威专家 William J. Rothwell 教授在其著作《职场学习者》（*The Workplace Learner*，Rothwell，2002）中最先提出，是基于企业人力资源培训过程中“怎样将培训的主动性与个人学习能力结合起来”而提出的，它关注的焦点不是培训者做了什么，而是在工作场所，成为一名胜任的学习者应该做什么。在工作场所学习过程中，学习者经历意外、突发情况；意识到学习的重要性；对引发学习的事件和情况产生好奇心；收集信息；处理、加工信息；将信息转换成有利于个体的知识，并进而内化成短时记忆或长时记忆；将来运用知识；回忆所学内容，并有可能将所获得的新知识运用于新情况；可能会经历双重触发事件，这意味着促进思考学习过程的刺激和评估学习过程并存。这一理论，所关注的是学习者本人及所在的组织应如何使自己更善于学习。也就是说，员工的培训必须使其置身于工作的情境之中，通过外部诱因刺激实现与内部动机的交互作用，这样更加有利于职业技能的提升。

2. 乡村卓越工匠之师培育模式——三双共生的理论内涵

为进一步贯彻《国家中长期教育改革和发展规划纲要（2010—2020年）》和胡锦涛总书记清华百年校庆讲话精神，适应我国职业教育大发展对高层次双师型工匠之师的迫切需要，积极发展特色鲜明的乡村卓越工匠之师，根据国务院办公厅印发的《乡村教师支持计划（2015—2020年）》和湖南农业大学卓越乡村工匠之师人才培养方案的需要，我们构

建了三双共生的卓越乡村工匠之师培养模式（见图 3-3）。三双共生乡村卓越工匠之师培养模式，即“双导师、双基地、双证书”。在培养主体方面，确定校内学术导师和校外专业导师结合，分别开展理论指导和实践指导；在培养环境方面，建立校内理论教学基地、校外专业教学基地（职校专业教学基地和企业职业教学基地），注重理论学习和实践锻炼；在功能方面，物资循环、能量流动和信息交流，使工匠之师获得学历证书和职业资格证书，培养既具有扎实的理论基础又具有较强实践能力和创新精神的双证书（知识能力＋实践能力）工匠之师人才（见图 3-3）。

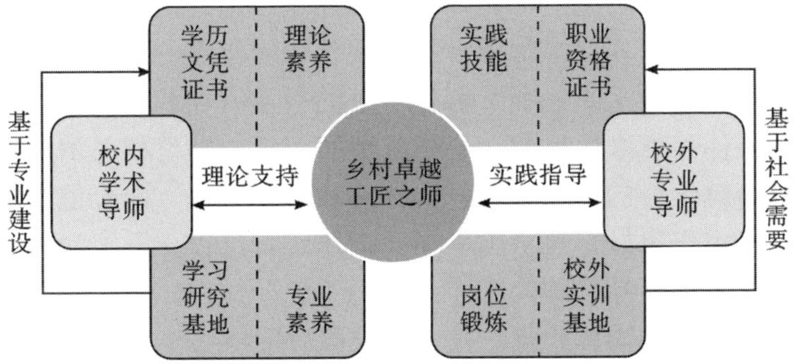

图 3-3 乡村卓越工匠之师三双共生培育模式示意图

该模式以双基地作为卓越乡村工匠之师知行结合的学科平台，实施双导师制度弥补术学型师资队伍的不足，通过双证书的评价标准培育既具有高深的专业知识，又具有高新的专业技术，培养德、智、体、美、劳全面发展，掌握教育学、心理学、乡村发展等方面基本知识，具备涉农专业知识和技能，能在农业生产相关领域和部门从事技术生产、经营管理等工作，也能在乡村职业学校从事教学、管理和科研等工作的一专多能型工匠人才。

3. 乡村卓越工匠之师培育模式——三双共生的具体做法

（1）创设双导师，加强卓越乡村工匠之师知行教育。

首先，严格标准，确认导师人选。确立切实可行的导师遴选标准是双导师制度能够顺利实施的前提。结合乡村卓越工匠之师培养对导师的能力需求，以及我校创设双基地的目的，我们制订了《乡村卓越工匠之师聘请校外专业导师办法（试行）》，确定合格的校外专业导师应具备的基本条件。

①基地导师选派资格。基地导师的选派要以各学科的骨干教师、优秀教师为主，热爱教育事业，乐于助人，有责任心，愿意帮助工匠之师成长。

在教学上，积极推进素质教育，高质量地完成教学工作任务，教学成绩优秀；在学生管理上，尊重学生人格，热爱学生，注重培养学生的全面发展；在职业态度上，热爱教师职业，不做有损于教师形象的事。

若基地实习学校存在师资短缺，缺乏相应年级的优秀教师，可以跨越年级界限，帮助工匠之师了解各年级的教学特点和学生特点，站在教育教学的整体高度来反思教学；若基地实习学校缺乏相关学科的优秀教师，可以跨越学科的界限，在教学技能和班级管理方面着重指导。

鼓励思想作风好，教学水平高，工作认真负责，乐于助人的基地教师长期从事基地指导教师的工作。

②基地导师的岗位职责。基地指导教师对实习生要侧重于从教学的各个环节来指导，是微观的指导，具体包括以下指导职责。

积极引导工匠之师进入教学实习工作角色，向他们介绍学校情况、课程情况以及学生的情况。

职业精神的指导。帮助工匠之师树立正确的职业态度，要勤业敬业，不断地完善和充实自己，要教书育人，自觉做到行为示范，潜心治学，淡泊名利，这是教师应有的最基本的职业精神。

教学技能的指导。包括语言技能、板书技能、教态变化技能、演示技能、讲解技能、导入技能、提问技能、反馈技能、结束技能以及教学组织管理技能，对每一技能都要有详细的指导。指导工匠之师实习班主任工作，制订班主任计划、团队活动计划，初步学会运用教育学的基本原理了解分析班级和个别案例。要求他们至少每周听指导教师两节课，基地指导教师至少每周听实习生一节课，做好听课记录，对实习生做出针对性指导，并确保每周至少一次交流。引导他们对自己的教学工作进行批判性的反思和总结，生发属于自己的教学实践智慧。与高校导师进行适时沟通，及时将工匠之师的实习情况与高校导师进行沟通、讨论。

③相关奖励。对参与顶岗实习指导工作的基地导师颁发由高师职业院校制定的聘任书，以增强指导教师的责任感。对顺利完成工匠之师指导工作的基地导师，由基地教育部门和高校联合授予荣誉证书，以资鼓励。

④实习中注重做到“两要”。

第一，指导要灵活。

在职教师范生顶岗实习过程中，高校导师要加强对他们的指导，但这种指导要灵活机动，不一定都是面对面的固定模式的指导。首先，确保对每个职教师范实习生一个月指导一次，做好指导记录，指导方式可以是面对面指导，也可用电话、网络等方式。交通便利的基地学校，高校导师可以不定期的巡回指导；对地处偏远、交通不便的基地学校，高校导师要通过电话、网络等方式定期询问实习生的教学实习情况，解决教学实习中遇到的困难。其次，高校导师的指导内容要有侧重。在落实好职教师范实习生的生活、安全等工作的前提下，对职教师范实习生的教学指导要从宏观方面来把握，为他们设立总体的实习规划，协助职教师范实习生实现理论—实践—理论的升华。为职教师范实习生开展教育科研工作提供必要的指导，为毕业论文的撰写奠定基础。最后，引导职教师范实习生学会教学反思。教学反思可以帮助职教师范实习生发现问题的所在，探索出解决问题的办法，高校导师要协助职教师范实习生养成反思的好习惯，在不断反思中总结成功的教学经验和教训。总之，高校导师对职教师范实习生的指导方式要灵活，指导内容要宏观，有计划地组织和引导职教师范实习生完成实习任务。

第二，监管要加强。

在顶岗实习双导师实施的过程中，高校要注意采取相应的措施，加强对双导师制落实的跟踪监控，确保双导师的指导不流于形式。一是高校国培·省培办公室管理人员要通过实地视察、电话、网络等方式不定期的了解高校导师的驻县指导工作和乡村职教师范实习生的实习情况，对长期坚守岗位，做好乡村职教师范实习生教学指导工作的高校导师予以公开表扬，对擅自离岗的高校导师进行严肃批评。一是高校导师要积极与当地教育部门和实习学校沟通，为每一位乡村职教师范实习生落实一名指导教师。为避免基地指导教师挂名，流于形式等现象，高校导师要与基地导师、乡村职教师范实习生举行每月一次的指导座谈会，了解乡村职教师范实习生的实习情况以及指导情况，互通有无，有效沟通，确保指导工作落实到位。

⑤实习结束后注重落实“二抓”。

第一，抓实习总结关。

实践出真知。实习结束后，高校驻县导师要自行组织召开实习生座谈会，让实习学生在会上汇报自己在实习中的辛酸苦辣，畅谈实习过程中获得的经验和体会。对双导师的工作情况，让实习学生畅所欲言，陈述自己在实习过程中高校导师、基地导师的指导情况，总结双导师制在落实过程中值得借鉴的地方以及存在的问题，把改进乡村职教师范生指导工作的建议献给学校。

第二，抓制度完善关。

一个好的管理制度总是在实践中不断总结、不断完善的。首先，要在认真总结经验教训的基础上，及时修改和完善顶岗实习双导师制的各项管理制度，进一步探讨出具有实际操作意义的指导标准和实施细则，使乡村职教师范实习生的实习工作得到真正的指导和帮助，提高基地学校，尤其是农村中职学校的教学水平，使师范生顶岗实习的双导师制得到有效改善。

其次，制定制度，明确导师职责。明确导师职责是充分发挥专业导师作用的重要保障。在实施过程中，我校建立健全校内外双导师制，明确了双导师的职责，以校内导师指导为主，校外导师参与实践过程、项目研究、课程与论文等多个环节的指导工作。

再次，双向选择，强化导师责任。采取有效措施，强化导师责任是发挥双导师作用的基础。在具体实践双导师制的过程中，我校坚持公开、公平、透明的操作原则。

（2）创建双基地，加强卓越乡村工匠之师能力教育。

所谓双基地，即在实践中创建培养双证书卓越乡村工匠之师的校内培养基地和校外实习基地。其具体做法如下：

第一，根据标准定基地。科学地选择校外基地是建立双基地的前提。我们遵循有实力、有水平、有特色的遴选标准，选择了国家级重点中等专业学校或技师学院、示范性高等职业院校、有相关机构的本科职业院校、职业教育的研究机构等作为实习基地。同时，学校与实习基地签订协议明确双方责权。

第二，根据学校谋课题。课题研究是实习基地培养乡村卓越工匠之师的主要手段之一。为了达到双赢效果，通过实习基地出资委托我校做课题，我校指导实习基地承担子课题并培训师资的形式组织课题研究，由我校主办实习基地承办课题研讨会等方式，加强了乡村卓越工匠之师的理论修养、锻炼了其工作能力，提高了实习基地教师的科研水平。

第三，根据课题派学生。选派乡村职教学生进行生产实习是实现双基地教育功能的重要一环。结合课题需要由教师带队到农场、畜禽场、饲料企业、园艺企业实习。

（3）设立双证书，加强师范资格教育。

所谓双证书，即对乡村职教师范毕业生既颁发学历文凭证书，又颁发职业资格证书。其具体措施如下：

第一，展开广泛调研，设计双证书培养方案。合理地确定培养方案是我们实施双证书制度的首要环节。新的培养方案旨在使学生形成合理的知识、能力、素质结构。培养方案从制度上扭转了职业教育长期存在的单纯追求学历文凭的偏向，为从根本上解决我国教育不适应社会经济发展要求的矛盾开辟了新的道路。

第二，重建课程体系，设置双证书选修课程。课程体系是保证双证书制度实现的重要环节。学院将乡村卓越工匠之师标准纳入课程教学体系，开设了教育学原理、教育心理学、德育原理、中外教育史、职业教育学、职业教育心理学、职业技术教育比较、现代教学法、技能训练法、职业教育课程设计、农业概论、农业与农村经济学、农村社会学及专业学科等课程，新的课程体系实现了学历教育与职业教育内涵上的沟通与衔接，适应了市场的需求。

第三，加强双证融通，修订教学计划。教学计划是双证书制度的具体实施模式。毕业额定学分为186学分。其中必修课170学分（含公共必修课49学分、专业必修课68学分、实践教学33学分、素质拓展20学分），专业选修课12学分，公共选修课6学分；在卓越乡村工匠之师学习阶段还专门为其提供半年的时间进行实践，共计33学分，保证其能充分地进行技能训练；学院还安排了乡村卓越工匠之师班素质拓展系列活动教育课程，包括专题讲座（教育论坛、名师讲坛、大学生心理健康和教师职业规划）、专题竞赛活动（“园丁·秀”“园丁·诵”“园丁·文”“园丁·书”“园丁·辩”“园丁·艺”）和职业资格（专业职业资格证、教师职业资格证），任选2个项目，修满2个学分。一系列的教学措施充分地保障了双证书课程的实施。

第四，实行考教分离，严格资格考核。严格的职业资格考核是双证书制度的质量保障。学校对工匠之师进行的培训和鉴定费用都严格按照市物价及财税部门核定的标准执行和管理，对学生的技能考核由市劳动局负责执行，实行教考分离，充分地保证了学生的质量。

第三节　三术共育：技术、教术、学术

一、技术、教术和学术的三术共长

1. 技术

技术是面向预备工匠之师培养的阶段，即中职教育阶段。有学者认为“技术是人类为满足社会需要，依据自然和社会规律，对自然界和社

会的能动作用的手段和方法系统”[①]。世界知识产权组织在 1977 年版的《供发展中国家使用的许可证贸易手册》中，给技术下的定义是：“技术是制造一种产品的系统知识，所采用的一种工艺或提供的一项服务，不论这种知识是反映在一项发明、一项外形设计、一项实用新型或者一种植物新品种，或者反映在技术情报或技能中，或者反映在专家为设计、安装、开办或维修一个工厂或为管理一个工商业企业或其活动而提供的服务或协助等方面。”这是迄今为止国际上给技术所下的最为全面和完整的定义。实际上知识产权组织把世界上所有能带来经济效益的科学知识都定义为技术。技术具有基础性、发展性和实用性的特征。基础性是指工匠之师必须具备的基础技术和技能；发展性是指工匠之师在掌握基本技术和技能的基础上还有很大的发展空间；实用性是指职业师资掌握的技术和技能具有较强的实用操作价值。技术根据分类标准的不同，就有不同的类别。根据生产行业的不同，技术可分为农业技术、工业技术、通信技术、交通运输技术等。根据生产内容的不同，技术可分为电子信息技术、生物技术、医药技术、材料技术、先进制造与自动化技术、能源与节能技术、环境保护技术、农业技术。技术是预备工匠之师必须具备的最低要求，是为教术型和学术型工匠之师的培养作铺垫的。

技术型预备工匠之师关键在于预备性，在其教育目标、教育内容、课程设置上更偏重于实践性、社会性和基础性。中职学校在预备师资培养方面应注重学科性和职业性、师范性和工程型等基本属性，在培养目标上倾向于职业技术的教育导向，体现鲜明的目的性。

2. 教术

教术是面向优质工匠之师培养的阶段，即本科教育阶段。教术，即教育方法。教育方法是指在一定的教育思想指导下形成的实现其教育思想的策略性途径。它包括教师直接指向教育内容的教学方法、学生学习方法指导及学前教育和家庭教育的方法。工匠之师是培养乡村职教学生

① 管晓刚. 关于技术本质的哲学释读［J］. 自然辩证法研究，2001（12）：18-22.

的核心资源，乡村职教学生质量的保证离不开工匠之师掌握好的教术（教育方法）。优质工匠之师不但要掌握好所教行业的技术，还要有很好的教育方法，能让职教学生易学、易懂和实用。教术是技术的深化和提升，能为乡村优质工匠之师的培养奠定较好的基础。教术具有以下四个特征：一是自有性。工匠之师自己必须具备较好的技术技能，才能为技术的传授建立输出库；二是利他性。工匠之师要能把自己所掌握的技术用较好的方法传授给职教生；三是科学性。工匠之师要根据乡村职教的特点科学地制定教学方法；四是延伸性。乡村优质工匠之师阶段是培育卓越乡村工匠之师的过渡阶段。

教术型优秀工匠之师关键在于教育性，在其教育目标、教育内容、课程设置上更偏重于理论性、专业性和引导性。技术型工匠之师以技术型预备职业教师为起点，以卓越乡村工匠之师为终点，起到承上启下的过渡作用，在培养目标上倾向于专业职业理论知识和教育方法，突出高素质的特点。

3. 学术

学术面向乡村卓越工匠之师培养的阶段，即研究生教育阶段。学术，是指系统专门的学问，泛指高等教育和研究，是对存在物及其规律的学科化。学术培养是培养卓越乡村工匠之师的最高维度，是工匠之师培养的顶级层次，对乡村卓越工匠之师提出了更高的要求。学术以技术和教术为起点，是技术和教术的升华，符合当今卓越乡村工匠之师终身教育的理念。学术具有四个特征：系统性、研究性、先进性和引领性。系统性是指学术型工匠之师能够拥有系统的知识，获得对客观世界的规律性的认识，并能将其传授给职教学生；研究性是指学术型工匠之师要拥有研究和解决教学问题的能力，以利于教学创新；先进性是指学术型工匠之师永远站在职教理论和实践的前沿，具有超前的预见能力；引领性是指学术型工匠之师在某个职教领域具有示范引领作用。

学术型乡村卓越工匠之师关键在于研究性，在其教育目标、教育内容、课程设置上更偏重于反思性、探索性和科学性。学术型工匠之师是职业教育师资培养的终极追求，在培养目标上倾向于科研思维和职业技术教育研究，突出卓越性的特点。

二、技术、教术和学术之间的内在本质联系

1. 技术—教术—学术是一个由低到高的直线发展的生态系统

乡村卓越工匠之师的培养必须以技术教育为起点，经过教术的培育，继而提升到学术的层面。这个过程是不可跨越式发展的螺旋式上升的生态系统的演替过程。技术型预备工匠之师属于职业教育生态系统的底层培养目标，教术型工匠之师属于职业教育生态系统的中层培养目标，学术型工匠之师属于职业教育生态系统的高层培养目标。技术作为人类活动的一个领域，在人类历史的早期就已经与宇宙、自然和社会并列为人类活动的四大环境因素之一[①]。古代的技术泛指一切技能与技艺，主要依靠经验积累而成。现代随着科学的发展，对技术的认识不断地加深和拓展，技术的基础地位不断得到巩固。

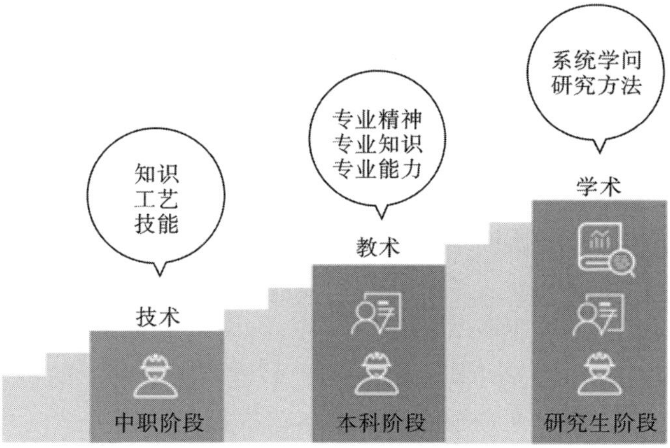

图 3-4　乡村卓越工匠之师“三术共育”质量体系

① 简明不列颠百科全书（第四卷）[M]. 北京：中国大百科全书出版社，1985：233.

教术（教育方法）既指工匠之师如何把技术技能传授给职教学生，又指如何指导职教学生进行技术学习。教术是教育的客观规律和原则的反映和具体体现。正确地运用各种教育方法，对提高教学质量，实现教育目的，完成教育任务具有重要的意义。对工匠之师而言，教术型工匠之师既要熟练掌握技术，又要考虑如何传授技术。作为教师，教术型工匠之师必须掌握教育原则和教育方法，灵活进行运用。教育原则主要有科学性和思想性统一原则、理论联系实际原则、直观性原则、启发性原则、循序渐进原则、巩固性原则、可接受性原则和因材施教原则。常用的教育方法有讲授法、讨论法、直观演示法、练习法、读书指导法、任务驱动法、参观教学法、现场教学法和自主学习法。著名教育家叶圣陶曾说："凡为教，目的在于达到不需要教。"教师除了要教给学生知识、技能，还应教给学生独立获取知识的方法和能力，教会学生学习，使他们能够不断地获取新技术和新知识；使他们即使离开了老师，离开了课堂还能自主地学习、成长，满足自身的发展需要。工匠之师培养的目的不单单是让工匠之师"教中有术"，更重要的是让职教学生做到"学中有术"。

学术是在教术基础上的一种升华和发展，凸显了乡村卓越工匠之师培养的迫切要求，符合国家 2014 年提出的卓越师资培养战略。教育部在《关于实施卓越教师培养计划的意见》中明确指出，卓越中等职业学校教师培养要"面向现代职业教育发展需要，建立健全高校与行业企业、中等职业学校的协同培养机制，探索高层次'双师型'教师培养模式，培养一批素质全面、基础扎实、技能娴熟，能够胜任理论和实践一体化教学的卓越中等职业学校教师"。2014 年，天津职业技术师范大学启动卓越工匠之师培养计划，提出了"卓越工匠之师"的概念。"乡村卓越工匠之师"概念则是湖南农业大学首次提出，该大学认为乡村卓越工匠之师是指服务"三农"，适应农村职业教育发展需求，能成为未来农村职业教育的骨干教师、教学名师和顶级教师的卓越师资人才。应具有乡村性、卓越性、师范性、多能性的特征。卓越乡村工匠之师必须具备学术型的知识、思维和能力，这里包括具备先进的教育教学观念、构建高效的教学模式的能力、灵活机智的教学策略和高超的教育教学艺术[①]。研究生阶段的学习能为卓越乡村工匠之师的培养扫除障碍，实现学术型高级人才的职教实用价值。

2. 学术内含教术和技术

学术、教术、技术是一个三维同心圆，学术涵盖教术，教术涵盖技术。乡村技术型工匠之师要想成为卓越工匠之师必须通过教术型师资的培养，再通过学术型师资的锤炼（如图 3-4 所示）。乡村卓越工匠之师未来教育对象是乡村生产和建设一线的技能人才，自己应该具有理论研究、设计研发方面的才能，即成为教育家的才能。技术型工匠之师是熟手，教术型工匠之师是能手，学术型工匠之师是高手和旗手。如果给工匠之师按培养质量分类，可将工匠之师分为中职预备师资（对应于技术型）、优质工匠之师（对应于教术型）和卓越工匠之师（对应于学术型）。乡村卓越工匠之师必须经历学术型阶段的培养和发展，才能实现其培育目标。

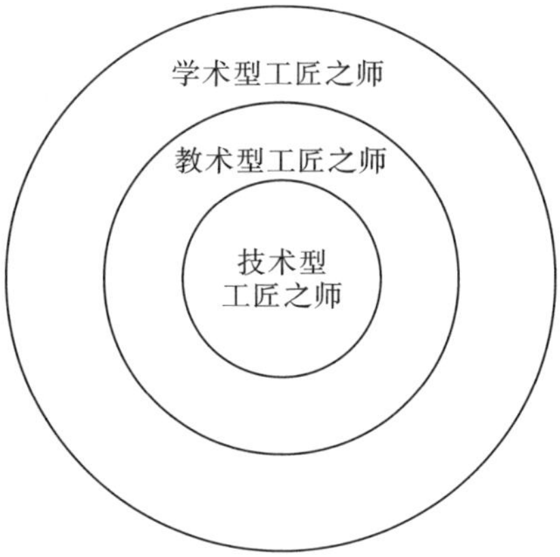

图 3-5　学术、教术、技术三维关系示意图

① 李海军. 论学术型教师应具备的基本素质［J］. 中国教育学刊，2014（6）：81-84.

3. 学术必须以技术和教术为基础

学术型工匠之师（卓越乡村工匠之师）的培养就像建一座高楼，必须打好牢固的基桩，一层一层往上建。这个基桩就是技术型工匠之师和教术型的工匠之师，只有经历了这两个阶段的磨砺，才能成为顶层的卓越工匠之师。卓越工匠之师的培养如果离开了这两个阶段，就会成为海市蜃楼、空中楼阁。要培养出优秀的乡村职教学生，就必须要有卓越的工匠之师。学术导向的培养模式是造就乡村卓越工匠之师的首要条件。学术型工匠之师是一种具有研究品质的人才资源，具备了卓越发展的素养和品质。这些素养和品质不是先天获得的，而是经过后天技术和教术的习得而形成的。这个过程是比较漫长的，且具有不可跨越性，学术型工匠之师必须以技术和教术为基础，螺旋式向上提升。

三、乡村卓越工匠之师技术、教术和学术三术共长的培养模式

1. 技术型预备师资的培养模式

（1）培养目标。

对于技术型预备工匠之师来说，中职阶段的学习只是工匠之师从业的最基本的学习和训练阶段。因此，技术型工匠之师的培养目标是培养职业教育的预备性师资。首先表现在过程性目标，为社会和经济的发展培养预备工匠之师的基本素养，帮助预备工匠之师掌握学习技能、形成职业能力、求得生存和发展。第二，按照马克思的全面发展理论，教育必须使预备工匠之师的兴趣、爱好、个性得到充分、自由的发展。中等职业教育应责无旁贷地、尽可能地为预备工匠之师提供追求人性完善和人生价值实现的教育，不仅要培养预备工匠之师的职业能力和职业素养，更重要的是从个性发展的高度培养预备工匠之师获得适应未来社会职业教育的基础知识和竞争能力。

（2）培养内容。

根据乡村职业预备师资的基础性特点，主要应培养基本职业道德、基本理论知识、基本职业技术和基本操作技能。

①基本职业道德的培养。职业道德是同人们的职业活动紧密联系的符合职业特点所要求的道德准则、道德情操与道德品质的总和，它既是本职业人员在职业活动中的行为标准和要求，同时又是职业对社会所负的道德责任与义务。基本职业道德是指在本职业内应遵守的基本道德准则、道德情操和道德品质，其主要内容包括：爱岗敬业，诚实守信，办事公道，服务群众，奉献社会，素质修养。

②基本职业理论知识的培养。理论是一个组织起来的概念体系，可以用来解释一种或一系列现象。职业理论知识主要是指揭示一种职业发展历史和发展规律的理论知识。基本职业理论知识主要包括职业的起源、发展、特征、作用及其文化内涵。

③基本职业技术的培养。职业技术是指从事某种职业所要掌握的基本手段和方法系统。基本职业技术是工匠之师进行职业教育的前提条件，主要包括某一职业技术的原理、特性、应用过程与安全防范措施等内容。预备工匠之师基本职业技术的培养与一般职教学生的职业技术的培养有一定差别，前者在于精通并能传授基本职业技术，而后者在于精通，不一定需要传授基本职业技术。

④基本操作技能的培养。操作技能也叫动作技能、运动技能，是通过学习而形成的合乎法则的操作活动方式。基本操作技能是指预备工匠之师必须掌握的基本的操作活动方式，它是完成每项工作的基本条件，一些高深的技术也离不开这些技能。2015 年“五一”，中央电视台《大国工匠》讲述了八个工匠“8 双劳动的手”所缔造的神话。他们能够数十年如一日地追求职业技能的极致化，靠着传承和钻研，凭着专注和坚守，缔造了一个又一个的“中国制造”。这些工匠之所以能把自己所从事的职业做到卓越化，是与他们所掌握的扎实的基本操作技能分不开的。

（3）培养途径。

①订单式培养。订单式培养也叫“人才定做”。它是指中职学校针对职业学校师资需求情况制定预备师资培养计划，对预备职业师资实施基础技术和基本技能的培养和教育，为预备工匠之师将来从事职业教育

打下基础。

②联合培养。以培养技术技能为主的中职预备工匠之师培养阶段采用“校校企”模式，即职业院校、中职学校和企业联盟，为工匠之师培养预备生。各职业院校具有丰富、高品质的教学资源，能给中职学生的深造提供良好的平台；中职学校作为预备工匠之师培养的摇篮和基地，一定要有良好的合作意愿；企业作为职业人才应用的载体，能从中职学校招聘到职业人才。招生职业院校与中职学校可以签订培养协议，规定每年从中职学生中招收一定比例的毕业生进行定向培养。中职学校与企业签订合同，让中职学生加强技术技能的实践培养。这种模式为乡村卓越工匠之师的培养开创了一种崭新的路径。

③多元化培养。多元化培养是为了让预备工匠之师适应未来职教事业发展的需要，由学校、社会和家庭等方面对他们进行职业道德、技术和技能的教育培养。多元化培养能够时时刻刻对预备工匠之师全方位、多领域进行指导，包括人格、品行、意志等品质的培养。

(4) 教学评价。对乡村技术型预备工匠之师进行教学评价的目的是为了更好地让乡村预备工匠之师德、智、体、美、劳全面发展，热爱自己将来要从事的职教事业，扎实学好基本技术和基本技能。

教学评价的作用：第一，教学评价的结果为改进教学与检验职教教师教学能力水平提供依据；第二，教学评价的结果为预备工匠之师的学习情况提供反馈；第三，合理的教学评价可以调动职教教师工作的积极性，激起预备工匠之师学习的内部动力，更好地完成教学任务；第四，有利于实现预备工匠之师培养的目标。

教学评价的内容：一是工匠之师的课堂教学评价（主要有教学目标、教学内容、教学理念、教学策略、教学过程、教学能力、教学效果等七个方面），主要是针对教师的评价；二是学生（预备工匠之师）的学习效果评价，主要是针对学生（预备工匠之师）的评价。

2. 教术型工匠之师的培养模式

(1) 培养目标。

对于教术型工匠之师来说，本科阶段的学习是优秀工匠之师专业职业的学习和深入阶段。因此，教术型师资培养目标是培养职业教育的优秀师资。优秀工匠之师要有较好的职业技术技能、良好的职业教育能力；要有完善的职业技术人才培养的理论知识和丰富的教育知识。这样，乡村优秀工匠之师才能帮助学生形成完整的世界观、人生观和价值观，能把自己所学的基本技术和技能传授给学生。

（2）培养内容。

针对职业院校教师专业素质的特殊性，应加强培养乡村教术型师资的专业理论知识、专门职业技能、职业技术教育心理学知识、教育科研能力、职业指导和创业教育能力。

①专业理论知识的培养。关于工匠之师理论知识的学习，首先我们要澄清认识上的两个误区：一是认为职业技术教育培养的是实用型和应用型人才，因此职业技术教育对师资的专业理论知识水平的要求不高，师资培训也无须将专业理论知识的进修纳入培训范围。一是将工匠之师与普教师资的专业理论知识进修等同起来，认为工匠之师专业理论知识进修就是系统的学习专业理论知识而已。职业技术教育专业理论课的教学应以“必须、够用”为原则，这实际上对工匠之师专业理论知识的修养提出了两点要求，即：工匠之师对专业理论知识的整体构建和发展趋势，要有相当清晰的认识和广泛的了解；同时，职业教育面向生产、管理、服务第一线培养技术应用型人才的教育目的，要求工匠之师有能力以充分满足专业所面向的职业或职业群的实际需要为度，在实际教学中对专业理论知识进行有针对性和实用性的裁剪、筛选和再加工，向学生传授走向工作岗位后必须具备的专业理论知识。因此，专业理论知识的进修应是工匠之师培训的重要方面。有调查显示：30%的调查对象希望在继续教育中补充专业知识。工匠之师在理论知识上的要求并不比普教师资低，只是二者侧重点不同；工匠之师理论知识上的要求不在深度，而在广度，在于理论联系实际，理论联系职业和岗位工作的能力。特别是，随着科学技术的发展，各专业领域新理论、新发现层出不穷，工匠之师必须及时掌握本专业理论知识发展的新动向、新趋势，才能在具体教学中向学生及时传递新信息，传授新知识，避免学生所学与实际工作需要严重脱节。

②专门职业技术技能的培养。目前工匠之师在专门职业技术技能的掌握上有些现象值得注意：一是教师的专门职业技术技能水平过低，大多数教师只掌握本专业入门的专业技术技能，例如电子电信工程专业的教师只有初级电工操作证；二是教师的专业技术技能证书多是通过自学和考前突击获得，缺乏真正的实际经验。对于专门职业技术技能培养的需要反映在问卷中最为迫切，占被调查者的56%。职业技术教育培养的是服务于生产、建设、管理第一线的应用型人才，教学内容既包括客观的专业技术理论和规律，也包括主观能动性较强的经验性知识、经济社会利益的体现方式以及工业文化导致的实现手段等。所以，工匠之师首先应当掌握与所授理论课程相当的专门职业技术技能，仅仅掌握本专业起点和基本专业技术技能并不能满足实践教学的需要。此外，专业技术技能的内涵，不仅指具体的技术、技能，也包括在实践工作中获得的工作经验和工作阅历，即教师的知识结构中应有经验性知识和实践工作经历。例如：电信工程类专业的教师要有电子技术、电工技术等方面的专业技术技能和工作经验；机械工程类专业的教师应懂得模具加工、金属工艺等方面的实际操作和程序；建筑施工类的教师要有现场施工的经历和能力：计算机应用类专业的教师应从事过相关技术项目的开发和实践；工商类专业的教师具有商业、管理和贸易的实践经验和资历等。另外，近年来，新技术、新工艺大量运用于生产工艺流程和生产岗位，在专业职业技术技能上引发了突破性的革新和革命，工匠之师应关注本专业领域的前沿信息，及时学习和掌握各种在实际操作中应用的新技术。

因此，在培训计划中应注重培养从业师资具备与其专业相符的专业技术技能，强调让教师通过各种形式的实践性工作和培训不断更新、补充和提升工匠之师的专业职业技术技能水准。

③职业教育、心理学知识的培养。目前，我国一些高等职业师范职业院校存在着重专业知识、专业技能的培养，忽视职业教育、心理学等方面知识培养的现象，且这一现象还没引起足够重视。作为职业院校教师，能否掌握职业教育的理论与方法、心理学知识，不仅关系到教师能否顺利地进行教育教学和科研工作，而且还将影响所有职业院校教育过

程的存在价值和社会效益。这类知识的重要性逐渐为“双师型”教师们认识到，14%的被调查者反映需要接受以职业技术教育心理学知识为内容的培训。为此，职业院校教师应加强职业教育和心理学理论知识学习，对现有的教育类课程进行重新组合，除开设职业教育学、职业心理学外，还应开设教育技术学、教育测量与评估等，并注意加强微型课程的建设和管理，组织师范类系列讲座，从职业教育和职业培训的理论和方法到职业指导，从职教政策到职业比较教育等内容，都能反映世界和我国职业教育研究的新发展，贴近高等职业教育的实际，为工匠之师构建比较完整的大职教概念，使他们具有现代教育观念。

④教育科研能力的培养。培养教育科研能力是提高乡村教术型师资教学质量和学术水平的需要，是由经验型向学者型教师转化的必由之路，它能够使教师逐渐进入一种新角色，同时也能提高教师的业务能力。此外职业院校教育的特点是不断更新教学内容，加入业已成熟的新技术、新工艺、新规程，使之符合当时当地的职业能力的需要。在迎接知识经济到来之时，职业院校教师参加科技成果转化、技术改造，为企业服务就更为重要，这样既可使他们掌握最新科技动态，提高科技开发动力和创新能力，更新知识，又能使理论联系实践。针对我国目前工匠之师学历达标率低，科研能力不强的现实情况，乡村职业学校首先应鼓励教师进修，提高教师学历水平，掌握从事科研的基本知识和方法；其次，应鼓励教师参加有关学术会议和学术交流活动，让他们及时了解科技发展的最新动态，在大环境中开阔视野。再次，鼓励青年教师与专家学者合作从事课题申报、研究，发挥专家学者“帮、带”作用。最后，从物质上、精神上，对取得科研成果的青年教师给予一定奖励，增强其从事科研的动力。

⑤职业指导和创业教育能力的培养。《中华人民共和国职业教育法》第四条指出：“实施职业教育必须贯彻国家教育方针，对受教育者进行思想政治教育和职业道德教育、传授职业知识、培养职业技能，进行职业指导，全面提高受教育者素质。”《中华人民共和国职业教育法》把职业指导作为职业教育的重要内容在法律上确定下来。国务院批转教育部

《面向21世纪教育振兴行动计划》中明确指出："职业教育和成人教育要加强创业教育和职业道德教育。"从上述法规文件中不难看出，职业指导和创业教育，是职业教育的一项重要内容。加强对学生职业指导和创业教育，既是从非国有经济的迅猛发展和从知识经济社会产业结构和就业结构变化加速这一特点提出来的，也是从我国劳动力资源和人才资源供大于求的现实来考虑的，更是乡村职业技术教育自身的特点所决定的。乡村职业教育具有极强的职业性。从功能上看，乡村职业学校教育不仅担负着技术职业和学历教育的任务，而且担负着职业培训的任务，为职业准备、转岗分流、下岗职工再就业提供教育与培训。因而，其职业性更为明确。以上因素决定了工匠之师担负着对学生进行就业指导和创业教育的任务。

目前，职业指导和创业教育在我国还是一门新兴学科，如何做好这方面工作，有一个理论研究和实践探索的过程。作为工匠之师应努力加强理论研究和实践探索，使职业指导和创业教育能在科学的理论指导下进行，以取得职业指导和创业教育的最佳效果。

此外，乡村职业学校"双师型"教师专业素质培养内容的选择、组织，通常是通过课程的形式来体现的。"课程是按照培养目标，对学校教育教学和学生各种学习活动的总体规划及其过程的全面安排，它是一个受多元结构和多因素制约的复杂系统。"要实现职业学校"双师型"教师专业素质培养目标，就有必要实施课程结构改革，打破过去学科教育中的基础课、技术基础课、专业课"三层楼"的模式，建立这样一种集群模块综合式的课程模式：强调以培养职业能力为主线，以职业或职业群为基础，让学生接受职业群共同的基础教育和基本技能训练，然后根据自己的兴趣、能力以及社会需要，选择不同职业（或专业），接受专业基础理论教育，学习专业知识，进行职业技能培训，在此基础上，缩小学习领域向专业方向发展的进程，学习专业技术知识和专门技能，使学生既具有较大就业弹性和适应能力，又具有职业针对性。

（3）培养途径。

①"政校校"联合模式。以培养教育教学能力为主的本科优质工匠

之师培养阶段采用“政校校”联合模式，即由省教育行政部门批准，由职教高等院校面向预备培养基地对口招生。“政校校联合模式”是指教育主管部门、高校和中职学校联合培养的模式，如湖南农业大学在这种模式下先后开办教育学、农学、动物医学、动物科学、教育技术学、车辆工程、机械制造、应用心理学、英语教育等28个专业的乡村优秀工匠之师实验班，为全国优秀工匠之师的培养提供了很好的借鉴和启示。

②教学实习。教学实习是指在教师指导下，让工匠之师利用中职学校等实习基地，将某一职业技术基础或专业基础课程的知识与实践知识，传授给中职学生的实践教学形式。教学实习为乡村优秀工匠之师的培养提供了一个锻炼实践的平台，为工匠之师胜任教学工作创造了良好的条件。

③顶岗实习。顶岗实习，是指工匠之师在基本上完成教学实习和学过大部分基础技术课程之后，到专业对口的现场直接参与生产过程，综合运用本专业所学的知识和技能，以完成一定的生产任务，并进一步获得感性认识，掌握操作技能，学习企业管理，养成正确劳动态度的一种实践性教学形式。顶岗实习能让乡村优秀工匠之师掌握专业职业技术技能，加强职业技术技能的示范能力的培养。

④工训结合。工训结合是指工匠之师在高校学习期间利用自己所学职业技术知识正式进入工厂进行实习工作，并提高自己职业技术能力以便更好地适应职教工作。此种模式真正接近工作的状态，是在工厂工作中训练工匠之师的职业技术技能和实际操作能力，有利于提高工匠之师的工作经验和实训效果。

（4）教学评价。

对教术型工匠之师培养进行教学评价的目的是让工匠之师在全面掌握职业技术技能的基础上，把自己所学职业知识更好地传授给学生，以提高职教质量和效果。

教学评价的作用：第一，检验高等职业院校教师的教学能力，改进工匠之师的培养模式，提高培养标准；第二，评价乡村优秀工匠之师的职业技术掌握程度及传授给中职学生的能力；第三，改进高等职业院校培养乡村优秀工匠之师的能力；第四，有利于实现乡村优秀工匠之师培养的目标。

教学评价的内容：一是乡村优秀工匠之师培育的课堂教学评价（主要有教学目标、教学内容、教学理念、教学策略、教学过程、教学能力、教学效果等七个方面），主要是针对工匠之师培养教师的评价；二是学生（工匠之师）的学习效果的评价，主要是针对学生（乡村优秀工匠之师）的评价；三是高等职业院校的文化培育环境，主要是针对高职院校培养工匠之师的人文氛围。

3. 学术型工匠之师的培养模式

（1）培养目标。

对于学术型工匠之师来说，研究生阶段的学习是乡村卓越工匠之师最高培养阶段。因此，学术型师资培养目标是培养职业教育的卓越师资。卓越工匠之师除了要有良好的职业技术技能、职业知识和教学能力，还要有深厚的职业教育科研能力，做到学、研、教、产相结合，成为乡村职业教育的研究型人才。

（2）培养内容。

针对卓越乡村工匠之师培养的特点，应着重培养其专业理论知识的反思能力、专门职业技能的改进能力、职业教育心理学知识的应用能力、教育科研的创新能力、职业指导和创业教育的分析能力。

①专业理论知识反思能力的培养。卓越乡村工匠之师是在乡村优秀工匠之师培养基础上提出的最高培养目标，不但要求卓越乡村工匠之师掌握专业理论知识，而且还要求他们善于反思这些专业理论知识。卓越乡村工匠之师要承担起乡村职业教育改革的大梁，以便为职教事业在我国的发展做出贡献。当前，我们提出的卓越乡村工匠之师的培养模式适应了乡村职业技术教育现代化发展的需求，符合乡村职业技术教育国际化发展的潮流。对于卓越乡村工匠之师的培养，我们还处在摸索和实验阶段，但对于他们专业理论知识方面的要求和标准更高，不但要求其掌握，还要求其善于反思和检验，这一点是确定无疑的。只有这样，卓越

乡村工匠之师培养的目标才不会偏离航道和方向，卓越乡村工匠之师培养的视野才不会落伍于现代职业技术教育，卓越乡村工匠之师培养的理念才不会脱离国际化环境，卓越乡村工匠之师培养的前途才不会黯淡无光。

②专门职业技术技能改进能力的培养。目前卓越乡村工匠之师的储备较少，使得乡村职业技术教育不能适应市场的发展。乡村优秀工匠之师在专业技术技能的掌握方面已经符合要求，但在专业技术技能的改进提高方面表现出能量不足的窘境。卓越工匠之师正是为了适应这一要求而提出的最高培养目标。专门职业技术技能改进能力培养的目标是服务于乡村职业技术教育的教学研究型人才（卓越乡村工匠之师）培养，教学内容既包括客观的专业技术理论和规律，也包括主观能动性较强的经验性知识、经济社会利益的体现方式以及由于工业文化导致的实现手段，更包括专业职业技术技能的改进能力培养等。所以，卓越乡村工匠之师除了应当掌握与所授理论课程相当的专门职业技术技能，还应该具有专门职业技术技能的改进能力。

③职业技术教育心理学知识的应用能力。目前，我国一些高等院校在培养卓越乡村工匠之师方面存在着只重视职业技术教育、心理学等方面知识传授，对职业技术教育心理学知识应用能力的培养还没有引起重视。职业技术教育心理学知识的掌握是基础，如何应用这些心理学知识是工匠之师是否能成为卓越之师的主要衡量标准。为此，高等院校在研究生教育阶段应对卓越乡村工匠之师开设职业技术教育心理学知识的应用与实践能力培养的课程，并在现场教学中让工匠之师进行体验和感受。同时聘请职业技术教育心理学专家定期开设讲座，为每一位工匠之师在职业技术教育心理学知识的应用方面进行规划，提升应用能力。学以致用是卓越乡村工匠之师必须具备的能力。

④深厚的教育科研能力。深厚的教育科研能力是提高教学质量和教师学术水平的需要，是由教术型专家向学术型教育家转化的必由之路，它能够使优秀教师进入工匠之师的行列。乡村优秀工匠之师要想成为卓越工匠之师，首先要经过本科职业技术教育的学习，具备丰富的职业技

术教育教学的理论知识和实践知识，再经过研究生入学的考试，通过后才有这种学习的资格。第二，必须要经过三年的硕士阶段的学习或再经过三年的博士研究生学习，才能具备卓越工匠之师的资格。因此，卓越乡村工匠之师的培养目标、培养条件、培养标准都很高，深厚的科研能力就是必不可少的。深厚科研能力的培养如下：第一，实行硕导和博导终身负责制，让卓越乡村工匠之师在现实职业教育中遇到问题时可以随时向导师请教；第二，要求在卓越乡村工匠之师读硕或读博期间必须发表高档次的科研论文3～5篇；第三，鼓励卓越乡村工匠之师参加高水平的学术会议和学术交流活动，让他们充实自己的科研基础，扩大研究视野。第四，选送卓越工匠之师赴职业教育发达的国家进行学习、考察，发现本国职业技术教育领域的不足，以求研究改进之策。

⑤职业技术指导和创业教育的分析能力。卓越乡村工匠之师除了具备职业技术指导和创业教育的能力，还应能根据当前职业技术发展现状分析今后该职业的发展趋势，以让职教学生提前做好准备，减少心理不适感。职业技术指导和创业教育是优秀工匠之师必须掌握的一项能力，而对职业技术指导和创业教育进行分析研究是卓越乡村工匠之师应具备的素质。卓越乡村工匠之师是学术型教育家，其所具备的社会素质、身体素质和心理素质是一般优秀工匠之师尚难达到的，其层次、规格要求之高可想而知。职业技术指导和创业教育分析能力的培养目前还处于理论提出阶段，在这方面还没有人做过专门研究。我们先可以进行一些理论的研究，先解决一些理论方面的困惑，然后再进行实践探索，为卓越乡村工匠之师的培养积累一些经验和方法。

（3）培养途径。

①实验班保送。实验班保送是在高等职业院校职业拘束教育本科实验班中选取优秀学生攻读职业技术教育专业硕士，为卓越乡村工匠之师的培育把好第一道关卡。实验班的职教学生本身职业素养、职业技术、职业知识都很好，再利用优中选优的方法能保证卓越乡村工匠之师培养的高起点、高标准、高要求。

②乡村中职教师在职攻读。乡村中职教师在职攻读主要针对中等职

业学校在职优秀青年教师。这里的优秀主要包括专业知识、专业技能、教育教学知识与技能以及职业观、职业道德等方面的要素。通过高水平有针对性的教育训练，实现其专业技能应用性与职业背景的有效结合，为卓越乡村工匠之师的培养打牢基础。其入学条件应为：具有 3 年以上第一线教学经历的中职学校在职教育、管理、科研和教学人员；大学本科或同等学力；有一定专业特长并获得相应专业技术职称；采用推荐入学和学校自主考试招生相结合。在教学时段上，应采用“在校集中学习＋分散挂职实践”的方式；在学习指导上，应实行双导师制，即校内学术导师和校外专业导师共同指导；在授课方式上，采用“师生研讨＋学员反思”方式等①。

（4）教学评价。

对学术型工匠之师培养进行教学评价的目的是让卓越乡村工匠之师具备良好的职教素养和科研思维能力，做到学、教、研结合，使他们真正成为乡村职业技术教育的研究型教育家。

教学评价的作用：第一，检验乡村卓越工匠之师的培养效果；第二，改进乡村卓越师资的培养模式；第三，提高乡村卓越工匠之师教育教学及科研的能力；第四，为国家乡村卓越工匠之师的培养提供有益的经验和启示。

教学评价的内容有：一是乡村卓越工匠之师的培养目标；二是乡村卓越工匠之师的培养条件；三是乡村卓越工匠之师的培养方式；四是乡村卓越工匠之师培养的课堂教学效果；五是课程设置是否合理。

---

① 董桂玲，黄旭升，周明星. 中职教师在职攻读硕士学位的制度设计与模式构建 [J]. 职业技术教育（科教版），2005，34（26）：29-31

第四章　乡村卓越工匠之师培育路径

第一节　构建“三维”课程，培养卓越人才

构建“三维”课程体系，即以培养“浓乡型”乡村卓越工匠之师为主线，确立专业培养目标；分理论课程和实践课程两个系列，突出实践应用能力的培养；分通识课程、专识课程和特识课程三维课程，培养乡村卓越师资。

一、通识课程

通识教育是英国传统的自由教育、博雅教育理念与美国教育实际相结合的产物。最早于1829年由美国学者帕卡德教授提出，后于20世纪80年代由台湾学者翻译为“通识教育”。通识教育是一种教育理念，其核心是如何做人的教育，是人格教育[①]。这一概念有广泛的、本质的意义，它是一种教育观，一种教育思想，一种教育理念，它必然包含着专业教育，但又超越了专业教育[②]。通识教育强调通过人文、社会、自然科学等知识领域整合的学习，开阔视野。通识教育是通过通识课程来具体体现和实施的。

通识课程的设计与开发主要受三种教育哲学理论的影响：一是精义

---

① 庞海芍. 通识教育与创新人才培养［J］. 现代大学教育，2007（1）：97-101.

② 刘林，彭蜀晋. 我国高师职业院校通识课程应突显师范性［J］. 教育与教学研究. 2009（9）：42-46.

论，主张以经典著作为通识教育课程的主要内容，认为人类的文明虽然与时俱进，但在变迁中有其永恒不变的价值存在，这种核心价值尤其保存在经典文献之中。通识课程要体现人类的永恒不变的核心价值，因而经典著作便自然成为课程设计的中心。二是均衡论，认为知识是一个不可分割的整体，只有各种知识都统筹兼顾、均衡发展，才能避免20世纪以来学术过于分化所导致的视野狭窄和心灵缺陷。因此，必须以通识教育课程为学生提供均衡的视野、平衡的心智。三是进步论，强调教育必须为学生解决问题，对他们的生活有所裨益。因此，通识教育课程的内容必须与学生未来的生活相结合，为未来的生活做准备。

总体上，通识课程分为正式通识课程与非正式通识课程。正式通识课程是指以学科或教材形式出现的，通过文本课程以及课堂教学来达成通识教育目的的通识课程。非正式通识课程，是指通过广泛开展社会调查、社会实践活动、校园文化活动，研究校园环境、社区环境、校园景观，学习校园文化、学校传统、校风校训等内容来达成通识教育目的的通识课程[①]。从课程制度角度可分为必修课与选修课。必修课是为满足学生的共同需求，使所有学生达到一个基础水平，主要考虑的是学生的共性。选修课是为满足学生的个别需要，使每个学生可以选择自己的兴趣和需要，主要考虑的是学生的个性差异。随着学分制出现，将必修课和选修课结合起来已成为课程组织的基本框架。基于通识课程的这些特征，结合工匠之师培育的特色，我们把培养工匠之师的通识课程分为基础通识课、教育通识课和乡村文化课。

1. 基础通识课

基础通识课程包括基础技能类通识课程与科学文化通识课程。基础技能类通识课程是指语言、写作、计算机运用以及体育与保健等课程，这是每个大学生都必须修习且要达到相应要求的课程。科学文化通识课程就是基础技能类通识课程以外的文化课程，它的目的是提升大学生的精神品质，完善大学生的人格建构，平衡大学生的知识结构，促使大学

---

① 张寿松，等. 通识教育课程建设的问题及建议［J］. 课程·教材·教法，2005，25（1）：80-83.

生成为高素质的毕业生与负责任的公民，是高校通识课程建设的重点与核心。一般来说，必修课在基础通识课程设置中占有绝大部分，但是必修课程所涵盖的课程种类较少、内容较窄。因此，工匠之师培养的基础通识课应该注意必修课与选修课结合，增加学生自主选择度。首先，每个专任教师都有开设选修课的权利和义务，也应该得到相当的报酬。其次，为保证课程质量和秩序，教师开设选修课要规定课程的目标、计划和标准，备有翔实的讲义和教案，选择或编写合适的教材。再者，为保证选修课的“精”，可采用“竞标制”精选优秀课程。此外，为了避免通识课程设置模式僵化，缺乏多样性与灵活性，乡村卓越工匠之师的基础通识课程除政治理论、外语、计算机、军事、体育、人文社科等这样的正式课程，建议开发多元化的、有特色的基础通识课程设置模式，让学生在多元文化环境中快乐成长。

表 4-1　乡村卓越工匠之师班基础通识课表（必修）

课程类别	课程号	课程名称	学分	总学时	理论学时	实验学时	课程性质	开课学期	考核方式	开课学院
公共基础课	10004B0	思想道德修养与法律基础	3	20	20	0	公共必修	1	考试	公共管理与法学院
	10036B0	中国近现代史纲要	2	20	20	0	公共必修	2	考试	公共管理与法学院
	10001B2	马克思主义基本原理概论	3	30	30	0	公共必修	3	考试	公共管理与法学院
	10002B2	毛泽东思想和中国特色社会主义理论体系概论	4	32	32	0	公共必修	4	考试	公共管理与法学院
	10006B0	英语	11	176	176	0	公共必修	1—4	考试	外语学院
	10007B0	体育	8	114	114	0	公共必修	1—4	考试	体艺学院
	10008B6	计算机应用基础	3	48	24	24	公共必修	1	考试	信息学院

表 4-2　乡村卓越工匠之师班基础通识课表（选修）

活动项目	活动内容	学分	课程属性	考核方式	开课时间	备注
"园丁·秀"	"教育之星"才艺秀 教师形象设计大赛 美丽乡村教育行	1	选修	考查	每学年 1 期	任选 2 个项目，修满 2 个学分。
"园丁·诵"	中、英文演讲比赛 中、英文古诗词朗诵比赛	1	选修	考查	每学年 1 期	
"园丁·文"	主题征文大赛 文学创作大赛	1	选修	考查	每学年 1 期	
"园丁·书"	"三字一画"大赛 微电影制作大赛 教具（学具）制作大赛 摄影摄像比赛	1	选修	考查	每学年 1 期	
"园丁·辩"	"师辨"辩论赛 教育人文知识竞赛 教育教学创新大赛	1	选修	考查	每学年 1 期	
"园丁·艺"	模拟教学大赛 多媒体课件制作大赛 教案设计大赛	1	选修	考查	每学年 1 期	

2. 教育通识课

我国从师范教育开设至 1954 年，普通师范教育类课程受到普遍重视，师范特色比较明显。然而，自 20 世纪 50 年代末以后至今，我国普通师范教育重专业课程、轻教育类课程的思想逐渐占据主流，导致教育类课程所占比例明显减少。关于通识教育与专业教育的统一问题，英国教育家怀特海认为："并没有一门课程只给学生普通陶冶，而另一门课程只给专门知识。”① 师范性是教师职业走向决定的。无论是哪一专业的教师，都属于师范这一职业范畴。而教师职业有自己的专门理论、专门技艺，有自己特定的职业道德行为和职业心理。乡村卓越工匠之师的专业性和师范性，决定了它的通识课程必须遵循师范教育的办学规律，突出师范性。这类让学生接受严格的教育理论和职教理论的专业培养，以适应职业学校的教育教学需要的课程便是教育通识课。

表 4-3　乡村卓越工匠之师班教育通识课表

课程类别	课程号	课程名称	学分	总学时	理论学时	实验学时	课程性质	开课学期	考核方式	开课学院
专业课程	20876B0	教育学	2	40	40	0	专业必修	3	考试	教育学院
	20881B0	教育心理学	2	40	40	0	专业必修	3	考试	教育学院
		德育原理	2	36	36	0	专业必修	4	考查	教育学院
		中外教育史	4	72	72	0	专业必修	3—4	考试	教育学院
		职业教育学	3	42	42	0	专业必修	4	考试	教育学院
		职业教育心理学	2	36	36	0	专业必修	4	考试	教育学院
专业选修课		师范类课程 5—8 门								

① 杨春梅. 关于通识教育的路径 [J]. 教育评论，2002 (4)：53-55.

表 4-4 乡村卓越工匠之师班教育通识活动课程表

活动项目	活动内容	学分	课程属性	考核方式	开课时间	备注
专题讲座	教育论坛	2	必修	考查	每学期 4 期	
	名师讲坛	1	必修	考查	每学期 2 期	
	大学生心理健康	1	必修	考查	每学期 1 期	
	教师职业规划	1	必修	考查	每学年 1 期	

3. 乡村文化课

农村文化是农村社会的重要组成部分，建立在农村社会生产方式基础上的基层文化形式，是农民群众文化素质、价值观、交往方式、生活方式的集中反映。卓越乡村工匠之师的培养根本就是要依托乡村区域特色和职业教育需求，因地制宜，因材施教，为广大乡村职业教育培养高超出众的教师人才。

乡村卓越工匠之师培养最具针对性的就是对乡村文化的理解、认同。在整个社会发展趋于城市化、现代化的宏观背景下，在农村不断趋同、求同于城市发展的趋势的引领下，农村包括其文化都必须接受以城市为标准来进行改造的命运，乡村文化于是被贴上了“落后”“愚昧”“低俗”的标签，而农村课程资源作为乡村文化的重要构成，其被忽略、被排斥的命运似乎也就在所难免①。

在现有成熟教材的基础上，要注重开发乡村文化课程内容。乡村蕴藏着丰富的民间文化课程资源。民间传统、生活习俗、民间节日、民歌民谣、民间工艺等，这些对卓越乡村工匠之师培养和发展具有不可替代的价值，是无法从书本中所获得的丰富课程资源，因此乡村文化课程应包含这些实践调查课。

① 刘丽群. 农村课程资源开发深层困境：乡村文化边缘化 [J]. 中国教育学刊，2009 (7)：63-65.

表 4-5 乡村卓越工匠之师班乡村文化课表

课程类别	课程号	课程名称	学分	总学时	理论学时	实验学时	课程性质	开课学期	考核方式
专业基础课		农业概论	4	32	32		公共必修	2	考试
		农业社会学	3	48	48		公共必修	3	考试
		乡村社会发展类课程 3—5 门					选修		

表 4-6 乡村卓越工匠之师班乡村文化实践课表

项目	内容	执行学期	周数	学分数	考核方式	负责执行单位
军训		1	2	2	考查	教育学院
入学教育		1	1	1	考查	教育学院
乡村体验与社会调查	体验和了解乡村生活、地理、资源特色	2（暑假）	2	2	考查	教育学院
乡村文化考察	体验和了解文化、工艺、曲艺等情况	3	1	2	考查	教育学院

二、专识课程

专识教育本指专业化的教育，专识教育与通识教育本末之争一直是现代大学教育争论的焦点之一。通识教育和专识教育两者之间是互相渗透与互相服务的，并不是本末的顺序关系。教育不应功利性不代表教育无目的性。卓越乡村工匠之师的培养，本身就是培养以教师为职业，从事一定专业的教育教学工作的人才。因此在相应的课程建设上，专识课程并不是要被淡化的课程，而是和通识课程一同起到完善教育、丰富内容的作用。专识课程主要包含专业基础课、专业课和教育技术课。

1. 专业基础课

专业基础课主要是所学专业的基础理论课程，专业理论课是指以传授专业理论知识为主要目的专业课程。专业基础课的适用性更广一些，它是指专业基础课和专业技术课中理论部分的教学课程。一般来说，职教教师大多数既要教实践课，也要教理论课。因此，工匠之师专业课教学的任务，不仅是让学生会动手、会做，而且还要让他们知道为什么这么做。长期以来，我国普通高等职业院校的专业，主要是以学好某门学科或技术为依据来划分的，因此，专业口径窄，各专业界限分明。相应地，在专业类课程设置上，也表现出文理泾渭分明，课程内容单一，重理论、轻实践，缺乏综合理论和技术等问题。例如，传统的作物栽培专业，以作物栽培为主干建立课程体系，不讲农业经营，也不开设其他农业综合技术课程。

我国职教师范教育开办之初，沿袭和借鉴了普通高等职业院校的专业和课程设置的基本思路，建立了比较定型的和相对稳定的专业和课程体系，甚至在全国范围内许多专业名称、开设的课程、使用的教材，都是一致的。专业和课程设置的这种状况，不可避免地导致工匠之师培养与实际需要相脱离。一是专业和课程内容的单一性，与现代科技的综合性不相适应；二是专业和课程设置固守某一学科，与现代产业结构的整体性、多样性不相适应，与现代生产经营的市场化不相适应。面对这些问题，从 1990 年开始，国家教委发出《关于制订高等职业技术师范院、系本科基本专业目标的指导思想和原则》等有关文件，并组织农科类、工科类、第三产业类三项专业目录的制定工作。经研究审定提出了职业技术高师的 35 个新专业名称，拓宽了专业内涵，在宽专业的基础上，强化专业方向，使职业技术高师专业和课程设置的落后面貌有了一定的改观。

近几年来，我国各职业技术高师积极改革专业和课程设置，如拓宽专业口径，改革课程内容，加强和改进实践教学环节等，在探索突出职业技术师范特点的专业和课程体系方面，取得了一定的成效。但是，专业和课程体系的职业技术师范性还不够突出，特色还不明显，重理论、重学术的传统观念仍有重大影响，专业和课程改革还没有取得突破性的进展。工匠之师专业类课程设置，要与职业技术教育的课程设置相适应。而职业技术教育的课程设置，又要与整个社会科技发展趋势、产业发展趋势、市场经济发展形势等相适应。要改变以某门学科或技术为依据的专业设置方式，坚持以综合技术和经营管理能力为依据设置专业和课程。这是技术现代化、综合化发展的需要，也是现代生产经营多样化、综合化的必然要求。坚持新的专业设置思想，专业口径将会比过去宽阔，所设课程可能是传统的几个方向的课程的集合体。

表 4-7　乡村卓越工匠之师（动物科学专业）专业基础课表

课程类别	课程号	课程名称	学分	总学时	理论学时	实验学时	课程性质	开课学期	考核方式	开课学院
专业基础课	20079B0	动物组织胚胎学	1.5	36	20	16	专业必修	2	考试	动医学院
	20084B1	动物生物化学	1.5	60	40	20	专业必修	2	考试	动医学院
	20083B3	动物生理学	2.5	60	40	20	专业必修	3	考试	动科学院
	20091B1	动物遗传学	2.5	50	38	12	专业必修	4	考试	动科学院
	20185B0	兽医学基础	2	40	28	12	专业必修	4	考试	动医学院
		管理学原理	2	40	40	0	专业必修	6	考试	经济学院
	30526B2	专业英语	1	20	20	0	专业选修	5	考查	动物科技学院
	30220B7	专业应用写作	1	20	20	0	专业选修	5	考查	动物科技学院
	企业课程	市场营销	1.5	30	20	10	专业必修	7	考查	企业和动科院
		动物学基础	1.5	24	24	0	专业选修	2	考查	动物科技学院

2. 专业课

专业课主要是指那些与本专业联系较紧密，针对性比较强的课程。这里虽然划分出专业课，但是要实现卓越工匠之师专业素质培养目标，就有必要实施课程结构改革，打破过去学科教育中的基础课、技术基础课、专业课“三层楼”的模式。针对专业课程的内容特点和习得规律，对该内容的组织以模块形式来综合课程。

模块—综合课程的“模块”的含义。“模块”是英文舶来词，英文为module。原是建筑上的术语，是空间“单元”的意思。模块第一次引入到课程领域是指课程单元。这是其静态的单元含义。模块化作为一种技术开发、设计手段，早期出现在信息技术领域，由于计算机软件、硬件采用了模块化集成结构，使各部分功能更加明确，同时大大缩短了产品的开发周期，降低生产成本。此后模块化设计思想广泛应用到其他各个领域。模块化设计课程是指对课程内容进行模块化分析，各模块明确目标，有清楚的开头和结尾，同时缩短了课程周期，提高学习效率。

关于模块课程的大小没有统一的标准，根据需要而定。就像计算机硬件中模块集成，根据功能的大小，零件的多少，模块有大有小。在职业教育中存在一种误区，就是把模块看成是最小的教学单元，精细到单项操作技能组成模块，没有体现完整行动。对于学习领域课程来说，每个学习领域就可作为一个模块，它的优点是：（1）模块短周期适合工学交替的进行。课程模块化后，一个模块教学完成后，学生可根据所学（技能、知识等）到企业顶岗实习，加强熟练度，完成从新手到熟手的转型。（2）如果职业岗位课程发生变化，可以主要针对变化部分开发模块课程，比如增加、减少或更换一些模块。

模块—综合课程的“综合”的含义。如果说“模块”指的是课程的“形”，那么“综合”指的就是课程的“质”。它不是对几门相关分科课程的综合，而是按照工作任务的客观存在和工作过程性知识的内在联系组织课程内容，形成的课程不以学科命名，而以核心内容命名。根据课程目标的定位，模块—综合课程应以技能为核心。除了以模块—综合课程组织专业技术知识外，必要的专业内容也可以学科课程、活动课程等形式组织。

表 4-8　乡村卓越工匠之师（动物科学专业）专业课表

课程类别	课程号	课程名称	学分	总学时	理论学时	实验学时	课程性质	开课学期	考核方式	开课学院
专业课	20388B2	饲料学	2.5	50	42	8	专业必修	5	考试	动科学院
	20213B0	家畜育种学	2.5	50	38	12	专业必修	5	考试	动科学院
	20387B1	草地与饲料生产学	1.5	30	22	8	专业必修	5	考试	动科学院
	20076B1	动物繁殖学	1.5	36	36	0	专业必修	5	考试	动科学院
		家畜环境卫生学	1.5	36	36	0	专业必修	5	考试	动科学院
	20501B1	猪生产学	1.5	36	36	0	专业必修	6	考试	动科学院
	20207B2	家畜生产学	1.5	36	36	0	专业必修	6	考试	动科学院
	20038B0	草食动物生产学	1.5	36	36	0	专业必修	6	考试	动科学院
		动物科学基础实验实训	1.5	40	0	40	专业必修	6	考查	动科学院
	20383B1	饲料加工工艺与设备	2	40	28	12	专业必修	6	考试	动科学院
	企业课程	动物科学专业技能实训	1.5	30	20	10	专业必修	7	考查	企业和动科院
	企业课程	养殖场疫病防控	1	20	10	10	专业必修	7	考查	企业和动科院

续表

课程类别	课程号	课程名称	学分	总学时	理论学时	实验学时	课程性质	开课学期	考核方式	开课学院
专业课	30792B2	宠物饲养	1	20	20	0	专业选修	4	考查	动物科技学院
	30370B0	畜牧兽医法规	1	20	20	0	专业选修	4	考查	动物科技学院
		动物疫病防控	2	40	40	0	专业选修	5	考查	动物科技学院
	30191B2	特禽生产学	1	20	20	0	专业选修	5	考查	动物科技学院
		饲料卫生与安全学	1	20	20	0	专业选修	6	考试	动物科技学院
	30452B0	畜产品加工	1	20	20	0	专业选修	6	考查	动物科技学院
	30790B1	动物保护及福利	1	20	20	0	专业选修	6	考查	动物科技学院
	30403B1	特种经济动物学	1	20	20	0	专业选修	6	考查	动物科技学院

3. 教育技术课程

教育类课程在通识课程中主要体现为教育理论课程。工匠之师培养过程要特别重视教育技术的掌握和实用，通过专业的课程训练使之具备一定的教师素质和能力。主要包括以下几方面：

教师基本技能训练课包括普通话语音、朗读、演讲、辩论、教学口语、教育口语、书写基础知识、毛笔楷书、毛笔行书、钢笔字书写、粉笔字书写、书法创作、书法欣赏等内容。教材分析与课程开发包括人才市场调查技能、职教培养目标制定技能、职教课程设计技能、教学内容调研评鉴技能、教学大纲编写技能、教材分析和评价技能等内容。

教学技能训练课包括概念教学设计技能、原理教学设计技能、技术应用教学设计技能、技能训练教学设计技能、教案写作技能、教学计划和总结写作技能、现代教育手段应用技能、导入技能、提问技能、讲解技能、变化技能、强化技能、演示技能、板书技能、结束技能、课堂组织调控技能、技能训练指导技能、社会服务指导技能等内容。

班主任工作技能包括班级调查技能、班集体教育技能、个别教育技能、学习与生活指导和职业指导训练、职业情报技能、职业方向指导、职业理想指导、职业形象设计、教育公关技能等内容。

教育实践课程主要包括教育见习、教育调查和教育实习，重点是实习。通过教育实践，可以使学生将知识综合运用于教育教学实际，以培养和锻炼学生从事教育教学工作的能力，并巩固其专业思想。教育实践课程是对所学专业技术知识和技能的大检阅，也是教育理论知识和技能的大检阅，是培养职业院校双师型教师不可或缺的重要课程。

表 4-9　乡村卓越工匠之师班教育技术类课程表

课程类别	课程号	课程名称	学分	总学时	理论学时	实验学时	课程性质	开课学期	考核方式	开课学院
教育技术		现代教学法	4	72	48	24	专业必修	5	考试	教育学院
		技能训练法	2	40	30	10	专业必修	5	考试	教育学院
		职业教育课程设计	3	42	42	0	专业必修	6	考试	教育学院
		中外职业教育比较	2	36	36	0	专业必修	7	考试	教育学院

表 4-10　乡村卓越工匠之师班教育实践项目课程表

项目	内容	执行学期	周数	学分数	考核方式	负责执行单位
教学实训	到乡村中职学校进行顶岗实习	6	4	4	考查	教育学院
毕业实习	复合应用实训	8	12	8	考查	教育学院

三、特识课程

特识即独到见解之意。如果说通识、专识是为一般生活和专门事业的准备，那么特识就是谋发展之“特”，具体体现在卓越乡村工匠之师培养的独特性，技能技艺的独特性，个性发展的独特性。从课程建设的角度可从乡村特识课、职业资格课来培养、训练和体现这种特识。

1. 乡村特识课

乡村特识课程是体现工匠之师特色，助其融入乡村职教的重要课程，主要通过实践课程来实现。卓越工匠之师实践课程是发挥学生主观能动性，在学习过程中发展自身特色与潜力的重要课程形式。依据学习场景的真实程度可包含实验课、技能训练课、生产见习和生产实习。

实验课。实验课是指以理论教学为先导，以课堂实验为中心，以实验室和校内实习基地为主要场所，系统培养学生的基本操作技能和严谨求实的科学态度的课程。实验课是专业实践课程体系的重要组成部分，是配合理论课教学的重要课程，也是对学生进行基本操作技能训练的重要课程。一般来说，专业基础课和专业技术课中的实验课教学时数，要达到总教学时数的 1/3，甚至更多。为提高实验课教学的质量，要加强实验室建设，充实实验设备，保证实验开出率；要制定实验课教学大纲，加强实验课指导教师的配备，要求学生严格实验操作规程，独立完成实验任务；严格考核学生的实验态度、操作规范性和实验报告完成的情况，并将成绩作为衡量学生专业学习水平的重要依据；重视实验室对外开放，鼓励学生独立设计实验项目，自觉开展基本操作技能训练。

技能训练课。技能训练课是指为培养学生的专业技能而专门设置的课程。它是专业实践课程体系中的主要部分，是强化专业技能训练、提高技能水平的重要课程。一般来说，技能训练课又分基本功训练课、单项工序训练课、综合技能训练课。基本功训练课主要指常用工具、仪器使用训练，重在掌握动作要领、操作姿势和操作方法，提高操作速度和准确性。单项工序训练课主要指练习将各种单一的操作配合形成一个完整的工艺动作。综合技能训练主要是指在模拟的训练场所（如模拟宾馆、模拟病房、模拟银行），巩固、提高和综合运用多种单项工序操作技能、技巧，使学生逐步达到熟练操作的程度。

生产见习。生产见习是指组织学生到生产（工作）现场参观等活动的课程。一般安排在低年级，旨在使学生对未来工作情景和学习内容有某些了解，扩大学生的知识视野，增进理论与实际的联系。

生产实习。生产实习是指让学生直接参与生产工作过程，兼顾教育教学目标和生产工作目标的一种实践性课程。这是专业实践课程体系中不可或缺的重要组成部分。它一方面要让学生在生产工作中得到锻炼，熟悉生产工作规范和操作过程，提高操作技能的熟练程度，提高解决实际问题的能力，提高职业心理的成熟度；另一方面又要保证生产工作的正常进行，实现生产工作目标。

表 4-11　乡村卓越工匠之师乡村特识项目课程表

项目	内容	执行学期	周数	学分数	考核方式	负责执行单位
专业体验与社会调查	体验和了解专业相关企业生产状况	2（暑假）	2	2	考查	教育学院
乡村职教体验与调查	体验和了解乡村职业学校教育教学情况	3	1	2	考查	教育学院
技能实训	各类专业实验（分专业拟定）	4—6	3	3	考查	教育学院
生产实训	参加专业生产的各实践环节	5	8	8	考查	教育学院

2. 职业资格课程

乡村卓越工匠之师的职业资格主要指教师资格和专业职业资格，它以资格证书的形式呈现，需要职业资格课程的学习过程来实现。根据职业资格证书等级划分所依据标准的不同，国际职业资格证书主要分为三种模式：基于职业的职业资格证书模式、基于能力的职业资格证书模式和基于教育的职业资格证书模式[①]。我国职业资格证书制度最初试图解决的问题是如何使劳动者通过职业教育，来获取相关职业领域的从业资格，即职业资格等级划分是以受教育程度来决定的，这种基于教育的职业资格证书制度，为我国的职业资格与职业教育课程的衔接提供了最基本的必要条件[②]。职业资格是进行职业活动时能够应用的、通过学习获得的能力或潜力的标志，包括知识、技能技巧和基本工作经验。在课程开发领域，资格研究的核心任务是理清"工作""资格要求"以及"学习内容和学习过程"之间的关系。由于这种关系在大多数情况下十分隐晦，因此需要很强的方法论指导。主要需要行业分析、工作分析、典型工作任务分析、实践专家研讨会等任务和过程来完成[③]。采用模块式课程结构，建立灵活的认证职业教育课程的制度。依据职业资格证书要求，将职业教育课程划分为一个个内涵、外延清晰的模块[④]。

表 4-12　乡村卓越工匠之师职业资格模块课程表

模块项目	活动内容	学分	课程属性	考核方式	开课时间	备注
职业资格	教师职业资格证	2	必修	考查		
	专业职业资格证	2	必修	考查		

第二节　坚持"四级递进"，培育实践品格

一、"四级递进"式泛实践教学模式的理论基础

模式是有理论基础的，任何模式需要相应的理论支撑。理论基础表

① 徐国庆. 职业教育原理［M］. 上海：上海教育出版社，2007：268.

② 王玲，李建华，柳连忠. 职业教育课程的职业资格接点分析［J］. 职业技术教育，2012（2）：22-24.

③ 赵志群. 职业教育课程开发的重要基础——职业资格研究［J］. 职教论坛，2008（5）：1.

④ 刘育锋. 论以职业资格证书为导向的职教课程改革［J］. 职教论坛，2003（2）：4-7.

明模式是有依据的，是合乎某个道理的。一个缺乏有力理论支撑的模式是肤浅的，也是没有生命力的。本书提出的“四级递进”式实践教学模式有着坚实而丰富的理论基础。

1. 泛教育理论

泛教育是对教育的一种特殊的理解。这一理论试图扩大教育的边界，丰富教育的内涵。除了正规的制度化的教育之外，泛教育理论也关注到广泛的非制度化教育，甚至那些偶然而零碎的非正式的教育。在教育领域划分上，泛教育理论把教育划分为生活世界的教育和科学世界的教育，并且认为生活世界的教育是自然的和直观的，也更加具有奠基性和根本性。基于泛教育立场的教育定义是：“教育是作为主体的人在共同的社会生活过程中开发、占有和消化人的发展资源，从而生成特定的、完整的、社会的个人之过程。”于是，教育不再是对学生的身心施加外在影响，以使其思想和行为发生预期的变化，学生不再是一个受控制的客体，学习也不再是外显行为的改变。泛教育的思想有很深的渊薮。文艺复兴时期的教育家夸美纽斯认为教育是一切事物教给一切人类的艺术，这就是所谓的泛智主义教育思想。在泛教育理论视野下，教育的边界极大地拓展了，人的教育与学习也被重新加以定义。

实践教学是一个极度丰富的世界，通过打通学校与企业，学生与员工，学习与工作之间的边界，极大地拓展了人的发展资源。实践教学的作用也并不只是局限于某种职业知识的获取和职业技能的训练，而是全方位和整体性的，通过实践教学可以促使学生对职业的整体性思考。“职业实践活动是发生在社会这个大系统中的小系统。让学习者在体验职业实践活动中各种相关的技术、经济、法律、安全、生态、社会等环境因素中，思考职业实践活动如何与周围环境相互适应与促进”。很显然，这是符合泛教育原理的。

2. 工作场所学习理论

“工作场的学习”（work-place learning）是一个全新的学习概念。基于这一概念，学习常常发生在人、文化、工具与情境不经意的交融当中。工作场学习具有情境性、效果延后性以及目标分散性等特点，其认知机制有别于学校的学习，其认知基础是整体认知理论和社会文化的建构主义。工作场所学习理论的提出极大地拓展了当代职业教育的视野，其基本内涵和特征可以作如下理解。

工作场所被概念化为人们可以学习的环境，是因为它可以提供人们在实践活动中参与的种种机会。行为主义与认知主义理论关注个体的学习，通常是指正式教育机构中的学习，与之相反，工作场所学习理论认为，学习应视为一种社会化的进程。在这一过程中情境包括结构、活动和关系，都是促进工作场所学习并使其理论化的关键。工作场所学习理论把工作场所看作是一个重要的学习场所，认为与工作有关的知识和技能最好在工作场所中去获取。工作场所作为人大部分时间都置身于其中的空间，本身具有极高的教育价值和浓厚的教育意义。众所周知，学校只是一个单一的学习场所，因而学校本位的职业教育有其固有的缺陷。真正实践教学的基本做法是把学生导向一个真实的工作场所，并承担具体而真实的实务作业。于是，以岗位能力培养为目标的实践教学就转换成了在工作场所中能力的形成与提升。在学校空间中获取系统的学科专业知识，在工作场所中获取职业规则和岗位技能。这两者很显然是一种互补关系。这样做的结果有可能培养出更加合格的职业者，并保证其可持续发展。

3. *厚实认识论*

实践教学本质上就是让学习者自己去建构知识。职业学校的教学“不再关注建立在静态学科体系之上的显性理论知识的复制与再现，而更多的是着眼于蕴含在动态行动体系之中的隐性实践知识的生成与构建”。按照英国科学家和哲学家波兰尼的说法，这种个体自主建构的知识就是个人知识，或个体的实践知识。从心理学的角度来看，这主要是一种程序性知识。程序性的实践知识带有很多的缄默成分。因而通常是难以言说的。“我们所认知的多于我们能告知的”是缄默知识理论的一个信条。人用概念词句逻辑地表述出来的东西总是有限的，不能说出来的则是那些更为本真且更为丰满的缄默知识。所谓缄默知识是指，“高度个体化的，难以形式化的或沟通的、难以与他人共享的知识。通常以个人经验、印象、感悟、团队默契、技术诀窍、组织文化、风俗习惯等形式存在，而难以用文字、语言、图像等形式表达清楚的知识类型”。缄默知识概念的提出极大地丰富了当代知识理论。

厚实认识论正是中国学者郁振华基于缄默知识概念提出的一种认识理论。厚实认识论是实践导向的，与其相对的是传统的理论导向的单薄的认识论。单薄认识论指的是传统上以命题性知识形态为主的认识论考察。这种认识论实际上将知识做了大量的隔断、剥离，只剩下真空状态下的对象性知识。这种知识是与知识的掌握者、使用者、获得过程、运用背景等无关的，是一个相对独立的概念。与此相反，厚实认识论则是认识的实践转向，其强调知识是蕴含在实践之中的，并通过实践来传递、检验和修正，而实践本身就构成了人们表述和应用知识的基本前提和情境。“行动是能力之知和亲知首要的表达式。这里没有任何神秘的东西。行动领域和语言领域一样是公共的、客观和透明的。”简言之，传统认识论关注的只是人类认识现象的水面冰山，厚实认识论则潜入水面，把整座冰山都纳入思考，因此是厚实的。

4. 主体性教育理论

主体是相对于客体而言的，通常可以把主体可以看作活动的发动者、推动者和承担者。在这种活动中，主体与客体之间结成了三种基本关系：认识关系，这可以获取知识；评价关系，这可以进行价值判断；实践关系，这意味主体可以改造客体。主体性则是主体具有的特性，独立性、个体性、能动性、创造性等都是主体性的表现。“人的主体性是人作为活动主体的质的规定性，是在与客体相互作用中得到发展的人的自觉、自主、能动和创造的特性。”主体性是当代哲学研究的重要概念，同时也在很多人文社会科学领域被广泛使用。

主体性教育理论是基于主体和主体性这两个概念而创立的，其基本的观点是学生是教学活动中的主体，教育可以培养学生的主体性，且教育也要诉诸学生的主体性。主体性教育理论还借鉴了交往实践这一概念来解释教育过程。交往是人类特有的活动方式和存在方式，是人的实践活动的本性和显著特征。交往实践的基本结构是：主—客—主。对教育活动来说，教师和学生是两极主体，他们共同面对中介客体（如教育资料），因此教师和学生之间的关系是一种主体之间的交互关系，这种关系常常被称为主体间性。

二、“四级递进”式泛实践教学模式的操作方法

一个模式必须要有可靠的操作方法，操作方法是指向模式的目标的。缺少有效的操作方法，模式的目标是不可能实现的。实践教学模式以四级递进为操作方法，是基于年级的不同而形成的一种特殊的实践教学秩序。层次性与递进性是这一方法的显著特点，这也是其具有较强操作性的主要原因。四级递进的实践教学的具体安排如下：

第一级——职业兴趣培养考察一日，是指第一学期以班级为单位组织学生到乡村职业学校观摩学习一日，培养学生对教师的职业兴趣，形成对职业的感知。兴趣是最好的老师。一方面，能让学生了解自己未来职业的特点，便于学生日后加强对自己职业兴趣的培养，也能让学生做到有目的地学习，有利于提高学生的学习效率和教师的教学效果；另一方面，让学生了解从业环境，使学生及早发现自己所选的专业与自己的职业兴趣的偏差，以便及时调整专业，重新规划职业。通过组织学生走出校门感受从业环境，培养学生对职业的兴趣，使学生形成对职业的感知。

第二级——职业意识养成一周，即校内模拟职业实训一周，是指第二学期学校以班级为单位，在校园里模拟进行乡村教师技能实训一周。通过一周的校内模拟实训达到强化学生职业意识的目标，让学生亲身体会职业要求，初步养成职业意识，使学生形成对职业的悟知。

第三级——职业技能实训一月，即乡村教师岗位实习一月，是指第三或第四学期以班级为单位组织学生到教学基地进行一个月的专项技能实践，培养学生职业技能，形成对乡村教师职业的认知。按专业培养目标的要求，学生要完成相应的实习任务并撰写实习报告，并由企业、学校、学生共同评价实习考核结果。

第四级——职业能力综合提升实习一年，即综合职业能力顶岗实习一年，是指统筹安排学生到实习单位开展为期一年的毕业实习，培养学生综合职业能力。通过以合作学校为实习基地，以自然班为基础单位，把课堂延伸到校外，全面提升学生综合专业技能和职业素质，形成对职业的行知，培养学生综合职业能力。

此外，四级递进背后还隐含着学生发展的渐进性，即从生手到熟手，再到能手和高手的转变，这是一种职业能力的变化与提升。用另一组概念来表述就是，学生对职业的认识从职业感知到职业悟知，再到职业认知和职业行知的变化。在心理学意义上，又表现为从职业兴趣到职业意识，再到职业技艺和职业情怀的变化。四级递进正是这样系统地改变学生的。

三、“四级递进”式泛实践教学模式的推进策略

基于以上研究，在相关理论的指导下，这里尝试性地提出“四级递进”泛实践教学模式的推进策略。

1. 完善泛实践教学培养体系

“四级递进”式泛实践教学模式尽管考虑到了学校人才培养的诸多方面，但仍然只是一个针对实践教学的局部模式。实践教学是学校教学体系的一部分。除此之外，还有理论教学、普通文化课程教学等。鉴于实践教学是职业学校的教学特性，可以基于“四级递进”式泛实践教学建构一个融合理论教学、普通文化课程于一体的整体性人才培养模式。这一特色鲜明的整体人才培养模式有可能成为学校的办学特色。“四级递进”式泛实践教学模式是学校人才培养模式改革的一个现实的支点，任何教学改革都不能忽视它的存在和影响。改革是一项系统工程，“四级递进”式泛实践教学模式并不是一个孤立的存在，它不可避免地会受到其它许多因素的影响。因此需要把它放到一个更为宽广的视野中来审视，把它作为学校整体人才培养模式的有机组成部分来看待。

2. 强化泛实践教学保障体系

“四级递进”式泛实践教学模式的发展是有条件的，如果发展的条

件不具备或丧失，发展也将变得不可能。这其实是一个保障体系的建立和健全的问题。一个保障体系本身有着复杂的构成，理念的更新、制度的建设、资源的开发、经费的投入、师资水平的提升等都是推进实践教学发展的常见措施。要想促进“四级递进”式泛实践教学模式的发展，需要坚守素质教育的理念和主体性教育理念，并在实践中结合自身的实际情况对理念进行创造性的转换或发挥，同时关注时代精神的变奏，从时代精神和主流文化中获取理念变革的启示和线索。在制度建设上，要重新审视现有制度的合理性，整合和规范现有制度，并进行必要的制度创新。例如学分制改革就是近年来学校一项重要的制度创新，创造了学分互通、学分保留、奖励学分，学程学分等新制度，并对实践教学进行学分制管理。在资源的开发利用上，校企合作仍然是一条颇具潜力且现实可行的途径，但是要重点加大优质实践教学资源的扩充和校内实习、实训基地的建设力度。教师问卷调查显示，这一点也是被教师们普遍认同的。由于教师是影响实践教学质量的一个关键因素，因此在推进实践教学过程中，加强教师事务的管理，满足教师的利益诉求也是不能忽视的。在资源开发利用的问题上，校企合作仍然是一条颇具潜力，且现实可行的途径，但是要重点关注优质实践教学资源的扩充。与此同时，加大校内实习实训基地的建设力度，教师问卷调查显示，这一点也是被教师普遍认同的。

3. 健全泛实践教学行动体系行动研究

其本质是针对问题的应用研究，其研究的对象是各种具体、微观和偶然的问题。行动研究本质是属于针对问题的应用研究，但是其研究的对象是更加具体，更加微观，更加偶然的各种基层日常问题。行动研究可以理解为行动者在研究，或者说对行动的研究，在行动中研究。在教育活动中，教师就是典型的行动者。行动研究的成果并不追求发表与共享，而是将其直接运用于行动者自己的工作实践。行动研究的意义在于，通过行动研究可以极大地唤醒行动者本身，使他们觉得更有力量，进而提高行动者行动能力。有学者指出：“与学术研究探究事物的‘真’不同，行动研究追求的是事物的‘善’，目的是通过研究者在行动中研究、在研究中行动，不断进改自己的思想观念、行为方式和生存环境。然而，在对现状采取干预措施之前、期间和之后，行动研究者都需要了解事物的‘真’，即目前存在的‘问题’是什么。”行动研究是一种十分重要，也是十分常见的教育类型，并且特别适合教学第一线的教师和管理第一线的管理者。相对理论教学来说，实践教学更加复杂，泛实践教学更是如此。在实践教学过程中有许多问题需要解决，而最了解也最有资格来研究这些问题的人无疑就是承担实践教学任务的教师。行动研究不仅可以帮助教师解决行动中的问题，同时也是促进教师成长的有效途径。

4. 丰富泛实践教学课程体系

课程问题总是教育的核心问题，任何教育改革都会不同程度的涉及课程问题。另外课程与教学又是一种整合关系。事实上，在人才培养实践中很难把课程与教学分开，“四级递进”式泛实践教学模式的推进不可能回避课程问题。在职业教育领域，目前是多种课程模式并存的局面，如学科课程、能力本位课程、模块课程、行动导向课程、项目课程、工学结合一体化课程等，这些课程模式有各自的性质和功能，在操作方式和应用条件上也各不相同。以目前较为流行的工学结合一体课程模式为例，它的核心特征是：“理论学习与实践学习相结合；促进学生认识能力的发展与建立职业认同感相结合；科学性与实用性相结合；符合职业能力发展规律和遵循技术、社会规范相结合；学校教育与企业实践相结合。学生通过对技术（或服务）工作的任务、过程和环境所进行的整体化感悟和反思，实现知识与技能、过程与方法、情感态度与价值观学习的统一”。因此在课程模式问题上是一个如何选择的问题。

第三节　施行“三力”训练，培育学术素质

提升学术素质是提高教学质量和教师学术水平的需要，是由经验型向学者型教师转化的必由之路，它能够使教师逐渐进入一种新角色，同时也能提高教师的业务能力。卓越乡村工匠之师培育中的“三力”是指

文献综述能力、研究方法能力和学术规整能力。通过“三力”的训练能够培育工匠之师的学术素质，有助于促进卓越乡村工匠之师的成长。

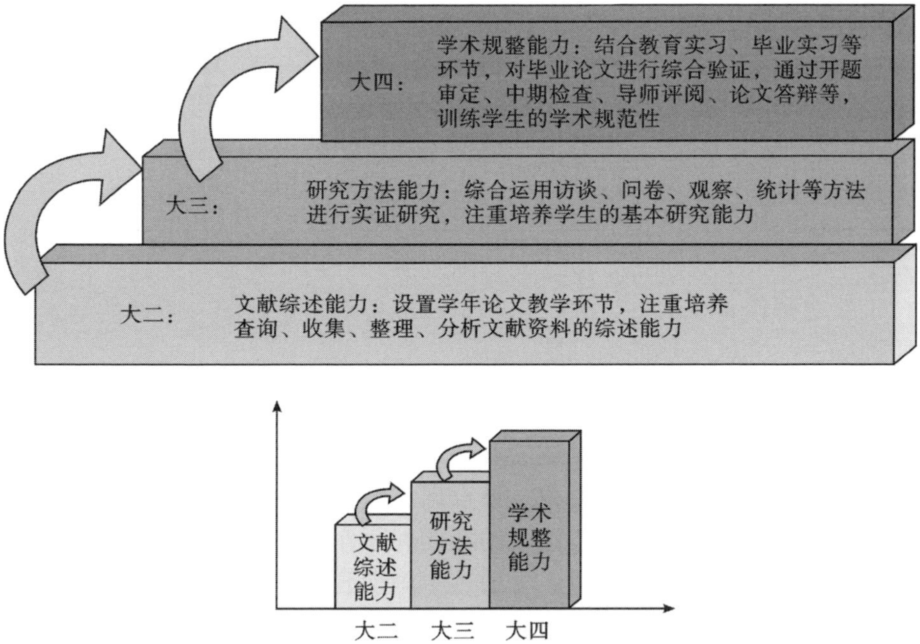

图 4-1　乡村卓越工匠之师学术素质“三力”训练示意图

一、文献综述能力

文献综述是学生在自己学科领域内研究的基础上，对所收集的学术信息、研究方法等的综合整理、参照选择、介绍评述的具体过程，用以展示作者的研究视域，以及在把握国内外研究的最新进展和发展趋势的同时，表明自己的特殊研究视角和理论创新。文献综述是一种书面论证，它建立在前人研究的基础上。研究者从前人的研究中寻找到可信的证据，建立自己的论据，从而将一个论题推向前进。它为人们了解有关某一研究课题的现有知识服务，提供环境和背景性的信息，并列出逻辑论据来证明有关某一论题的观点。卓越乡村工匠之师培育在大一、大二阶段是接受基础教育和专业教育的阶段。这个阶段包括基础教育学习和专业学习，是打好基础的重要时期，也是培养其他能力的准备时期。准备时期的主要特点是：第一，以学习书本知识为主。所学的是书本知识、间接经验，由于他们知识的主要来源是书本，因而缺乏实际经验。第二，他们的知识和经验具有一般化和表面化的特点。因为书本知识是抽象的理论知识，是普遍的原理，所以他们还缺乏对各种各样的具体情况和特殊事件的了解。此外，他们在学校要学习很多的书本知识，加上缺乏直接经验，以致他们对书本知识的理解还是比较肤浅的。第三，需要基本的研究能力训练，以达到解除疑惑并开启研究思考之路。卓越乡村工匠之师培育在大一、大二这一学习准备期，进行第一阶梯的学术素质训练——文献综述能力训练。

1. 文献资料搜集

文献资料是撰写文献综述的基本依据，文献资料的搜集能力也是最基础和重要的学术素质和能力。可根据学习过程中的热点问题、重要问题等设置题目，或设置学年论文的选题和写作，要求学生广泛搜集和阅读国内外大量有关文献资料，可通过中国期刊网、维普等网站或各级图书馆进行查阅。就学校图书馆而言，每位学生都应该完全熟悉它的结构和藏书，因为你将在这里做大部分的工作。在许多学院中，跑图书馆是每一位新生的必修课，要靠自己熟悉图书馆和资料。

首先，熟悉图书馆中的各种参考材料的位置。其次，熟悉图书馆的各种规章制度。第三，粗略地了解图书馆的大小、所提供的期刊、特殊收藏等。这些都会让你了解到设施是否完善等。目前使用的图书分类方法主要有两种：杜威十进分类法和国会图书馆分类法。大多数的普通图书馆使用杜威十进分类法；较大的图书馆使用国会图书馆分类法。一旦图书馆的藏书被分类，书的卡片就会被编辑到索书卡分类文件中。普通索引查找，目录卡只收录图书馆藏书的书名，根据不同的出处来索排书中的文章、散文和短篇小说及期刊上的文章等。在使用索引前，明智的方法就是先花几分钟阅读索引简介，这样你可通过索引看到书的详细说明。最新一期的杂志通常放在开放书架上，一般情况下，杂志和报纸不外借，只能在图书馆阅读。大部分的图书馆都可以通过电脑进入不同的数据库，利用电脑进行搜索，可使文献搜索变得更加容易、快捷。

学会查询和搜集资料只是最初步的工作，进一步是要提高搜集的质量和有效性。首先，根据自己关注的主题来选择文献，避免发生罗列过多文献却不能解决问题的现象。其次，尽量搜集选取最新的相关研究成果。文献综述要介绍有价值的、最新的学术文献，这样才能体现学科的前沿研究，把握最新的观点、方法及其存在问题或研究缺失，明确自己研究的价值和创新之处。由近及远地筛选研究精品，对于那些具有权威性、代表性的文献，要反复研读。再者，选择权威期刊文献。文献选读应针对该领域的核心期刊、经典著作、专职部门的研究报告等主流文献进行，尽量查阅具有权威性、代表性的文献，如国内外名人大家的相关论述。第四，尽量追溯到原始文献。在搜集资料时，如果发现有意义的引证，一定要找到原始文献，不能为了图方便而使用间接文献。因为间接文献有可能在转引过程中发生差错，以致以讹传讹。最后，学会正确评估资料。印刷出来的资料并非都是可靠的，图书馆收藏的资料也并非都是可靠的。在查阅任何资料前，你有必要去评估信息的可靠性。作者的名誉是判断资料是否可靠的最好的标准。出版社越有名、越能站住脚，它出版不可信作品的可能性就越小。杂志的类型以及它面对的读者群是评估的一个重要标准。一般情况下，杂志的技术性或学术性越强，文章的可信度也就越强。粗略地翻阅某本书，可以了解一些有关本书是否有值得阅读的信息。

2. 文献资料整理

一般来说，搜集到大量的相关文献后，就需要对所有资料进行整理。

首先，要对文献资料进行初步的加工和整理。做文献资料的目录整理，要完整准确，便于保存、分类、归纳查找和使用。根据与专题的相关程度确定取舍和分类形式。多次出现在不同目录书中或多次被其他文献引用的新观点、新资料要重点查阅。对孤证资料尤其要慎重，不可轻易舍弃，否则，有些文献在阅读时似乎觉得不一定有用，但事后突然感到那里有独到见解，想用却又难以查找。

其次，阅读文献进一步整理加工。阅读文献应随时整理，对于公开发表的论文，要进行全文下载（到中国期刊网或维普等网站）或进行全文复印（图书馆）；对于公开出版的图书则要记录作者、出版社和出版时间以及在图书馆中的图书分类号、藏书地点，必要时也可对相关内容进行复印。

最后，细心研读，做好记录。读原始资料和记笔记是最耗时的，需要极大的耐心。对查到的文献资料应细心研读，尤其是对于权威性的、代表性的文献要反复研读，领会其精髓；对于文献资料中的重要观点和论述要进行摘录，并进行分析和综合，按照内容列出提纲，按研究或讨论的问题分别归类。对选择的文献写评语做标记，写上自己的看法、解释或质疑，对重点、难点或精彩之处画上标记，并及时做好记录。不改动原文也不断章取义，还要注明参考文献，以备后用。编写摘要，把原文的基本内容、主题思想、观点、独到之处或相关数据，用自己的话或者原文的话进行简明扼要的总结。

3. 撰写文献综述

在大量阅读文献、提炼和丰富自己的观点之后，就可进行文献综述的撰写。根据写作提纲展开论述，在写作过程中可以根据需要调整文章结构、完善观点、补充内容。初稿完成后要进行反复审查、修改和补充，注意观点与论题内容是否一致、结构是否统一、数据和文字是否有误。力求做到主题明确、概念清晰，逻辑严谨，层次分明、文字精练、表达准确。

文献综述分为基本文献综述和高级文献综述。如果你的研究目的是要展现有关某个研究课题的现有知识，那么你要做的是一个基本文献综述。如果你的目的是揭示一个研究问题，从而进行深入研究，那么你要做的是一个高级文献综述。基本文献综述是对有关研究课题的现有知识进行总结和评价。它的目的是陈述现有知识的状况，这可以作为一个研究论题。基本文献综述从选择和确立研究兴趣或研究话题开始，随着写作的不断进行，研究问题将不断缩小和澄清，成为一个研究主题。研究主题为文献综述提供了具体指向和框架。文献综述必须包括：一个研究论题的发现、论者的观点，以及对研究问题的回答。一般来说，不管是一份课程作业还是一篇硕士论文，都会要求有一个基本文献综述。高级文献综述比基本文献综述更进一步。它也要选择研究兴趣和主题；之后再对相关文献进行回顾，确立研究论题。这时，它要提出进一步的研究，从而建立一个研究项目，这个研究将提出新的发现和结论。高级文献综述是确立原创性研究问题的基础，也是对一个研究问题进行探索的基础。

文献综述要表述自己的观点。不论何种形式的文献综述都要能反映最新的学术信息、研究成果和研究方法，并提出自己的观点和思路。不要将文献综述写成背景描述，或者是文献罗列。文献综述不能将别人的研究成果或现成结论简单照搬，要展示作者本人对文献资料的归纳评述和扬弃取舍，要对其进行分析审视，并表明自己的观点。标注文献的出处是撰写文献综述非常重要的、不可或缺的部分，在这里你可以记录文献来源，使论据更加可信。

二、研究方法能力

研究方法是一个哲学术语，是指在研究中发现新现象、新事物，或提出新理论、新观点，揭示事物内在规律的工具和手段。从某种意义上说，有什么样的研究方法，就有什么样的科学研究。研究方法对于社会进步、学科建设和学术规范均有重要的作用。一般来说，自然科学的研究方法主要有三种，即科学实验、系统科学、数学方法。社会科学研究方法分为定量分析和定性分析两大类。由于人们认识问题的角度不同、研究对象的复杂性等因素，研究方法本身处于一个在不断地相互影响、相互结合、相互转化的动态发展过程中，所以对于研究方法的分类目前很难有一个完全统一的认识。卓越乡村工匠之师培育在大三阶段是接受专业知识学习和教育教学能力训练的适应期和发展期，也是研究方法能力的培养和训练的适时和关键时期。

1. 正确认识研究方法

通过开设课程、阅读研究方法书籍等学习、了解多种研究方法。重视在研究和学习中合理使用研究方法，加强个人能力和学术素质养成。下面是几种常用的研究方法。

（1）定性分析法。

定性和定量研究方法是在大方向上的方法分类。定性分析法就是对研究对象进行“质”的方面的分析。具体地说是运用归纳和演绎、分析与综合以及抽象与概括等方法，对获得的各种材料进行思维加工，从而能去粗取精、去伪存真、由此及彼、由表及里，达到认识事物本质、揭示内在规律的目的。其实质就是理论思辨的过程，研究者须具有丰富的实践经验和理论知识，掌握大量的文献资料，具有较强的逻辑分析能力，能够把抽象命题还原到现实生活情景中去。

（2）定量研究法。

定量分析法就是在科学研究中，通过定量使人们对研究对象的认识进一步精确化，以便更加科学地揭示规律，把握本质，理清关系，预测事物的发展趋势。这种研究方法需要准确的数据，可通过数学分析、调查、文献分析等方法获取研究数据，并对数据进行理性分析，得出研究和预测结论。

（3）质的研究方法。

质的研究又称质性研究，它是在自然环境下，研究者使用实地体验开放型访谈、参与型和非参与型观察、文本分析、个案研究等方法对社会现象进行深入细致和长期研究的一种方法①。民族志研究、叙事研究、行动研究以及个案研究均属于质的研究范畴。虽然，质的研究也属于定性研究，但它与其他定性研究方法有不同之处。质性研究在研究命题上一般倾向于个别的命题或微观的命题；在研究方式上，质的研究注重细节和情境，注重描述和过程，重视第一手资料的收集；在对事实资料的重视程度上，它类似于定量研究，不过它的事实材料里面有很大的

① 陈向明. 在行动中学做质的研究［M］. 北京：教育科学出版社，2012：172.

主观性成分，而不是定量研究所主张的纯粹的客观描述[①]。

（4）调查研究法

调查研究是指研究者从研究目的出发，深入实际收集相关研究对象现实状况或历史状况的材料并对调查搜集到的大量资料进行分析和研究，从而了解研究对象的现状和发展趋势，对研究问题形成科学的认识，为人们提供规律性的知识。调查方法是科学研究中常用的基本研究方法，它综合运用历史法、观察法等方法以及访谈、问卷、个案研究、测验等科学方式，对研究对象进行有计划的、周密的和系统的了解。比较常用易操作的具体手段是问卷调查和访谈。问卷调查是研究者通过事先设计好的问题来获取有关信息和资料的一种方法，而访谈调查亦称为访谈法、谈话法或访问法，是研究者通过与研究对象交谈收集所需资料的研究性交谈方法。总的来说，一个完整的调查研究应包括三个阶段：调查前的准备阶段；调查阶段；调查后的分析总结阶段。

（5）几种教育研究方法。

研究方法在不断地发展，方法之间也多有互相涵盖，下面是一些其他比较常用的教育研究方法。实验研究法亦称实验法，是根据一定的理论和假设，通过人为地控制教育现象中某些因素，从而探索变量之间某种因果关系的研究方法[②]。历史研究法也称为“历史法”，是研究者通过搜集某种教育现象发生、发展和演变的历史事实，加以系统客观地分析研究，从而揭示其发展规律的一种研究方法[③]。比较研究方法是通过对不同国家和地区之间的教育在发展过程中的共同点和差异进行比较以总结教育发展规律的研究方法，它是教育研究经常使用的方法之一[④]。

2. *练习运用研究方法*

学习和了解研究方法只是一个初步的基础，要真正地掌握这些方法

① 潘懋元. 高等教育研究方法［M］. 北京：高等教育出版社，2008：240-242.

② 金哲华，俞爱宗. 教育科学研究方法［M］. 北京：科学出版社，2011：219.

③ 金哲华，俞爱宗. 教育科学研究方法［M］. 北京：科学出版社，2011：219.

④ 潘懋元. 比较高等教育的产生、发展与问题［J］. 上海高教研究，1991（3）：29.

需要设计研究题目，练习运用各种研究方法。为了增强学生的积极性，做到学以致用，应该结合学生的发展实际，引导他们学会各种研究方法。卓越工匠之师培养在大三阶段，学生的素质特征主要有：在知识上，开始形成实际的、具体的、直接的知识和经验。原来只有一般的、普遍的知识，现在要接触的是具体的、个别的知识。要逐渐形成关于教育教学等方面的大量感性认识和具体的知识，这是学生在素质上一个明显的变化。在能力上，具备从事教育教学的潜质，通过实践而锻炼教育教学能力，教育教学的实践能力开始初步形成，也是这一阶段素质上的一个明显变化。

结合学生在成长中遇到的问题，引导他们自拟研究题目，通过问卷调查、访谈、观察、实验等方法进行实证研究。这些看似一目了然的研究方法，学生刚开始会觉得很简单，比如问卷调查，只有等到自己做了问卷，才知道问卷难做，才知道制作高质量的问卷是一项技能。调查问卷的结构一般包括三个部分：前言、正文和结束语。前言（说明语）：首先是问候语，并向被调查对象简要说明调查的宗旨、目的和对问题回答的要求等内容，引起被调查者的兴趣，同时解除他们回答问题的顾虑，并请求当事人予以协助。正文：该部分是问卷的主体部分，主要包括：被调查者信息、调查项目、调查者信息三个部分。调查项目，是调查问卷的核心内容，是组织单位将所要调查了解的内容，具体化为一些问题和备选答案。结束语：在调查问卷最后，简短地向被调查者强调本次调查活动的重要性以及再次表达谢意。这些还只是问卷的一个大致结构，此外还有问卷设计要遵循必要性、准确性、客观性和可行性原则，问题与问题之间要有逻辑性和连贯性，必要时需要在小范围试测。总之，完成一个完整的调查需要经历调查前的准备阶段、调查阶段、调查后的分析总结阶段。之后可利用学年论文等方式锻炼学生使用多种方法开展研究，进一步锻炼学生选择和使用研究方法，以达到研究目的的能力。用学生在学习生活中遇到的问题作为研究项目激发学生研究兴趣，把书本上几句话就能描述的研究方法让学生实际运用，让学生切实体会研究的艰难、成就与乐趣，能够真正地锻炼学生掌握研究方法的能力。

三、学术规整能力

文献综述能力和研究方法能力的培养和训练是基本的学术能力训练，在此基础上还要进一步锻炼卓越乡村工匠之师的学术规整能力。所谓学术规整能力，是指进行学术活动的基本规范。例如学位论文、研究课题需要的活动规则，需要通过开题审定、中期检查、导师评阅、论文答辩等；还有学术研究中的具体规则，文献的合理使用规则，引证标注规则，立论阐述的逻辑规则等。卓越乡村工匠之师通过几年的培育在素质水平上，向着熟练化、深广化发展，专业化水平提高。他们在锻炼自己的素质、提高自己的专业化水平和能力时，注意向更深更广的方向发展，是形成自己的独到见解和教学风格的时期。教育工作本身是一项极具创造性的工作，同时，教育工作中存在的大量问题与矛盾也需要我们去解决，因此需要具备教育科研的学术能力。结合学生教育实习与毕业实习环节，通过完成学位论文和教研课题报告锻炼学术规整能力，这对个人的专业发展和综合素质都将奠定坚实的基础。

1. 学位论文锻炼学术规整能力

学位论文是学生科学研究工作的全面总结，是描述其研究成果、代表其研究水平的重要学术文献资料，是申请和授予相应学位的基本依据。学位论文规范性标准指在本门学科已掌握了坚实的基础理论和系统的专门知识，具有从事科学研究和承担专门技术工作的能力，论文写作有一定的创新。学位论文写作要保证足够的时间；要充分占有材料，忌讳不读书，不以理论为引导；掌握科学的研究与写作方法；充分利用自己的特长，密切联系研究方向；必须注意不要将论文写成读书笔记、项目规划书、项目结题报告，不能只有宏观思路和设想。

（1）学位论文的基本要求。

通过学位论文可以评估学习者学术水平，研究水平和实践水平，科学精神和科学道德。学位论文要求首先具有科学性，即实事求是、客观、准确、系统。其次有目的性即背景明确，理论和实践意义。再者有学术性，不是概况介绍、调查报告或总结一类的文章，侧重于对事物进行抽象概括的叙述或论证，形成自己的学术观点。第四有规范性，学位论文的目的是供审查答辩之用，经历开题、中期、答辩的过程，在版式上有严格的要求，如必须严格按照学位论文的格式进行论文的写作、参考文献的引用和论文的装订要合乎规范等。第五有创新性，在导师指导下由本人独立完成，比前人的研究要有所进步，不宜重复照搬。

(2) 各部分写作要求。

论文题目要简短精练，建议不要超过 15 个字，根据人的记忆特点最好不要超过 12 个字，否则不容易记忆，必要时可加副标题。题目还要准确得体，外延和内涵恰如其分，能体现研究对象、研究方法等，突出学术性。

摘要既要高度概括又要具有完整性，同时要有自明性，即只看摘要就能了解论文的主要内容。用第三人称陈述，如“对……进行了研究”，不用本文、本人、我们等第一人称。非通用缩写必须说明。摘要不等同于前言也不能照抄结论。摘要应包含以下内容：从事这一研究的目的和重要性；研究的主要内容，指明完成了哪些工作；获得的基本结论和研究成果，突出论文的新见解；结论或结果的意义。

关键词主要用于计算机检索，一般选 3—8 个词，尽可能从汉语主题词表、专业公认的词表中选用，可从研究对象、方法、性质等方面选关键词。关键词选择可按比题目稍大（最多 1—2 个）、适中两方面因素适量选取，不宜过细，或出现个人定义的简写（也是便于他人检索，用别人可能会用到的词）。除了公认的缩写词外（如 TCP、XML、IP 等）一般不用缩写。不用“×××和×××”“×××的×××”之类短语。不用空洞、缺乏特指性的词从而导致无法检索，如“优势”“特色”等词。

正文部分按论文题目自拟、自设。章节数量不限，建议 4—8 章不等。好的论文架构是写好论文的重要前提，写作正文前应和导师讨论目录。注意正文内容的完整性、系统性、逻辑性（提出问题—分析问题—解决问题）。结论部分概述基本结论（说明解决了什么问题，发现了什么规律，得到了哪些创新结果，建立了什么新方法），指出自身研究的不足之处和未来研究的设想。结果、讨论、结论的关系——前者是后者的基础。

在学术论文后列出参考文献的目的，一是尊重别人的学术成果；二是反映真实的科学依据，文责自负；三是指明引用资料的出处，便于检索利用。国家标准 GB/T7714—2015《文后参考文献著录规则》对参考文献的标注方法和参考文献的著录项目与著录格式作出了详细的规定。

致谢的内容是感谢指导者、合作者等作出了重要贡献者，对导师、合作者的劳动表示尊敬，对读者给以合作者、课题资助等信息源。注意用语要恰如其分，不用吹捧含混之词，实事求是，不弄虚作假。致谢要是原创，不要抄袭他人模板。留下签名和日期。

附录给出正文中无法包含的论文工作内容。比如，原始数据量很大，但又是结果及讨论的依据，可在附录中列出。

（3）学位论文的创新性。

论文缺乏创新性的原因主要有：选题不是研究学科前沿或制高点，探讨的不是原创性的重大问题，而是人云亦云的老课题。论证的创新性不够，结论和科研成果不能突破前人的研究。研究方法与手段不够新颖，视野不够开阔，未能独辟蹊径。论文要创新，首先选题应具有创新性、前瞻性。应瞄准本学科的前沿，或选择学科交叉，以便在某一学术领域寻求突破。其次，研究方法应具有创新性。对前人的方法加以改进，使之更趋完善；在前人方法的启迪下进行大胆探索；借用其它学科的方法和理论，进行跨学科的综合研究；采用逆向思维的方法，有新的分析视角；结论应具有创新性，利用已有的理论和方法，解决有意义的问题，或没有被人解决的问题。

2. 教研课题报告锻炼学术规整能力

一项教育科研课题研究的最后阶段，要撰写《××课题的结题报告》（也可称研究报告）。它是课题研究的成果报告，是该课题研究成果的最高表现形式。结题报告的主要特点：一是学术性。专业性很强的报告，要紧紧围绕研究的课题来写。它不是一般的工作报告，那些与课题研究虽然有关的工作，如领导重视、组织严密、制度健全、物质保证等内容，因为没有学术性，不必写进结题报告中来。二是概括性。对研究过程和研究成果高度概括后的产物，不能写成流水账，不必要也不可能把所有的研究活动都写进来。一篇规范、合格的结题报告，需要回答好三个问题：一是“为什么要选择这项课题进行研究”，即这项课题是在怎样的背景下提出来的，研究这项课题有什么理论意义和现实意义。二是“是怎样进行课题研究的”，要着重讲清研究的理论依据、目标、内容、方法、步骤，讲清研究的主要过程。三是“课题研究取得哪些研究成果”。

（1）教研课题的主要过程。

开题阶段：课题开题报告、研究方案。研究阶段：课题阶段性研究成果是课题结题报告内容的重要支撑材料，所以在研究过程中，要依据研究方案，组织研究人员进行调查研究，撰写调查报告和学术论文。报告撰写阶段：一是成立一个 3～5 人的写作小组，由课题负责人和骨干成员组成，承担撰写结题报告的任务；二是查阅课题研究以来积累的重要资料（如论证报告、研究方案、阶段性成果等），熟悉和反思研究的全过程；三是召开几次研究人员的小型座谈会，对研究中获得的经验和发现的规律进行深入的研讨，明确需要进一步解决的问题；四经过反复研究和修改，拟定详细的结题报告写作提纲，由写作小组按提纲写出初稿。

（2）撰写课题结题报告的要求。

首先，要扣紧题目中的关键词语。围绕科研课题题目，尤其是扣紧题目中的关键词语，是写好一篇结题报告的基本要求，也是填写好立项课题申报表，制定好课题研究方案，撰写好开题报告，组织好课题研究的基本要求。如果能切实做到紧扣题目，紧扣关键词语，在撰写时就不会出现大的偏差。

其次，结题报告的结构要完整。一份规范的应用性研究课题结题报告，其基本结构大致包括以下 10 个部分：①课题提出的背景；②课题研究的意义（包括理论意义和现实意义，这个部分也可以合并归入“课题提出的背景”部分，这两个部分着重回答上面提出的第一个问题“为什么要选择这项课题进行研究”；③课题研究的理论依据；④课题研究的目标；⑤课题研究的主要内容；⑥课题研究的方法；⑦课题研究的步骤；⑧课题研究的主要过程，从第 3 部分到第 8 部分，回答的是上面提出的第二个问题“课题是怎样进行研究的”；⑨课题研究成果，这个部分是回答上面提出的第三个问题“课题研究取得哪些研究成果”；⑩课题研究存在的主要问题及今后的设想。要按照上述拟定的基本结构要求来撰写课题结题报告，做到结构完整。有些结题报告存在结构性缺失，有的缺失一、二项，有的缺失多项，有的自定结构，这些都是不符合规范要求的。结题报告的撰写格式不同于论文的撰写格式，要注意不要仿照论文格式来写，不要在结题报告的前头增设“内容提要”“关键词”“引文”等。结题报告也不同于经验总结，不要以经验总结的格式要求来撰写结题报告。

最后，语言文字表达要规范。结题报告运用的语言应是陈述性的报告性的，文字应当简洁流畅。一要注意不要使用经验总结式的语言，如：经验表明、众所周知等；二要准确表达，切忌答非所问；三要简练，文字切忌累赘、重复。

（3）研究的主要结论与观点。

“课题研究的主要结论与观点”（成果）这个部分是整篇结题报告中最为重要的部分。一个结题报告写得好不好，是否能全面、准确地反映课题研究的基本情况，使课题研究成果具有推广价值和借鉴价值，就看这部分的具体内容写得如何。一般说来，这部分的文字内容所占的篇幅，要达到整篇结题报告的一半左右。

课题研究结论这个部分内容的表述要注意三个问题：第一，这一部分主要讲理论成果。一个结题报告的研究成果，应当包括理论成果和实践成果两个部分。不少的结题报告，是这样陈述研究成果的：我们通过研究，发表了多少篇论文，获得那一级奖，有多少学生参加什么活动获得了哪些奖项。或者是陈述研究学生的学习成绩和学习能力获得了哪些提高，教师的科研水平得到提高。这些都只是实践成果。第二，研究结论与观点的陈述不能过于简略。有些课题在研究过程中，撰写出多篇学术论文。这些学术论文，就是课题研究的部分主要成果。在结题报告研究结论部分，要将这些论文的主要观点提炼、归纳进去。第三，有关课题的研究经验或研究体会不要在研究结论这个部分来陈述。

研究结论一般可以围绕以下几方面来写：研究结论要对照研究方案中的科研目标来写，回答在研究中总结了哪些解决问题的主要经验，发现了什么带规律性的问题。围绕课题研究的假说来写，如假说是否得到了验证，假说为什么是科学的，假说怎样表述才更完善而成为“真说”；围绕课题研究中的教育行动来写，如在教育行动中哪些最有效哪些无效，从中可以提炼出哪些经验观点，其观点内涵和操作要领是什么，是否发现了带规律性的问题。研究结论的基本写法是理论阐述，有论点有论据有论证；具体事例只能当论据使用，只能概括而简要地写，不宜展开描述。

第四节　配备“三全”导师，引导职业向往

一、乡村卓越工匠之师职业向往的意蕴

职业向往即职业理想，是个人对未来职业的目标和追求，既包括对将来所从事的职业种类和职业方向的追求，也包括对事业成就目的的追求。这一定义包含三个方面的内涵：第一，职业理想是职业实践的产物，与个人所生活的社会历史环境和个人成长的经历有关。第二，职业理想具有主观性，是在一定世界观、人生观和价值观的指导下形成的。第三，职业理想具有超越性，是对未来从事职业及职业成就的设想和追求。个体随着年龄的增长、社会阅历的丰富、知识水平的提高，职业理想也会逐渐变得清晰、理智和稳定，会超越之前阶段所设定的职业目标。

在理解职业理想的基础上，我们有必要探讨大学生职业理想的特殊性，有助于我们进一步了解职业理想的本质。大学生是青年中的特殊群体，是人才的后备军，是国家的栋梁之材，是具有专业知识和技能的未来劳动者，他们的职业理想必然反映出这个群体的世界观、人生观和价

值观发展趋势，在特定历史条件下具有该群体的一些共性。第一，职业选择自主性。职业选择是指个人对于自己就业的种类、方向的挑选和确定，是人们真正进入社会生活领域的重要行为，是人生的关键环节。当今社会，市场日益开放，政治更加民主，给予了大学生更多的自由度和更大的自主性。他们在进行职业选择时，往往奉行“个人自由主义”的思想，根据自己的特长、兴趣、爱好来自主选择，以期把工作与爱好相融合，更好地发挥自己的才智。第二，职业地域多样性。所谓职业地域，是指个体在设定职业理想、选择职业所考虑的工作地区、工作范围。众所周知，职业本身种类繁多，分布范围广泛，可谓遍布全球。在以市场为导向的背景下，拥有极大自主性和自由度的大学生在选择工作地区、工作范围时，完全可以根据自己的实际需要来挑选，既可以选择离家近的地方，也可以选择一线、二线城市，甚至还可以选择去国外。第三，职业追求功利性。随着市场经济的发展，人的价值观发生了变化，社会职业的经济结构也发生了变化，工资收入在不同职业、单位之间的差距越拉越大，这促使大学生在选择职业时，倾向于沿海地区和大中城市，偏爱大公司、大企业、三资企业，把对待遇、福利等的追求放在首位，而较少考虑社会价值的实现、社会责任的承担等方面。第四，职业目标波动性。一个人职业理想的形成要经历由感性到理性、由模糊到清晰、由幻想到理智、由抽象到具体、由波动到稳定的过程。由于社会日益发展，职业不断细化、分化，职业发展呈现出复杂多变的情况；再加上，大学生心理尚未完全成熟，社会实践经验缺乏，自制力较差，价值判断标准未完全形成，做事盲目冲动，在自主选择职业过程中往往变动不居、随波逐流、频繁跳槽，职业发展目标也经常变换。

基于职业理想的内涵及特征，乡村卓越工匠之师的职业向往界定为：乡村卓越工匠之师的职业理想是指职业技术师范教育下的师范生在一定世界观、人生观、价值观的指导下，对自己未来所从事的乡村教师职业或教育事业所做出的想象和设计，以及对自己长期从教、终身从教而成为乡村卓越职业教育教师的向往和追求。包括以下几个方面：一是职业认知，即对教师这一职业相关内容的理解和掌握，包括对乡村职教的认知、教师职业规范的认知、教师职业道德的认知、教师职业素质的认知等方面；二是职业情感，即内心深处对工匠之师这一职业的钟爱，真正乐于从教，对从教有一种幸福感、荣誉感、自豪感；三是职业意志，即在确定选择从教后能自觉克服一切困难和障碍，扎根基层，服务农村基础教育，始终如一地忠于三尺讲台；四是职业信念，即对乡村职教教师这一职业拥有一种坚定不移的信念和强烈的责任感，敬畏这一职业，视教师工作为天职，相信可以通过这一职业实现自己的社会价值和人生理想；五是职业发展规划，即对未来发展目标、成就大小的设计和追求。如果师范生的职业理想在近期已经被明确确定了，他们就可以对十年的从教期做一个中期规划，有终身执教意向的学生甚至可以做一个远期规划。如：怎样积累教学经验，改善教学方式，形成自己独特的教学风格；怎样成长为一名卓越的乡村职业教师；怎样才能达到优秀教育家的标准等等。

在弄清乡村卓越工匠之师职业理想内涵基础上，我们不得不去思考作为未来乡村卓越工匠之师培养基地的职业技术师范教育如何在其教育教学中引导学生的职业理想，让更多的师范生愿意投身于到乡村职业教育。这是目前乡村卓越师范培养急需要解决的问题。

二、“三全”导师制培养模式的内容

导师制（tutorial system）是高等教育发展史上一个有着悠久历史的教育制度。早在 14 世纪，英国教育学家就提出了“导师制”的概念。17 世纪，在英国的牛津大学、剑桥大学等高校的研究生教育中已经普遍采用了导师制，实质上也就是对研究生的个别辅导制。1869 年，校长艾略特（Eliot）在哈佛大学推行本科生选课制（elective system），1872 年开始实施学分制（credit system），并很快带动美国其他高校实行选课制和学分制。英国的牛津大学、剑桥大学等高校在 19 世纪末开始仿效美国高校实施学分制，并进一步将原来用于研究生培养的导师制推广到本科生的培养中。20 世纪上半叶，美国部分高校为改进选修制，也采用了导师制，并首先在普林斯顿大学、哈佛大学、瓦萨学院等校实行。1937 年，英国学者 Michael Linsday 受聘于我国的燕京大学并着手推行牛津大学式的导师制，当时国内其他高校相继效仿。1938 年竺可桢任浙江大学校长时，实行了一段时间的本科生导师制，效果显著。综合国内外研究和实践，本科生导师制是指高等学校在实行辅导员和班主任制度的同时，聘请有较高学术水平、丰富教学经验和师德修养的专业教师，在师生双向选择的前提下担任本科生指导教师，对学生的学习、品德和生活各个方面进行个别指导的学生指导制度。这种个别指导侧重于学生的学业计划、课程安排、学习方法、科研训练、大学生活乃至职业生涯规划等方面，可以是对学生提出要求，但更主要的是给学生提出建议，给予具体的指导和帮助，通常采取个别交流或小组活动的形式进行，旨在提高学生综合素质，促进学生知识、能力和素质的协调发展，培养具有创新能力和创新个性的新型人才。

基于本科生导师制的理论，结合乡村卓越工匠之师培养的现状，提出“三全三分式”本科生导师制。“三全三分式”本科生导师制培养模式的基本内容为：“三全”即“全员、全面、全程”，“三分”即“分段、分类、分流”。全员主要是从主体而言，重点强调导师制应该覆盖到所有学生，而不仅仅是部分特殊或优秀学生。全面主要从内容上而言，它强调导师制育人要包含师范生德、智、体、美、劳各个方面，导师必须把工作渗透到教学、管理和服务的各个方面，掌握每一位学生个人特点，将显性与隐性育人相结合，有针对性地把思想政治、行为规范、学业等方面教育渗入到他们学习、生活、社会实践等各个环节，促进师范生全面发展。全程主要从时间上而言，它强调育人要贯穿大学生从入学到就业每个阶段，要深入研究大学生每个阶段所面临的实际问题和身心发展规律，有针对性地规划不同阶段的工作重点和方法，促进大学生全面发展。“分段”就是将学生的学习年限进行分段，针对不同年级学生的特点对其进行分段指导。“分类”是指将全部导师根据一定标准划分成不同类型的导师，即根据导师个人专长分别被分为生活型导师、学术型导师、职业型导师等。“分流”指在大三下半学期，根据学生的个人未来发展意向不同（就业或考研）进行一次分流，再分别进行有针对性的指导。可见，“三全”的实施有利于人的全面发展，同时“三分”又强调了发展人的个性化，既满足了社会对高素质人才的需求，又体现出“术业有专攻”的特色。“三全三分式”本科生导师制，使所有本科生均有平等的机会接受针对个人的和全方位的指导，旨在提高全体学生的综合素质，有利于学生个性的发展和潜能的发挥。其基本内容如表 4-13：

表 4-13 “三三式”本科生导师制基本内容表

三全	全员	此模式面向对象为全体大学本科生
	全面	导师对学生的学习、生活、思想、职业生涯等进行全面指导
	全程	从大一到大四对本科生进行全程指导
三分	分段	针对不同年级学生的特点对其进行分段指导
	分类	导师根据个人专长分别被分为生活型导师、学术型导师、职业型导师，针对不同学生在不同时期需求的侧重点不同，进行分类指导
	分流	在大三下半学期，根据学生的个人发展意向不同（就业或考研）进行一次分流，再分别进行有针对性的指导

三、“三全”导师制培养模式的实施

1. 建设导师队伍

由于“三全三分式”本科生导师制面向的对象是全体本科生，因此其实施必将受到导师数量的限制，而导师又是实施本科生导师制的关键。为此，必须通过多途径、多层次充实本科生导师队伍以及明确导师职责来建设导师队伍。

首先，充实导师队伍。一是选拔学生导师，即选拔部分品学兼优的硕士研究生和高年级本科生充实导师队伍。由于这批导师和被导学生之间的心理接近，便于沟通，从而可以为学生提供更加贴切的学习和生活指导；反过来，对于担任导师的学生，他们在指导其他人的同时也是自身学习的过程，对其专业素质的提高和社会经验的积累大有裨益。此外，这也使现有人力资源的功能得到了扩大，充分体现了人尽其才的理念。二是把学术型、职业型、生活型等不同类型的导师有机结合，组成导师组，形成“多对多”的辅导关系，学生可同时接受不同类型导师的辅导，有利于他们的全面成长。

其次，明确导师职责。导师应该指导什么？如何指导？只有使每个导师都对这些问题有一个比较清晰的认识和共识，才能更好地发挥导师的主导作用，把握人才的培养方向。导师的职责应主要体现在四个方面：一是对学生学业的指导，包括专业介绍、学习方法指导、课程的指导、科研的指导；二是对学生思想的指导，帮助学生树立正确的世界观、人生观、价值观；三是对学生生活的指导，协助学生了解成长的过程，解决在成长过程中遇到的疑难，认识自我、建立自信；四是就业指导，结合学生自身兴趣爱好及特点帮助他们制订个人职业生涯规划，讲解求职技巧。

2. 完善管理制度

“三全”导师制发展的最大瓶颈是缺乏与之配套的规章制度进行规范和管理，应建立专门的管理制度对试行范围、导师资格、职责与待遇、导师档案、考核评价等进行规范。导师制工作不仅仅是导师和学生的活动，它同高校其他教学工作一样，必须依托有效的管理，必须由导师、学生、管理者三者构成导师制工作基本组成部分。导师制工作考核与评价，必须由相应管理系统组织开展。一般来说，可成立校、院（系）两级导师制管理机构。校级管理机构为校导师工作委员会，主要负责制定导师制实施办法，定期就导师的工作情况、考核、评优等进行研究；院（系）级管理机构为院（系）导师工作分委员会，主要负责导师的选聘、培训及监督工作，并定期召开导师会议，组织开展经验交流。校、院（系）两级管理机构应对导师工作情况进行必要的检查、考核与奖励，并将考核结果记入本人业务档案，综合评定考核导师们的工作业绩，评选优秀导师，以鼓励教师指导学生的积极性；导师工作的优劣应与职称晋升、岗位聘任、深造学习等有机结合起来，特别是要建立导师奖惩制度。准确评价导师工作绩效是激励教师的重要手段，只有将考核与奖惩紧密结合起来，才能充分发挥对教师的激励作用。为此，必须建立导师奖惩制度，并且严格执行，对考核优秀的导师予以表彰，在评优评先、晋升职称等方面，同等条件下优先考虑；对不称职导师予以通报，取消导师资格；对不服从安排、无故不接受导师工作任务的，取消评优评先、晋升职称的资格。导师奖励要及时进行，要注意不同类型、不同标准、不同奖励方式的运用，激励要准确、公正。对导师劳动价值的认可，最直接的体现就在于导师的津贴，为此，可实行“导师津贴制”，明确导师的劳动特点，制定出工作量的考核制度，合理、公正地评价导师的劳动价值。

由于导师制活动基本上在业余时间进行，所以一方面高校应根据导师指导学生数和学时数计算其工作量，纳入学校人事部门统一的工作量考核范畴，同教学工作量一样享受校内津贴等福利政策；另一方面，导师津贴应给予略高于标准工作量的奖金报酬。设立导师基金，学生在正式学术刊物上发表论文、课题获奖或参加大学生创业竞赛活动等获奖的，对导师予以奖励。当然，导师工作的考核与评价是一项系统的管理工作，不能“为考核而考核，为评价而评价”，应该同高校其它常规教学工作一样，有计划、有组织地开展。要定期考核导师工作，包括检查导师工作计划、工作记录、工作总结及学生活动记录等。要指导和督促导师各阶段培养计划的完成，比如通过组织导师工作例会，了解导师是否能够严格按照指导程序，制定符合个体特点的指导计划和指导方式；通过学生问卷调查反馈信息，了解导师制活动是否正常化，以及存在的主要问题；通过开展导师经验交流会，使好的经验和做法得以推广等。

3. 建立评价机制

“评价最主要的目的不是为了证明，而是为了改进。”建立本科生导师制评价机制，既有利于及时发现其中的不足之处，也有利于挖掘学生在专业方面的潜力。首先，对本科生导师实行工作量考核制度，把导师工作记入其教学业绩，并给予相应的报酬；其次，建立适当的激励机制，以达到互相促进的效果。对学生公开发表论文或参加竞赛获奖的都应予以表彰和奖励，对导师亦应给予奖励，以体现对其工作的认可。每年还可以评选优秀导师，对其予以经费资助及表彰，并且在职称、职务晋升等方面予以优先考虑。评价的方式可以多样，但要行之有效。除了上级部门要及时督查、及时表彰以外，学校要成立导师制工作评估小组，采用定性与定量相结合的方法，对每个导师工作进行客观、公正的评价。考核制度的科学性和公正性将直接关系到导师工作积极性和创造性的发挥。因此，学校在制定考核制度时要做到内容全面，权重合理，定量与定性相结合；考核要以激励性为主，充分考虑导师的自我评价，设立多元考评体系，主要包括以下内容：

（1）多元评价主体。

第一，学生评价。学生是导师服务的直接对象，因此，来自学生的评价是帮助导师改进工作的重要依据。学生对导师的测评应该包括两部分，一部分来源于受导学生，一部分来源于受导学生以外的其他同学。测评的内容要有所不同，对于受导学生，重点看导师是否能够与学生建立良好的师生关系，是否有足够的耐心，是否具备良好的职业道德和专业素养，指导的内容是否全面等等；对于其他同学，则重点看导师是否能够积极公正地对待全班同学，是否能够对教学工作保持良好的工作态度等。

第二，导师互评。导师互评有利于导师间的交流与合作，同一班级的导师经常在一起备课、一起研究学生，比较了解彼此的工作情况。因此，来自同事的评价能更好地促进导师的工作，促进导师之间的合作。评价的内容应注重导师工作的实效性、导师的合作意识以及敬业精神等。

第三，导师自评。导师自评是导师对工作的自我反思，它能促进导师不断总结工作中的经验和教训，并对下一步的工作进行适当的调整。学校要重视导师自评的结果，这是充分考虑导师工作过程的需要，是考虑导师隐性工作的需要，也是尊重人的主体性的需要。需要指出的是，导师制作为塑造心灵的工程，能够满足学生个性化发展的需求，但作为学校管理者，应当关心导师的工作与生活，帮助他们化解压力，形成和谐共进的良好氛围。

（2）多元的评价内容。

本科生导师制导学内容的丰富性，决定了导师工作考核与评价内容也必须全面、具体。那种仅以学生考试成绩、发表论文、考研情况等作为考核与评价的依据是片面的、不合理的。导师工作考核与评价不仅要评价教师的导，还要评价学生的学；不仅要评价导师制活动的结果，也要评价导师制活动的过程；主要评价教师在知识、技能和能力等认知方面的发展。导师工作考核与评价内容应包括导师的工作态度、导师履行职责的情况、导师对学生产生的人格影响、导师指导学生的方式方法以及导学工作的效果等。

（3）多元的评价方法。

导师制主客体由导师、学生、管理者三者构成，导师工作是多元的，用单一的评价方法难以使评价准确、全面、客观、公正，必须把问卷调查法、观察法、总结法、访谈法等多种评价方法结合起来。对不同的导师和不同的被导学生，评价者必须对具体工作和工作效果做出符合实际的评价，既充分发挥各种评价方法的优势，又互相弥补其缺陷和不足，从而使评价的结果更加客观、公正。学生评价可采用问卷调查法、访谈法，导师自评可采用问卷调查法和总结法，导师互评可采用问卷调查法和观察法。

总之，学校要认真分析考核的结果，将多方评价的结果相结合，进行合理的评定。落实以上制度的同时，还需要实行人性化管理，让导师们始终感受到工作是幸福的，努力是有回报的。只有这样，导师制才能让学生健康成长的同时，使教师也获得专业化发展。事实上，学校的相关制度建设也是校园文化建设的一部分，因此，制度建设也要以建构全员合作教学文化氛围为核心，不能偏离这个指导思想。

4. 加强培训指导

现实中，考虑到工作的便利性和操作的简单性，很多学校聘任的导师都是任务繁重的科任教师，有的甚至是刚毕业的新教师。他们有的人生阅历较浅，教育实践经验不足，难以高质量地完成导师的工作，因此，在实施导师制过程中，必须做到：①导师须精选，受导学生须挑选。导师要经过专门的德育理论、心理学、教育学知识学习和谈话技巧的培训，受导学生须真正有需求，双方有针对性，有目的。②施导和受导的内容、方式、时间、地点都要有明确规定。③要加强导师工作过程中的指导工作、会诊工作、评价工作。要加强培训学习，针对导师的特性开展相关的师资培训，并通过理论学习、社会实践、专题讨论、模拟训练来提高他们实际水平。要多方寻求导师来源，拓宽导师选拔之路。除了课任教师之处，学校的各级领导干部，符合条件的其他教职工都可以选择担任。此外，还可以引进社区干部、社区中的退休教师、社会心理工作者、法制工作者、学生家长等。如能把这些方面的资源协调好，对推进导师制的实施定有不可低估的作用。学校相关管理部门要定期组织导师进行教育学、心理学等相关知识的培训，举办导师工作研讨等活动，不断提高导师的育人能力和工作水平。

第五节　开展“六点”陶冶，养成师范素质

一、乡村卓越工匠之师师范素质养成的意蕴

加快提升工匠之师素质有必要理解乡村卓越工匠之师师范素质养成的意蕴，而其意蕴的理解又必须厘清乡村卓越工匠之师、师范素质及养成三个关键词的含义及它们之间的关系。

首先，何谓乡村卓越工匠之师？这里关于乡村概念从不同角度有不同的理解。从职业与功能属性来看，乡村是指以农业生产为主体的地域；从文化社会属性上来定义，乡村相对于城镇而言主要特征体现在社会接触多为直接、面对面的社会生活、标准单一，风俗与道德习惯势力大的社会行为，以从事农业生产活动为主要谋生手段的经济生活等；从生态与地域上来说，是指城市以外的一切地域，并具有人口密度低、小规模聚落等特征。笔者认为“乡村”一词在卓越乡村工匠之师师范素质养成的意蕴中有两个方面的意思，一方面是地域性指向，即在乡村从事职业教育的教师，特指县级及以下区域内的职业学校教师；另一方面是特质性指向，即乡村卓越工匠之师师范素质的独特内涵体现在其乡村性上，是适应乡村政治、经济、文化与社会需求的特质。我们研究认为，

乡村卓越工匠之师是指善乡愁、会乡技和懂乡知的县级及以下职业学校骨干教师、教学名师和顶级教师等卓越师资人才，具有乡村性、卓越性、师范性和技术性特征。

其次，何为师范素质？心理学认为素质是指："人在先天生理基础上，受后天环境教育的影响，通过自身的努力养成的比较稳定的身心发展的基本品质或素养。"基于此，我们通常将职业素质内涵定义为从业者在一定生理和心理条件基础上通过各种教育或实践的途径形成和发展起来的，在职业活动中起重要作用的内在的并相对稳定的职业心理品质。从目前研究来看，职业素质的内涵有广义和狭义之分，其中广义的内涵应包括职业能力和品性，狭义的内涵则专指职业品质和性格。师范素质无疑是一种职业素质，是从事教师工作所需的素质，是教师在教育教学活动中表现出来的决定其教学效果对学生身心发展有直接而显著影响的心理品质的总和。本书从广义的内涵来探讨乡村卓越工匠之师的师范素质。

再次，何为养成？"养成"一词在辞海中有两条释义，一是"培养而使之形成或成长"，另一条是"教育"；《现代汉语大词典》对"养成"的解释是"修养使形成；培育使长成"。《吕氏春秋·本生》中说："始生之者天也，养成之者人也。"其大致意思是：人的本性是自然生成的，但要使人具备良好的道德品质，成为真正的"人"，并不是先天现成的，而是通过人的努力在后天生活中养成的。学术界关于"养成"有过许多不同理解。当前学界对"养成"概念的分析，主要是从教育的角度来理解的。贾克水、刘中朝认为"养成即人的长期培养，熏陶、积蓄和内化成俗的过程，养成就是教育"。还有学者认为所谓"养成"不是指单纯追求绝对化的知识及其讲授上、片面追求学科知识逻辑的简单的"线性教育"，而是在生活中、与人交往中、社会实践中对知识的咀嚼、消化、融汇、升华，自觉地修养自己的德性，使道德成为自觉的意识、自然的习惯、自动的行为，使个体成为道德自律、内外兼修、品行高尚之人。由此，可以看出"养成"有几个重要的特点：特点之一，养成是一个长期浸润的过程。某种素质的获得不是短期内可以达到的，它必须经过反复的训练与实践才能形成。特点之二，养成是一个潜移默化的过程。素质是人内在的品质和习惯，它必须是将外在的道德、知识、技能等内化于心才得以形成，并且只通过直接的传授无法养成，而是需要在各种各样的实践活动中慢慢“养成”。特点之三，养成是一个主体能动的过程。从生态学的角度来讲，养成要注重生命个体自我的内在规律和内在需要，更加重视个体自我的养成，即强调个体的主动性和主体性。这里的“养”实际上就是“主体根据自己的需要，有意识、有目的地对客体对象进行自觉挑选和择取的过程”，从教育哲学的意蕴上来观照养成的本真含义，就会发现它其实完全是主体自动而非被动的结果，更是个体伸张其主体性，凸显自由意志的结果。由此，笔者认为养成是人在外部力量的推动下，经过长期的实践体验、反复训练和环境熏陶，由被动发展向自主发展转变并逐渐内化的过程。

综上，乡村卓越工匠之师师范素质养成的意蕴可以从以下三个方面来理解：其一，养成的主体是卓越乡村工匠之师，这里仅做职前养成探讨，即以师范生为主体；其二，养成的客体是师范素质，即作为乡村卓越中职教师必备的职业素养，养成的内容必须是师范素质的内容而且是专门针对乡村中职教师，即具有乡村职教特质的师范素质；其三，养成的介体是教育环境，即让学生自主地通过参加各种切合养成内容的实践活动达到提升其师范素质的目的。

二、“六点”陶冶的内容

基于目前对乡村卓越工匠之师师范素质养成相关概念的理解，纵观师范素质结构划分研究，大致可归纳为三观：一是宽泛的素质观。有学者认为教师的师范素质包括思想道德素质、文化专业素质、教学科研素质、身体心理素质等，这种观点大而全地囊括了所有的教师素质。然而，师范素质不等于教师素质，它只是教师素质中最核心的部分，是最具职业特质的部分。二是狭窄的素质观。这种观点将师范素质简单地理解为教学方法与技能，如“三字一画”、多媒体课件制作、课堂教学等。按这种观念，师范素质的养成更多的是关注专业知识和技能的传授，忽视了教师职业品质的养成。事实上，教师职业品质是教师素质最重要的组成部分，也是一名工匠之师的灵魂所在，理应成为师范素质养成的重要关注点。三是通用的素质观。它将卓越乡村工匠之师师范素质等同于一般教师素质，并没有突显出卓越乡村工匠之师师范素质的独特性。实际上作为乡村职校教师，他们除需具备一般职业学校教师共同的基本素质，还应有其特质。这种特质主要体现为乡村性，即卓越乡村工匠之师具备的师范素质要符合乡村职教的独特诉求。因此，我们在界定卓越乡村工匠之师的师范素质时，采用德尔菲法并结合工匠之师的特点及高等职业师范教育的培养特征，认为卓越乡村工匠之师的师范素质体系，具体包括扎根乡村的角色意识、领悟乡村的思辨视角、适宜乡村的教育手段、融通乡村的表达能力、感知乡村的交流风格、契合乡村的教学技巧等六个方面。

一是扎根乡村的角色意识。是指对自身承担卓越乡村工匠之师这一角色的地位、相应行为规范及其角色扮演的认识、理解与体验，包括乡村意识、乡村情怀和乡村责任品质。所谓乡村意识是指对乡村经济、政策、文化等的认知和把握；乡村情怀则是指热爱乡村的一种情感心理状态；乡村责任品质是指有投身乡村职业教育的使命感。因此，只有真正具有乡村意识、乡村情怀和乡村责任品质的师范生，才能热爱并投身于乡村职业教育中去，也是其成长为一名卓越的乡村工匠之师的动力之源。

二是领悟乡村的思辨视角。是指在深刻理解乡村文化历史及社会发展的背景下，对知识的反思和辩论，包括理解与掌握能力、批判式思维能力、辨析能力、教育研究能力等。信息时代下，人们进行知识学习的途径越来越多，越来越便捷。学生在校学习不再是单纯地累积知识，而应该是培养良好的思维素质和正确的思维方法。新时代教育不再需要传声筒式的教师，更不允许教师满堂灌式地把书本知识传授给学生，而需要其对知识进行处理，加强教育教学研究，从而提升自身的教学能力。因此，思辨能力无疑是新时期教师必备素质，而乡村工匠之师的思辨能力要突出其乡村性，即要有将知识置于乡村情境中进行理解、辨析、批判和掌握的能力。

三是适宜乡村的教育手段。指适宜乡村中职学校教学环境的教师教育教学辅助手段和工具，包括三字一画、多媒体制作与使用和网络教学技术等。三字一画指钢笔字、毛笔字、粉笔字和简笔画。教育部在《高等师范学校学生的教师职业技能训练大纲》中明确提出，“高等师范学校学生的教师职业技能训练内容包括讲普通话和口语表达、书写规范汉字和书面表达、教学工作和班主任工作技能等四部分”。三字一画的练习对于教师书写规范汉字和课堂板书无疑是有促进作用。多媒体课件制作与使用是使用信息手段制作课件并用于教学。信息时代下多媒体教学已然成为主流，教师无疑要掌握多媒体课件制作与使用的技术。网络教学是指网络中开展教育教学的一种方式，它需要教师掌握网络教学的组织形式和技术手段。乡村卓越中职学校教师在这方面的特质主要是体现在如何适应乡村职教、服务乡村职教和体现乡村职教特色。

四是感知乡村的表达能力。是指能将乡村的文化融入教师日常书面语言表达中，并善于让他人理解、感知和掌握，主要表达形式包括板书、教案、教学日记、学生评语等等。众所周知，文字表达能力是教师开展教书育人工作的关键能力之一，并且在教师的教育教学科学研究中，论文和书籍的撰写更是离不开优秀的语言文字表达能力。感知乡村的表达能力既包括一般教师表达能力，又有其特殊能力要求，即要有体现乡村特色文化与风格的表达能力，比如在校本教材、本地特色课程开发等方面，需要卓越乡村工匠之师能够很好地感知当地文化特色，并通过相应的书面语言表达出来。

五是融通乡村的交流风格。是指卓越乡村工匠之师在各种信息沟通中所表现出的个性风格要与乡村的风土人情相融合。口头表达的一般形式包括诵读、演讲、作报告等。口语表达能力是人与人之间交流思想感情的能力，也是相互沟通的工具。教师主要通过语言表达把专业知识、教学信息和教学目的传授给学生。可见，口语表达能力是完成教师劳动的必备工具，对于教师职业有着重要的意义。作为卓越乡村工匠之师不仅应该具备一般的口头表达能力，还应该熟练地掌握乡村口头语言表达的特殊习惯和风格范式，才能与具有浓厚乡村性的学生及学生家长进行良好的沟通。

六是契合乡村的教学技巧。是指符合乡村学校教育教学环境的独特教学技术与方法，包括教案设计、教学实践、驾驭课堂能力等。职业技能是与职业或工作相关的技巧、技艺与操作技能的结合。显而易见，课堂教学能力是教师职业技能最关键的技能，也是工匠之师进行教育活动的基础与先决条件。然而，卓越乡村工匠之师在具备通用的课堂教学能力之外，还必须学会如何在有限的教学设施设备及学生整体素质偏低的情况下设计好每一堂课，甚至还得同时具备从事完全不同类型课程教学的能力。

三、"六点"陶冶的实施

实践证明，乡村卓越工匠之师师范素质的特性决定其养成的机制，即要突出其乡村性、实践性、累积性和职业性。因此，结合湖南农业大学10余年卓越乡村工匠之师师范素质养成的实践，并从活动教育的角度来探索卓越乡村工匠之师师范素质养成的四种机制，开展"六点"陶冶的系列活动教育体系。

第一，构建活动制的园丁教育体系。从杜威的"做中学"到皮亚杰的认识发展论，再到田慧生等国内学者详细论述的活动教育，活动教育已经成为一种具有广泛影响的教育理论主张。这一理论认为活动是人生存和发展的基础，个体的发展不是外在强加的，而是通过主体实践活动主动实现的。因此，职业师范教育单纯依靠课堂理论教学，很难使学生的师范素质得以养成。我们应该充分利用各种资源，探索出适应当前乡村职业教育改革需要的师范素质培养途径。湖南农业大学结合乡村卓越工匠之师师范素质养成的六大版块内容，将学生的师范素质拓展活动教育融入学生培养的整体规划之中，经过十一年的探索，形成了"园丁工程"乡村卓越中等职业学校教师师范素质养成活动教育体系。具体内容见表4-14。

表 4-14　湖南农业大学“园丁工程”乡村卓越工匠之师师范素质养成活动教育体系

师范素质	活动项目	活动内容	活动时间
扎根乡村的角色意识	“园丁·秀”	“教育之星”才艺秀 教师形象设计大赛 美丽乡村教育行	每年下半年举办一次 寒暑假
融通乡村的口头表达能力	“园丁·诵”	中、英文演讲比赛 中、英文古诗词朗诵比赛	每年下半年举办一次
感知乡村的文字表达能力	“园丁·文”	主题征文大赛 文学创作大赛	每年上半年举办一次
适宜乡村的技术方法	“园丁·书”	三字一画大赛 微电影制作大赛 教具（学具）制作大赛 摄影摄像比赛	每年上半年举办一次
领悟乡村的思辨能力	“园丁·辩”	“师辨”辩论赛 教育人文知识竞赛 教育教学创新大赛	每年下半年举办一次
契合乡村的课堂教学能力	“园丁·艺”	模拟教学大赛 多媒体课件制作大赛 教案设计大赛	每年上半年举办一次

通过主题版块式活动来分类培养学生师范素质，打破以往毫无针对性、随意开展学生素质拓展活动的惯例，将卓越乡村工匠之师师范素质分成 6 个主题版块活动，并以乡村职业教育为题材，每个主题版块设计相关的活动或竞赛，从而达到有针对性地培养学生的师范素质的目的。在时间安排上，每年举办一次并覆盖所有学习时段，这样学生可以选择在不同的时段一次或多次接受活动教育，并在实践活动主动养成师范素质。

第二，采用素质拓展学分制办法。学分制与班建制、导师制合称三大教育模式，是以选课为核心手段，专业教师辅以指导，每门课程赋有一定学分，最终通过对学生所获得的学分和成绩来进行学习评价的综合教学管理制度。素质拓展学分制也被称为第二课堂学分制，是在参考和借鉴第一课堂学分制运行模式的基础上，将素质拓展活动学分化，打破专业和年级的界限，允许学生根据自己的志趣和特长有选择性地参与学校开展的各项素质拓展活动，并取得相应学分。卓越乡村工匠之师师范素质活动教育中各板块的内容可以通过素质拓展学分来完成教学评价，从而实现理论教学和实践教学、第一课堂和第二课堂、课内育人和课外育人相互融通。因此，湖南农业大学将“园丁工程”卓越乡村工匠之师师范素质养成活动教育体系中每个版块设计成一个活动课程，每个活动课程设 1 个学分，学生通过参与各活动课程中的专业竞赛并取得一定标准的成绩来获取素质拓展学分，且大学四年必须修满其中 3 个学分。

第三，实行导师制的项目管理模式。导师制推崇的“以学生为主体，突出个性培养”，与建构主义理论提倡在教师指导下学习者为中心的学习，两者精神内质一致。从现实情况看，素质的养成需要一个长期的过程和良好的环境，单纯依靠传统的“批量式”教学方式是无法实现的。一方面因为传统课堂缺乏真实环境的体验，教师不太可能在其中充分展示其所拥有的技能。比如课堂教学能力，教材上的案例很多，教师的经历也很丰富，但是即使相同的内容，每次所用的技巧也是有变化的，它不可能通过课堂教学将这些技能传授给学生。这时如果能创建一个单元课堂教学的全景，从课前的准备，包括学生的了解、资料的准备、心理状态的调节、教学重点难点的分析，到实际教学过程中学生的表现及准备工作是否充分的验证，学生均身临其境，其收获不仅仅是技巧，而且了解和熟悉了教学的全过程，包括程序、关键工作等，而这就需要有教师的课外引导。另一方面，项目教学是一种以学生为主体、以教师为引导、以项目为内容的教学方法，根据职业与岗位的要求，将任务分解成若干个项目，由师生共同实施完成教学活动，改变了过去以教师为主的满堂灌教学方式，教师在教学过程中只是引导者与监督者，学生才是学习的真正主体，从而提高了学生的学习积极性。借鉴导师制和项目教学并将两者融合，卓越乡村工匠之师师范素质养成采取项目导师制，即将卓越乡村工匠之师师范素质活动教育体系中的六个主题活动版块看成为六个项目，每个项目聘任一名专家担任导师，指导项目的策划、实施、评价和改进，从而提高活动质量和效果。

第四，引入证书制的资格评价方式。国务院在《加快发展现代职业教育的决定》中明确提出，要“严格实施就业准入制度，完善学历证书、培训证书和职业资格证书制度”。要求在大专毕业生中实现双证书制度，确保毕业生具备过硬的基本技能素质。这一方针政策的提出，对于深化职业教育改革起着巨大的推动作用。然而，即使是现在，我国现行的国家职业资格制度还很不完善，双证书制在引导学校教学、人才培养方面的改革成效还不理想，特别是在普通高校。大部分的职业院校还是在维持原来教学体系和培养模式的基础上补开考证课程和考证训练，还未真正实现“将职业标准、技能考核融入教学体系”，双证书只是教学计划之外的体外循环。教师资格证是教师职业要求的集中体现，也是衡量教师师范素质的重要标志，而乡村卓越中等职业学校教师师范素质养成的效果也需要有明确的和有针对性的评价方式。因此，将职业资格证书引入卓越乡村工匠之师师范素质的养成体系中，切合当前形势下乡村卓越中等职业学校教师师范素质养成的现实。

第六节　融合“五种”方式，培育核心能力

《国家中长期教育改革和发展规划纲要（2010—2020）》进一步明确了未来十年我国教师队伍建设的目标和方向，其核心是“努力造就一支师德高尚、业务精湛、结构合理、充满活力的高素质专业化教师队伍”[①]。这是对我国各级各类学校教师队伍建设提出的目标要求，从国家层面“首次明确提出了建设‘高素质专业化教师队伍’的目标要求”[②]。对于

① 国家中长期教育改革和发展规划纲要（2010—2020）［M］．北京：人民出版社，2010：51.

② 《教育规划纲要》工作小组办公室．教育规划纲要辅导读本［M］．北京：教育科学出版社，2010：175.

职教教师而言，核心能力的不断提升则是发展成为卓越乡村工匠之师的必由之路。

核心能力是人们在职业生涯中除岗位专业能力之外的基本能力，它适用于各种职业与岗位，是从业者从事任何职业都需要具备的一种通用能力，同时是伴随人终身的可持续发展能力。教师核心能力是蕴涵于教师能力内质中、在教师能力系统中起主导作用、能使教师持续发展并在竞争环境中占据优势的专业能力。教师核心能力最能体现教师能力的作用和价值，具有核心价值性、独特性、发展性、综合性等特征。在现代教育活动中，教师核心能力的基本内涵是引导学生自主学习与自主发展的能力。构成要素主要包括教师的教育设计能力、组织能力、预测能力、援助能力和评价能力。这五种要素随着教育目标、内容、情境的不同，会发生这样或那样的联系，形成教师核心能力结构。它外在地表现为教师核心能力系统的若干子系统，其中最为根本的子系统是知识启蒙系统、精神启蒙系统、人格感染系统和发展规划系统。这四个子系统，又经过一定的联结构成相对完整的教师核心能力系统的基本内核。

乡村卓越工匠之师核心能力是指在职业院校里从事专业课教学的教师，经过职前培养和职后培训，在教学实践活动过程中，有效地进行教学活动，顺利地完成专业教学任务所应具备的专业教学能力、实践教学能力及教育教学能力的一种优质综合教学能力。三种教学能力不断提升，才能有效地形成职教教师的核心能力，才能使其满足教学需要，胜任教学工作，完成教学任务，提高教育教学质量①。

当前，核心能力正日益成为用人单位选人、用人的重要标准。重视卓越乡村工匠之师核心能力的培养，是我国职业教育发展的趋势。在乡村卓越工匠之师的培养中，培养学生的核心能力，既是深化职业教育改革的重要问题，又是满足经济社会发展对乡村卓越工匠之师强烈需求的关键点，而产教融合是培养乡村卓越工匠之师核心能力的有效途径。党

① 徐英俊. 专业化发展视域下的职教教师职业核心能力培养路径 [J]. 职教论坛，2013 (21)：25-27.

的十八届三中全会提出“加快现代职业教育体系建设，深化产教融合、校企合作，培养高素质劳动者和技能型人才”。可见，产教融合培养高素质人才成为当下的国家选择。职业教育作为我国教育的一个重要组成部分，对国家科技和经济的发展起着举足轻重的作用。随着全球经济一体化的进程加快以及新的生产模式产生，对现代人才所拥有的核心能力提出了更高的要求。一直以来职业教育要求学生掌握学科理论知识和实践操作能力，却忽视了学生的整体素质，忽视了学生可持续发展的能力培养，导致毕业生无法达到用人单位的要求。学校应当适应市场的发展，与企业合作，改革教学模式，培养市场需要的、具有核心能力的人才①。本研究从产教融合的视角下探索以下几种有效途径，以期能够为卓越乡村工匠之师核心能力的培养提供参考。

一、合作式融合

合作式融合是以学界与业界为主体，采取校企合作的方式，职业学校选择现代化程度较高且与自己所设专业相关的行业企业，获取实训设备及顶岗实习机会，学生接受企业师傅指导；同时职业院校为企业培养输送高素质人才，培训企业员工等，实现两者资源互补的一种双向沟通，相互依赖的融合方式。其理论基础是 20 世纪产生在美国的合作教育（Cooperative Education）。1946 年美国职业协会发表的《合作教育宣言》（*Cooperative Education：A Manifesto*，*Freund and Others*，1946）认为：“合作教育是一种将理论学习与真实的工作经历结合起来，从而使课堂教学更加有效的教育模式。”2001 年，世界合作教育协会（World Association for Cooperative Education）在它的宣传资料中解释：“合作教育将课堂上的学习与工作中的学习结合起来，在能获取报酬的实际工作中，将工作中遇到的挑战和增长的见识带回课堂，帮助他们在学习中的进一步分析与思考。”笔者认为，合作教育是一种将课堂

① 李霞. 研究生层次乡村工匠之师核心能力培养研究［D］. 咸阳：西北农林科技大学，2011：1-4.

上的学习与职业上的学习相结合的教育模式，学生参加实际工作是整个教育过程的重要组成部分，是有领导、有组织、有计划、有步骤的教育行为，而这种行为基于资源依赖。资源依赖是指组织在一个开放的社会系统内，不可能拥有赖以生存和发展的所有资源，而不得不依赖外部环境，从外部环境中引进、吸收、转换各种资源，进而形成组织间的资源相互依赖的关系网络①。职业院校与企业的合作也是资源依赖的一种具体表现。基于职业学校与企业的资源依赖，合作式融合的原则是两者之间的行为是平等的，彼此在享受权利的同时必须履行相应的义务，这是合作的前提，也是长期依赖关系得以建立的基础。合作式融合的内容主要是行业企业为职业学校提供设备仪器、顶岗机会及指导，职业学校为企业提供技术人才、员工培训及技术合作。

合作式融合能为卓越乡村工匠之师的培育提供强有力的支持。首先，合作式融合支持学校与企业之间的双向互动。这种双向互动促使工匠之师与合作企业之间进行有效的结合，让职教教师通过企业掌握当前最前沿生产技术；企业的优秀技术人员与学校优秀教师可开展人才交流互动活动，促使双方的理论知识与实践知识有机结合，学校与企业双向合作，促进校企两方共同发展。其次，合作式融合支持优化乡村卓越工匠之师结构。校企合作双师型师资队伍建设促使师资结构优化重组，推动双师型教师队伍建设，改善职业学校教师的专业结构、年龄结构和职称结构等不合理局面。再次，合作式融合支持教师多方适应性。职业学校属于地方性职业技术教育机构，其办学方向与宗旨是服务于当地经济和社会发展的迫切需要。职业学校以服务地方为目的，面向社会经济建设，并以校企合作的可行性模式，融入当地经济发展的大局，充分结合自身学校的实际，积极培养能够服务于当地经济的卓越乡村工匠之师队伍，以适应发展。最后，合作式融合支持以学生就业为导向。校企合作双师型师资队伍建设要突出教师核心能力。作为目前的职业学校教师，

① 霍丽娟. 资源依赖理论视角下校企合作关系的分析 [J]. 中国职业技术教育，2008 (27)：33-36.

如果只具有丰富的专业技术知识，而不具备实际的操作技术，不知道当前企业的情况，或者只具有过硬的实践技术，不具备教育的基本素质，均不能胜任教师的重任。合作式融合方式对于工匠之师的培育，正是这两者融合在一起的具体体现，只有达到这样要求的教师，才可以培养出适应现在社会发展的人才。

二、嵌入式融合

嵌入式融合的途径是引企入校。引企入校是指为完善实践教学条件，提高人才培养质量，学校通过与企业共建生产性实训基地，或将企业生产等相关资源引入到职业学校，借助真实的岗位环境，为卓越乡村工匠之师核心能力培养创设真实生产情境的一种融合方式。这种嵌入式融合的载体是校内实训基地，目标是培养卓越乡村工匠之师核心能力，重心是深度产教融合，理论基础是资源共生。共生是个体或组织为了获得生存，而按照一定的模式彼此依赖、互相依存，形成共同生存、协同发展的共生关系，共生的形成主要包括单元、模式和环境三类基本要素发生稳定和谐的结构关系①。嵌入式融合是学校为培养卓越乡村工匠之师核心能力主动选择的一种共生行为，它以校内实训基地上的生产线为共生单元，以协同培养高素质人才为共生模式，以校企互利共赢为共生环境，形成学校与企业之间相互促进、互利共赢、共同发展的共生关系。基于此，嵌入式融合的原则以产业布局为导向，坚持将岗位环境引入学校，岗位需求引入教学，岗位标准引入学习，实现产教深度融合，校企深度合作。嵌入式融合的内容是学校把企业文化、岗位标准、职业要求引入到核心能力培养中来，在管理中养成学生品质理念，探索“做中学，学中做”的实践教学，并将职业要求与核心能力标准融合，实现两者共同增长的长效机制。

在实践中，由于历史、现实及观念等诸因素的影响，在很长时间里存在职业教育普教化的问题，严重影响了卓越乡村工匠之师核心能力培

① 曹凑贵．生态学概论［M］．北京：高等教育出版社，2006：125-126．

养的路径选择。随着人们对人才成长规律认识的不断加深，逐步认识到需要将企业相关资源嵌入到卓越乡村工匠之师核心能力培养中来。嵌入式融合的方式是多样的，在实践中有全面合作、订单培养、共同研发、股份合作、共建实训基地等方式；有些学校还探索出了项目式嵌入融合和整体式嵌入融合等方式，项目式嵌入融合是指职业院校根据人才培养的客观需要将相关企业的某个生产项目引入到学校实践教学中的一种合作方式；整体式嵌入融合是指职业学校根据人才培养和专业发展的需要将个别微小企业引入到学校的一种合作方式，如广州市高级技工学校根据兽医专业的需要而将一所宠物医院引入，学生有了实践的平台，医院有了发展的空间，实现了学校和企业的资源共生和协同发展。

嵌入式融合为职业学校教师进行专业实践创造了机会，为卓越乡村工匠之师的培养和成长提供了外部环境。专业教师可利用假期在企业进行实践性学习，进行专业建设、人才培养、课程改革、顶岗实习、科研与先进技术应用等方面的调研。同时参与合作企业技术改革项目，不仅能提高专业教师的实际动手能力和技术研发能力，也为学校专业设置及人才培养模式的改革提供了依据。

三、关联式融合

关联式融合的实现方式是集团办学式。集团办学是通过对各类职业教育资源的重组与整合，实现多元主体的协同与合作，特别是行业企业的有效参与，使职业学校的教学链、经济的产业链和社会的利益链互相对接，构成人才培养、输出、聘用、培训体系的融合方式。这种关联式融合是参与各主体在平衡权责利的前提下，发挥自身优势，获得发展的一种自我选择。利益相关者是指影响目标实现的个人或组织，职业教育利益相关者是指与职业教育存在具有合法性的直接或间接利益关系的个人或组织，主要包括政府、企业行业、职业院校、学生、教师等①。不

① MITCHELL, Agle and wood, toward a theory of stakeholder identification and salience: defining the principle of whom and what realty counts [J]. Academy of management review, 1997 (04): 53-86.

同的利益相关者由于自身性质的不同决定了其利益诉求的差异，借助利益相关者理论的综合平衡、高效集约、互利共赢等原则，厘清职业教育利益相关者之间权利与责任，为培养乡村卓越工匠之师核心能力提供良好的对接环境。关联式融合的原则是采取一定的组织方式集中财政经费投入，整合职业教育办学资源，实现优势力量对接与集合，使学校与政府，学校与学校，学校与企业，教育与培训，就业与创业等对接，扬长补短，优势互补，形成合力，推进乡村卓越工匠之师核心能力的培养。关联式融合的内容是利用一定的组织形式将职业教育的利益相关者紧密联系，消除长期以来职业学校学生的工作与学习空间相对封闭，无法得到融通的障碍，解决企业与职业院校信息不对称及人才培养目标与企业需求脱节等问题。

在实践中，关联式融合的典型例子是职业教育集团的组建。为了克服乡村卓越工匠之师培养过程中产业与职业、企业与学校、工作与学校、岗位与教学等的脱节，职业教育集团通过一定的组织使多个利益主体参与，实现人才培养过程中各部分的对接。职业教育集团化办学在实践中变革传统人才培养模式，通过职业教育集团主体共同参与和制定人才培养的方案，实现职业院校人才培养在专业设置、课程开发、技能鉴定等方面能够广泛征求行业企业意见，发挥行业企业的能动性，培养社会急需人才；实现政校企共同参与，协同发展。其中，一些职业教育集团结合实际，探索集团成员学校间的课程衔接，搭建集团内的“直通车”，允许职业学校学分互认，打通彼此间的壁垒，构建集团内的“立交桥”。职业教育集团参与的主体是职业院校和企业，从 1992 年国内首个职业教育集团建立至今，我国已建职业教育集团约 700 个，20 年间集团化办学成效显著，其中有一半以上的中等职业学校和 90％以上的高等职业院校参与，覆盖行业部门 100 多个、企业近 2 万家、科研机构 700 多个，取得了良好的社会效益，得到了社会的认可①。

---

① 王河. 构建符合国情的职业教育集团治理结构［N］. 中国教育报，2013-01-02.

四、一体式融合

一体式融合的实现方式是校办企业式融合。校办企业是职业院校在具备一定实力或政策资金支持下，学校为培养高技能人才和长远发展而创建公司或工厂的一种行为，是集教学、培训、生产、科研等于一体，兼顾学生实训与教师培训的一种特殊的融合方式，其典型特征是企业或工厂隶属学校。一体式融合是产教融合的高级形式，校办企业或工厂有很强的市场性，这就需要遵循市场中企业经营的一般准则，其核心是产权，而产权交易理论是其学理基础。产权交易是指在市场经济条件下，为推动社会经济转型的规范化发展，经济主体间发生的生产要素及附着在生产要素上的产权有偿转让的经济行为。生产要素的流动是产权的转移与让渡，运用市场机制，保证校办企业产权交易的有序进行。校办企业的产权是指学校对资源所能行使的权利，以财产所有权为基础及派生的占有权、经营权、处置权、收益权等权利组成的权利集合①。一体式融合的原则即校办企业在进行正常产品生产的同时，还需要进行实践教学，两者需要兼顾，在发展过程中科学管理，妥善经营，取得良好收益，实现学校资源不断累积。一体式融合的内容是从教学角度出发，工厂依据学校人才培养计划的要求，负责学生的实习、专业教师技术培训及工程实践等与教学有关的活动；从生产角度出发，进行产品生产，获得收益是其存在和发展的关键。校办企业的规模、设备条件、经营水平必须适应市场环境，获得市场生存能力，这就要求明确校办工厂的功能定位，使其功能结构更加科学合理、高效实用。

在实践过程中，职业教育工作者及研究者逐步认识到“校企合作，工学结合”是培养职业技能人才的根本路径和制胜法宝，但是校企合作的成效却不尽如人意，这在很大程度上是由于企业和学校的性质、产权、利益等关键诉求不同。其中企业的盈利性和学校的公益性（即非盈利性）是一对难以调和的矛盾，为了探索有效的校企合作方式，学校办

---

① 潘新平. 中国产权交易市场概论［M］. 北京：社会科学文献出版社，2004：81-83.

企业或工厂是一种大胆尝试，在一定程度上消解了学校和企业之间存在的巨大鸿沟，这也是许多学校积极创办企业或工厂的重要原因。校办工厂作为职业学校内部良好的实训基地，能够形成新的互动机制，推进产教融合，最终形成以“职业核心能力培养为中心、企业关键岗位技能深化为目标、综合知识水平提高和文化融合为宗旨”的培训方案，形成深度融合的校企一体的高技能人才培养机制①。如：广东江门市技师学院长期推行“产训融合”，即产品、产业、产销和产能与训育、训技、训体和训形结合，系主任兼车间主任，充分利用有利条件，开办工厂，从而有效地提高职业学校学生的核心能力，促进了人才培养水平的提高。

五、内生式融合

内生式融合的实现方式是企业办学式融合。企业办学是行业企业结合自身产业类型，配套性地开办职业院校，有针对性地设置专业，相对独立地培养卓越乡村工匠之师核心能力的一种融合方式。行业企业举办职业教育不是其本质规定的社会功能，而是其在拥有较丰富的资源教育资源和需求驱动下的一种衍生功能，是基于企业人力资本投资理论的一种实践。所谓人力资本是指凝结在个体中的能够迅速增值的知识和技能的总和。企业人力资本投资是以企业为投资主体的一种人力资本投资行为，它的投资主体是特定的企业，投资客体主要是企业内的员工，投资目的是提高企业现有的人力资本存量从而增强企业实力。内生式融合的原则是通过行业企业举办职业学校或开展员工培训，推动企业生产、技术进步，保证产品质量和提升科技含量，进而提升企业资产运营的能力和产品的竞争力。内生式融合的内容是行业企业了解自身现状和发展趋势，通过教学计划的制定、实施和协调，参与教育管理，并对教学过程中的产教融合作出明确规定和予以严格要求，确保培养、培训的质量和效果。

---

① 由建勋，孟爱霞．校企“融合”高技能人才培养机制路径研究［J］．继续教育研究，2011(01)：38-40.

基于资源衍生的内生融合在实践中主要有企业和行业办职业教育两类。一类是企业办职业（技工）教育，即企业凭借自身力量，独立办学。该类型适用于处于成长和变革中的大型企业，因其经济实力雄厚、员工数量众多、专业素质要求高和员工培训任务重的特点，客观上需要建立独立的职业教育机构和教学体系，因为只有这样才能满足企业对高素质人才的实际需求。例如中国一汽教育培训中心，就是由一汽职工大学、一汽党校、一汽汽车中等和高等职业院校整合而成的教育集团，其教学过程具有鲜明的产教融合的特点。另一类是行业办职业（技工）教育。由于企业的情况不同，不能要求企业都以相同的方式办职业教育，而应加强和发挥行业组织中职业教育协会的调控和服务作用，由某一行业的企业共同出资，以平等互利方式，联合组建和发展职业教育机构，通过整合行业培训与教育的师资、财力等资源，组建行业性的企业教育培训实体，发挥行业培养及培训的教育功能，解决企业员工专业知识更新等问题，从而促进职业技能素质的提高。

产业转型升级环境下，面对激烈的市场竞争，行业和企业参与乡村卓越工匠之师核心能力的培养，不仅有利于提高工匠之师的职教能力，提高职业院校的教学质量和人才培养质量，以提高职业院校的竞争力，更有利于职业院校为行业、企业提供更多更好的劳动力，从而方便行业、企业走出“无人可用”的困境。近年来，通过行业、企业与学校合作，加强工匠之师培养上已开始了一些尝试，取得了一定的成绩。国外行业、企业参与工匠之师培养的实践也表明，行业、企业参与工匠之师培养不仅是必要的，而且是可行的。因此，职业院校应根据本校的实际情况，通过多方努力，与企业协同创新，不断加强工匠之师的职教能力尤其是实践教学能力的培养，从而切实提高工匠之师的核心能力，为培养卓越乡村工匠之师奠定坚实的基础。

卓越工匠之师的培养、培育，是一项持续而多元的专业活动，从产教融合视角研究培养工匠之师核心能力具有重要的现实意义。首先，五种融合方式吻合职业教育的人才培养目标。培养目标是教育价值的具体体现，是人才培养模式的根本内容。学校的类别与层次不同，其培养目标也不同。职业教育是以职业技术为核心，以就业市场为导向，以培养生产、建设、管理、服务第一线的高素质、高技能劳动者为根本任务的特殊教育。在市场经济条件下，职业院校的人才培养目标和培养方法，必须以市场和社会需求为依据，以企业对人才的知识、技能的需求为依据。职业院校的教师到行业、企业实践研修是学校把握企业对人才的知识结构、技能要求的最有效途径之一。学校可以根据自身的定位和企业对人才的需求，在专业设置、教学内容、课程设置和教学方法等方面与行业、企业需求实行对接，以培养学生从事某一职业或职业群所需要的应用知识和专业技能。其次，五种融合方式符合职业院校师资队伍特征。在职业教育发展过程中，师资的优劣决定教育成效。培养卓越乡村工匠之师核心能力决定教师的素质，是决定其教学质量和办学特色的关键因素。工匠之师的资格具备双重的实践特征："一是作为职业教育教师的教学实践，它存在于教学的具体组织与实施过程中；二是作为专业技术人员的生产实践，它存在于生产劳动的具体组织与实施过程中。"① 工匠之师的任务，是使学生具备在企业从事专业技术工作必备的职业能力，因此，工匠之师的教学实践必须与不断变化的专业技术人员的职业实践相适应。当前，职业院校师资队伍的主要问题是教师的知识结构与职业教育所要求的知识结构不相适应，教师缺乏必要的工作实践能力和专业实践技能，这一现状更加凸显出核心能力培养对卓越乡村工匠之师的重要性。

核心能力已经成为工匠之师所必备的能力，是卓越乡村工匠之师的重要标志，也是在人们工作和生活中除专业岗位能力之外取得成功所必需的基本能力。因此，我们需要以科学发展观为指导，借助合作式融合、嵌入式融合、关联式融合、一体式融合、内生式融合等五种方式不断提升工匠之师核心能力，从而积极推进卓越乡村工匠之师的培育。

---

① 邵泽强. 校企合作共建产教结合基地培养工匠之师浅谈 [J]. 网络财富，2009 (20)：62-64.

第五章　乡村卓越工匠之师发展策略

第一节　乡村卓越工匠之师专业发展的多元管理策略

乡村工匠之师专业发展及其管理成为当前我国职业学校教师教育实践中具有前瞻性的新课题。自20世纪80年代以来，教师专业化的重心由群体转向个体。教师个体专业化重心又由教师个体被动专业化转向主动专业化，即教师专业发展，乡村工匠之师也不例外。一般而言，乡村工匠之师专业化主要强调他们群体的、外在的专业性提升，而乡村工匠之师专业发展则强调他们个体的、内在的专业性提高[①]。并且，由于影响乡村工匠之师专业发展的主要是教师自身因素、教育系统因素和社会环境因素，因此，从自我、学校和国家等多元视角来观察乡村工匠之师专业发展的管理策略问题，对于推进我国乡村工匠之师专业发展有着十分积极的现实意义。

一、自我管理：专业养成+专业反思

乡村工匠之师专业发展的自我管理，即乡村工匠之师自我角色愿望、需要以及实践和追求的不断完善，它是完善乡村工匠之师专业发展

① 刘建湘. 职业院校“双师型”教师专业发展管理策略初探［J］. 教育与职业，2005（7）：66-69

的有效途径。“教师专业发展就是自我反思的过程，反思被广泛看作教师专业发展的决定性因素，美国心理学家波斯纳给教师成长提出一个简洁公式：教师成长＝经验＋反思。”[①] 根据唯物辩证法，我们可知，事物的发展虽是内外因共同起作用的结果，但内因是第一位的，是事物发展的源泉和动力，是事物发展的根本原因，决定着事物发展的基本趋向，外因只是起到加速或延缓的作用，只有通过内因才能起作用。因此，乡村工匠之师专业发展的自我管理才是决定其专业发展广度与深度的最根本的影响因素，必须加以重视和自我科学管理。

首先，乡村工匠之师要明确专业发展的核心因素。其自我管理有两个核心因素：专业发展自主意识的确定和专业发展自主能力的养成。只有具有专业发展自主意识和能力的乡村工匠之师才能自觉地不断促进自我专业成长。所谓乡村工匠之师的专业发展自主意识的确定，就是对自己过去专业发展过程的意识、对自己现在专业发展状态和水平的意识、对自己未来专业发展的规划意识的确定。专业发展自主意识是乡村工匠之师真正实现自主专业发展的基础和前提，它既能将他们过去的发展进程、目前的发展状态和以后可能达到的发展水平结合起来影响今后的发展方向和程度，又能增强其对自己专业发展的责任感，确保其专业发展的“自我完善”取向。教师专业自主发展意识是教师专业发展意识的一部分。从结构上看，它应包括具有为自己专业自主增权的意识、反思意识、批判意识、进取意识、终身学习意识；从时间维度看，其内容至少包括三方面：对自己过去专业发展过程和途径的总结意识，对自己现在专业发展状况、水平所处阶段的分析和评价意识，以及对自己未来专业发展的设计和规划意识。所谓乡村工匠之师专业发展自主能力的养成，是指乡村工匠之师个体对从事教学工作的感受、接纳和肯定的心理倾向和能力的养成，这种自主能力是在教学专业活动中形成并得以发展的，需要具备一定专业生活的积累，这是其专业进一步发展的现实基础。纵

---

① 王军. 广州市属高等职业院校教师专业发展现状分析与对策研究［D］. 广州大学，2011（5）：28-29.

观乡村工匠之师的专业发展过程，其专业活动尽管有多种形式，如与学校领导的互动、同事和企业之间的合作、与家长的接触和与学生交流等，但从总体上看，教室才是他们在学校的基本活动场所，课堂教学才是乡村工匠之师的最基本的专业活动形式。因此，对乡村工匠之师专业发展自主能力的养成机制的探寻也应该根基于他们课堂上的专业生活。

其次，乡村工匠之师要抓住专业发展的关键事件。当把目光瞄向乡村工匠之师的课堂专业生活时，可发现他们的的确确要担负许多重复性的工作，并非都能从专业生活经历的时时事事中发现对自身专业发展的意义，只有通过课堂专业生活的某些特定事件（又称关键事件）、特定时期和特定人物，才会对其专业发展产生重大影响。比如，在教学过程中，相互听课、研讨、说课、实践操作、学生意见反馈等，都更容易成为教学中的关键事件而为他们的专业发展提供契机。一方面，它给他们创造了一些选择和改变的机会，其中集中体现了他们对自我已有的内在专业结构合理性、适应性的评价和最终决策，也可能包含着他们对长期累积所形成的教育教学经验的体悟；另一方面，它又引发了他们的自我澄清过程、个人思维的清晰化过程，促进了包括他们个人教育观念在内的乡村工匠之师专业结构的解构和重构。

最后，乡村工匠之师要学会对专业发展的角色反思。让乡村工匠之师学会对自身角色的认知与反思，对于他们的专业发展具有很重要的作用。一般来说，乡村工匠之师角色由两部分组成，即“他我”和“自我”。前者是他们外在的社会工具价值，它将乡村工匠之师职业看成是社会对其角色的规范和要求；而后者是他们内在的自我主体价值，它将乡村工匠之师职业看成是一种出于职业良心的职业或者看成是一种自我价值的实现、一种幸福的体验。从实践中看，对他们的价值认识一直停留在社会功能上，而事实上对于他们的专业发展而言，后者显得尤其重要。因此，乡村工匠之师在专业发展的自我管理过程中要学会对自身角色的反思，准确把握自己的专业角色，清晰地认识到乡村工匠之师对于职业教育乃至整个社会的价值与意义，在较高的职业认同感、职业自信心及职业成就感下意识到自己所肩负的专业发展责任，从而坚定专业志向，使专业发展自觉化，进而强化自我专业发展的需求与意识，确立稳定的专业发展目标，制定出具体的专业发展规划，并在不断地反思与调整中把握自己专业发展的方向与路径，逐步达到专业发展的成熟状态。

二、学校管理：专业区分+专业激励

在乡村工匠之师自我管理的基础上，进行适度的学校管理是促进乡村工匠之师专业发展的重要策略。为了促进乡村工匠之师专业发展，我们认为学校应选择“分段、分类、分期”的专业激励，优化学校专业管理。

一是对不同成熟度的乡村工匠之师进行分段激励。著名的“生命周期理论”告诉我们，如果将被管理者分成四种成熟度，即不成熟的被管理者、初步成熟的被管理者、比较成熟的被管理者和成熟的被管理者，那么我们的领导方式或管理方式则应该是命令式的管理方法、说服式的管理方法、参与式的管理方法和授权式的管理方式（民主式的管理）。这一理论给我们的启示是，当乡村工匠之师成熟度、工作的自觉性还不是很高的时候，我们就应该加大学校激励的力度，用种种制度来规范其教育教学行为。加大学校激励的力度，并不是说类似于奖勤罚懒的力度越大越好。当学校的激励达到一定程度后，它的作用将逐渐减弱。乡村工匠之师的专业发展和素质的提高，最终必须靠他们自己。

二是对不同成功型乡村工匠之师进行分类激励。乡村工匠之师在各自岗位因各种原因，其职业发展趋向各有不同，最后导致其成功的类型也各不相同。有的成为研究型乡村工匠之师，有的成为教学型乡村工匠之师，有的成为管理型乡村工匠之师（如德育辅导员类），有的则异化为商业型或其他类型的专业人才。为了保证乡村工匠之师专业健康发展，我们应针对各种不同类型的乡村工匠之师采取不同的分类型的激励策略。对于优秀科研型、教学型乡村工匠之师，我们要做到事业留人、待遇留人、感情留人和政策留人，同时也应靠政策来促进有序流动。对于专业异化的乡村工匠之师，我们要么动员他们离职进修以期其达到乡村工匠之师专业发展的总体要求，要么依靠相关政策动员其改做其它更适合的工作，从而营造一个乡村工匠之师流动的良性循环环境。

三是针对不同成长期的乡村工匠之师进行分期激励。依据教师发展阶段理论，乡村工匠之师发展一般可以分骨干教师、教学名师、特级教师三个时期，针对不同时期的乡村工匠之师，我们应采用不同的激励方式。在骨干教师时期，我们可以采用目标达成度的策略，即以泰勒目标评价模式的方法来管理；到其成为具有一定教学风格的教学名师时期，由于教学有法，而教无定法，对不同的教学风格和不同的学科特点，就很难用统一的标准来要求，这时就要针对不同的个体与个案，采用个案分析的方法，发挥评价的诊断功能，这样才能更有助于乡村工匠之师的专业发展；而到特级教师时期，乡村工匠之师专业化发展更多的是一种自我更新、专业自主的发展，最好的方法是以其所输出的成果（主要包括科研成果与其所带教的青年职业教师的成长）来激励其更上一层楼。如果说，乡村工匠之师的生命因学生而永恒的话，那么，经验丰富的教师，将从其所带的年轻教师的成长和科研成果那里，得到收获的欢乐，从而成为快乐的乡村工匠之师。

三、国家管理：专业制度+专业待遇

乡村工匠之师专业发展是一个长期而艰苦的过程，其成长不仅仅只是他们个人和学校的责任，而更重要的要成为国家的责任。国家应该为此提供相关专业制度和调整专业待遇，配以体系化的相关制度加以规范、引导与保障，加强国家导向管理。

第一，完善乡村工匠之师专业标准。由于乡村工匠之师的概念是由湖南农业大学首次提出，目前我国对乡村工匠之师的任职资格尚未形成标准，这势必会影响乡村工匠之师教育教学质量。乡村职业教育质量问题首先是个标准问题。要保证乡村工匠之师专业素质目标的实现，就有必要制定乡村工匠之师标准。即为了进行合理的学校管理，获得该职业的最佳活动效率，以经济、技术、教育科学和职业实践经验的综合成果为基础，根据乡村工匠之师的职业特性，经有关方面协商一致，对职业教育领域重复出现的活动名称、目标、内容、方法、程序、质量以及实现以上活动所必须具有的知识、技能、态度等方面内容做出综合性规定，并作为共同遵守的基本准则和依据，从而使得资格制度真正具有法律效力。

第二，推行乡村工匠之师专业制度。一是推行乡村工匠之师资格制度。在职前教育方面，严格规定教育专业的学业标准，实行注册学分制；高职院校的教育课程应打破校际、系际的界限，向符合条件、乐于从教的学生开放；也可配合乡村工匠之师资格制度，向社会所有申请乡村工匠之师资格者提供教育课程；加强教育专业学生的教学实践，严格控制教育专业毕业生质量。在就职入口方面，实行国家职业院校资格考试和持证上岗制度。参照医生、律师、注册会计师的国家考试办法，实行国家乡村工匠之师资格考试。即是说，每一位欲从事乡村工匠之师职业的人，必须通过国家乡村工匠之师资格考试，获得资格证书，方可成为乡村工匠之师。聘用单位同样要执行这一规定，否则视为违法违规聘用。二是实行乡村工匠之师教育认可制度。目前，还没有形成统一规范的全国性中职学校乡村工匠之师的认证标准，一些乡村工匠之师认证标准多是各地根据学校自身的发展需求或状况而制定的，这必然使得各地乡村工匠之师只具有地域的认可度，而不一定能在全国各地都得到认可，这无疑会导致乡村工匠之师培养与资格认证的随意性增强，导致个体专业化程度不高，并且使得乡村职业学校教师对自己职业的社会价值认可度不高。所以，国家可以建立类似于美国全国教师教育认可委员会的评审机构，对提出申请愿意承担乡村工匠之师培养任务的所有师范院校和综合性大学的乡村工匠之师教育资格进行审查，决定是否授予其乡村工匠之师教育资格，并对所有承担乡村工匠之师教育任务学校的教育质量进行评估。国家可以通过进一步加强对乡村工匠之师内涵和标准以及县级中职学校的办学实践情况等方面的科学研究，力争能制定出范围更广的甚至是全国性的乡村工匠之师资格认证标准，改变目前各自为政的教师资格认证制度；还要加大宣传力度，扩大影响，提高乡村工匠之师在全社会的认可度。

第三，加强乡村工匠之师专业培训。乡村工匠之师职前培养作为使相关人员具备教师资格的学历教育，隶属于教育体系内部的正规教育，有其相对固定完备的教育教学制度与模式，而在职培训作为促进乡村工匠之师专业发展的基本途径，由于其是“侧重于再造性、补缺性、更新性的教育，它一方面要帮助教师更新知识和技术，另一方面要帮助教师矫正不恰当的教育观念、教育方法和教育技能”①，并且处于不同发展阶段和专业领域的教师有着需求上的较大差异，因此，为了加快师资队伍的培养与建设，提高职业教育质量和效益，有必要尽快建成乡村工匠之师师资培训体系。要有效提升在职培训的效果就必须针对不同个体的不同需要实施有针对性的差异化培训，做到多管齐下、多方合作、互助发展。进行培训需求调研，制定乡村工匠之师培训规划；选派人员赴国外进行项目管理培训、教材培训等一系列有针对性的培训活动；邀请专家开设专题讲座；确定部分对口企业为乡村工匠之师进修提供培训基地，定期组织他们去基地接受轮训，重点掌握先进技能、了解行业需求及发展动向；聘请大公司经理、高级专家、高校教师、行业业务负责人等到校进行专业培训。在此基础上，逐步形成学历教育、继续教育、出国深造、短期培训、基地轮训、专家培训及教师互训有机结合的培训体系，切实提高乡村工匠之师的素质。具体的乡村工匠之师专业培训可以从加强校本培训、深化院校联动培训、创新校企合作培训、改进师徒制帮带模式等方面着手。

第四，提高乡村工匠之师专业待遇。为了缩小其职业声望与收入的差距，促进乡村工匠之师专业的发展，需要切实解决他们的待遇问题。对学科带头人和教学骨干要给予学术休假和实施学术津贴；对学校从企业引进的专业技术人员和教师评聘工程技术职称，应在政策上给予大力支持；实行教育工作特点的乡村工匠之师工资制，提高乡村工匠之师的工资收入，使乡村工匠之师工资达到国民经济行业中较高水平；扩大乡

---

① 卫中玲. 高师院校构建教师职前职后教育一体化课程体系的实践与思考［J］. 教育理论实践，2006（26）：13.

村工匠之师工资津贴在国家专项教育拨款中的比例，提高乡村工匠之师工资起点。此外，在劳动、人事制度、住房、医疗、退休制度等方面，也要为乡村工匠之师创造更多的机会和条件，从根本上改善乡村工匠之师生活、工作条件，使乡村工匠之师职业真正成为受人尊敬和羡慕的职业。

总之，乡村工匠之师职业专业化是个持续不断的过程，在这一过程中，我们只有通过乡村工匠之师自我管理、学校管理和国家管理的多层面调控，才能尽可能促进乡村工匠之师专业发展走向成熟。乡村工匠之师专业发展不是通过一时的突击可以实现的，我们必须看到，它是新世纪职业教育发展的曙光，是未来乡村工匠之师教育持续存在的生命力所在。

第二节　乡村卓越工匠之师专业发展

乡村工匠之师专业发展本应包含两层含义：一是乡村工匠之师实际经历的专业发展的变化过程，侧重乡村工匠之师专业发展体现在哪些方面、发展要经历哪些阶段、发展是否有关键期等；二是乡村工匠之师专业发展的促进方式，即在乡村工匠之师专业发展有关观念的指导下，应给其提供哪些外在环境和条件，才能更好地帮助他们顺利地走过专业发展所必须经历的诸阶段。第一阶段是指乡村工匠之师的专业成长过程；第二阶段是指促进乡村工匠之师专业成长的过程，即乡村工匠之师教育。在本研究中侧重的是第一种，即由乡村职业教育非专业人员转变为专业人员，再到卓越化的过程，侧重从理论上研究乡村工匠之师内在专业素质结构及职业专门化规范和意识的养成与完善。

一、乡村卓越工匠之师专业发展的阶段性和取向性

乡村工匠之师专业发展无疑是一个长期的过程，需要经历一系列的发展阶段。国内外关于教师专业发展过程及阶段性，不同的学者有着不同理解。其归纳起来，大致有这几种代表性观点：

（1）两段式论。譬如吴康宁提出，教师专业发展可分为预期专业社会化与继续专业社会化两阶段，前者指个体为适应将要承担的专业角色而进行的准备性个体社会化，是师范教育阶段；后者指个体在承担某种专业角色后为了更好地扮演角色而进行的社会化，包括教师工作实践及各种在职学习①。朱玉东认为，教师专业发展包括职前专业发展和在职教师专业发展两阶段，职前教师教育为教师专业发展奠定初步基础，在职教师教育是教师从新手走向专家型教师、从经验型教师走向研究型教师的必由之路②。

（2）三阶段论。伯顿（Burden）提出了教师发展的三阶段论：求生存阶段、调整阶段、成熟阶段。王秋绒认为教师专业发展是专业社会化的历程，可分为师范生的专业社会化、实习教师的专业社会化、合格教师的社会化三个阶段③。Shuell（1990）的教学专长发展三阶段论，包括：第一阶段，即新手阶段，主要是逐步熟悉教学活动但无经验，常犯错误；第二阶段，即中间阶段，主要表现为知识、经验与技能的不断整合，认知逐步自动化，教学效率提高；第三阶段，即高水平阶段，主要表现为教师专长充分发展，知识和经验丰富，认知自动化过程充分发展。刘捷指出教师专业发展必须经历从师范生到入门教师、从入门教师到合格教师、从合格教师到优秀教师三个由低到高的持续的一体化发展阶段④。唐玉光认为教师专业发展可分为职前专业准备、入职专业辅导和在职专业提高三个阶段⑤。

（3）四阶段论。美国学者弗勒（F. Fuller）根据教师关注的倾向性内容把师资专业发展分成四个阶段：教学前关注的阶段、早期生存关注阶段、教学情景关注阶段、关注学生的阶段。美国学者卡茨（Katz，

---

① 吴康宁．教育社会学［M］．北京：人民教育出版社，1998：215-221．

② 朱玉东．反思与教师的专业发展［J］．教育科学研究，2003（11）：26-28．

③ 王秋绒．教师专业社会化理论在教育实习设计上的意义［M］．台北：师大书苑，1991：33-48．

④ 刘捷．专业化：挑战21世纪的教师［M］．北京：教育科学出版社，2002：150、4-5．

⑤ 唐玉光．基于教师专业发展的教师教育制度［J］．高等师范教育研究，2002（5）：35-40．

1972）把教师的发展分为四个阶段：求生存期、巩固期、更新期、成熟期。申继亮提出教师专业发展可分为学徒期（熟悉教学阶段）、成长期（个体经验积累阶段）、反思期、学者期四个阶段①。

（4）五阶段论。伯林纳（David. Berl1ner）依据发展需求的顺序，提出的教师专长发展阶段理论将教师的发展分为五个阶段：新手阶段、优秀新手阶段、胜任阶段、能手阶段、专家阶段。西克斯（Sikes，1985）以年龄为主要指标，将教师的职业生涯分为五个时期：第一时期为21—28岁、第二时期为28—33岁、第三时期为33—40岁、第四时期为40—50/55岁、第五时期为50—55岁以后。傅树京认为与教师职后培训相联系的专业发展阶段可分为适应期、探索期、建立期、成熟期、平和期五个前后相继阶段，构成循序渐进、连绵不断的直线动态发展历程②。叶澜、白益民根据“自我更新”取向，提出教师专业化发展包括非关注阶段（进入正式教师教育之前）、虚拟关注阶段（职前师范学习）、生存关注阶段（初任教师）、任务关注阶段（专业稳定发展）、自我更新关注阶段（直接以专业发展为指向）五个阶段③。陈永明提出教师成长可分为五个连续阶段：适应和发现期、稳定期、适应期或重新评价期、平静期和保守期、退出教职期④。

（5）六阶段论。美国学者司德菲和沃尔夫（Steffy & Wolfe，1997）等认为师资专业发展是一个发展模型，由6个前进的时期组成，被反思和革新机制所推动或被退出机制所阻碍，这六个阶段包括：新手、学徒、职业、专家、卓越、名誉退休。

（6）七阶段论。休伯曼（Huberman M.，1993）根据教师职业生命周期，把教师专业发展分为七个阶段：入职期、稳定期、实验和歧变

① 申继亮，等. 关于中学教师成长阶段的研究［J］. 天津师范大学学报（基础教育版），2002（3）：1-4.

② 傅树京. 构建与教师专业发展阶段相适应的培训模式［J］. 教育理论与实践，2003（6）：39-43.

③ 叶澜，白益民. 教师角色与教师发展新探［M］. 北京：教育科学出版社，2003：230、278.

④ 陈永明. 现代教师论［M］. 上海：上海教育出版社，2003：186-188.

期、重新估价依据关注的重点期、平静和关系疏远期、保守和抱怨期和退休期。

（7）八阶段论。美国学者费斯勒（R. Fessler，1985，1992）根据教师专业发展时期的不同特征，把师资专业发展分成8个阶段：职前教育阶段（职业角色的准备期和培养形成期）、实习导入阶段、能力建立阶段，热心成长阶段（努力追求自我实现期）、生涯挫折阶段（有人称为职业倦怠期）、稳定停滞阶段（职业生涯发展中的高原期或平原期）、生涯低落阶段、生涯引退阶段。

中西方这些学者的教师发展阶段论异彩纷呈，这是因为每个学者研究这个问题时有其相应研究角度和取向，由此对教师发展阶段作了具体的描述与分析。由此可见，乡村工匠之师专业发展具有过程性、阶段性，同时具有相应的取向性。

第一，社会化取向。这一理论把师资专业发展看作是个体与社会互动的社会化过程，从教师作为社会人的角度出发，考察其成为一名专业教师的变化过程，认为教师专业发展是教师与各种社会化动因不断互动的复杂过程，是教师对其职业角色的获得和认知不断完善的过程。该过程从时间上来说，贯穿教师整个职业生涯，从内容上说，是教师获得职业必备的价值观、兴趣、技巧和知识的过程。代表性的学者有吴康宁、王秋绒等。

第二，生态取向。按教师生命周期即年龄特点去描述、阐释教师职业生涯发展与教师专业发展，如陈永明、西克斯（Sikes，1985）的研究。该理论研究以人的生命过程与周期来看待教师的职业发展过程，其阶段的划分以生命变化周期为标准，在人的生理的自然成熟和职业的自然适应基本框架下对教师职业成长过程进行描述。

第三，教师自身发展反思与自我更新取向。强调教师专业成熟过程中对自身实践的反思和自主发展意识的发展，如申继亮、傅树京、叶澜、白益民等的研究。该理论研究是学者们在多年观察教师成长过程和借鉴国外学者研究的基础上，通过问卷调查与测评得出的研究结果，认为教师专业成长需要经历若干时期，每一发展时期具有典型的心理、认识与能力方面的特征，折射出不同的专业发展水平，各时期各阶段有较明显的界限和明确的发展方向。

第四，一体化取向。认为教师专业发展是贯穿于职前教育、入职辅导与在职教育一体化过程，教师教育一体化是教师专业持续终生发展的制度保证。该理论研究是在我国教师教育一体化改革背景下开展的，教师教育是涵盖职前、入职和在职教育的一体化教育。学者们认为教师的专业发展也相应分为职前师范教育、入职辅导和在职教育三个连续阶段，教师专业发展是教师终其毕生经历而逐渐达致专业成熟的过程，一体化的教师教育体系为教师专业持续终身发展提供全程支持。如刘捷、唐玉光等的研究。

第五，职业生涯取向。强调教师专业发展与职业生涯同期，是教师在专业素质方面不断成长和追求成熟的过程。它既指专业素质各个方面（专业态度、专业知识、专业能力）的一起成长，也指一个有步骤和阶段性的成长过程。是个人终其一生所扮演角色的整个过程。它包含三个层面：第一，时间，指一个人的年龄和生命周期，可以分为成长、探索、建立、维持、衰退等五个阶段。第二，广度，指一个人一生所扮演的各种角色，比如儿童、学生、公民、职业者、消费者、家长等。第三，深度，指一个人扮演每一个角色所投入的程度。

在本研究中，我们更倾向于职业生涯取向，指向乡村工匠之师的职业生涯，是一个人作为乡村职教教师开始致力于从事职业教育、并实现卓越化的整个过程。乡村职教卓越教师的职业生涯比其作为一个人的生涯在时间上要短，乡村职教卓越教师这个职业，在人的一生中，开始比较晚，结束比较早；在广度上，只涉及乡村职教卓越教师这个角色，而没有涉及其他角色；在深度上，由于是个人的职业，所以投入的程度，比其他的角色一般要深入。这里，乡村职教卓越教师职业生涯和乡村工匠之师专业发展基本是一个意思。它们的区别，只在于生涯比较中性，而发展带有目标和价值性。

国内外专家、学者对教师专业发展的研究为乡村工匠之师专业发展提供了很好的借鉴参考，但也存在不足。大多数阶段论偏向于对教师实际经历或表现出来的发展情形的描述，对最理想专业发展历程，即“卓越”未作应有关注；大多数阶段论从某一特定角度对教师专业发展过程进行描述式研究，缺少对专业发展自身构成要素、内在轨迹和外在影响因素作用的分析；大多数阶段论以专业成熟为教师发展终极目标，对达到成熟期以后，譬如更高境界“卓越”的教师发展尚未作进一步研究；大多阶段论，重点关注的是中小学教师的成长过程，对职业师资的职业发展过程探讨不多；大多阶段论，是基于教育资源丰富地区的研究而得出的结论，而对容易被边缘化的乡村工匠之师专业发展研究甚少。乡村工匠之师发展，有其普遍的、广识的教师专业发展阶段和特点，也有其独特的阶段性和取向性特点，以及内在的、特殊的发展轨迹和逻辑。

乡村工匠之师专业发展贯穿于教师职业生涯的全过程，其发展具有动态性。从宏观来看，乡村工匠之师专业发展具有整体性，从成为一名未来乡村职教教师起直至乡村职教教师生涯结束，是一个整体进程。但同时我们还应该认识到，在这个职业发展的整体进程中，其发展过程并不仅仅是时间上的简单延续和线性递进过程，而且是螺旋式上升、内涵不断深化演进的过程。各不同的发展阶段，其侧重点和教育内容存在很大的差异。教师专业发展的这种复杂性，要求研究者对教师专业发展进行阶段性的划分，针对性地展开分段研究。

二、乡村卓越工匠之师专业发展的主要阶段及特点

乡村工匠之师专业发展是一个在内外助推之下的职业生涯自主发展过程。乡村工匠之师发展阶段研究旨在探明教师个体内在的、主动的专业发展特点、机制和规律，从根本上指导乡村工匠之师专业成长，改善乡村工匠之师对社会的专业服务水平，使乡村职教教师真正获得社会认可。据此，我们可以看出乡村工匠之师专业发展，应该包含三层含义：一是乡村工匠之师专业发展是其本人职业生涯中由不成熟到相对成熟的动态、提高的完整过程；二是乡村工匠之师专业发展是其本人专业实践所需的知识、技能、能力、态度、信念、情意等专业素养形成和发展的过程；三是乡村工匠之师专业发展强调个体的成长和发展过程，其实质

是促进完善个体专业结构，提升自身专业能力，实现自主专业发展。因此，可以这样定义乡村卓越师资专业发展，即乡村职教教师经历由不成熟到成熟，再到“卓越”的发展历程，以教师个人成长为导向，以专业化或成熟为目标，以教师知识、技能、信念、态度、情意等专业素质提高为内容的教师个体专业内在动态持续的终生发展过程。教师个体在此过程中主体性得以充分发挥，人生价值得以最大限度实现。乡村工匠之师专业发展是分阶段，有过程的；分向度，有内涵的。

《老子》曰：“故善人者，不善人之师；不善人者，善人之资。”《说者》曰：“善人，有不善人，然后善救之功著，故曰‘资’。”由此可见“师资”在中国历史的语境中，强调的是能当教师的人才，体现了师资专业发展的过程，即从所谓的“不善”至“善”的过程，也就是专业素质方面不断成长和追求成熟的过程。由“师资”的中国语境可知，乡村卓越师资专业发展，从大的方面来看，应该包含两个过程：一是未来乡村职教教师的卓越化过程；二是当下乡村职教教师卓越化过程。这两个过程整合起来，构成了乡村工匠之师专业发展过程。从更细的阶段来看，我们把乡村工匠之师专业发展分为五个阶段：准备期、适应期、发展期、创造期、卓越期。在每个阶段结束时，他们可以分别称为新任乡村职教教师、合格乡村职教教师、骨干乡村职教教师、专家乡村职教教师、卓越乡村职教教师①。

从乡村工匠之师专业发展的向度和内涵来看，应包括以师德为核心的情意发展、以师能为核心的认知发展、以师艺为核心的技艺发展三个向度的专业素质②。这些向度渗透了教师活动以及工作成绩或成果方面，是乡村工匠之师专业素质以及教育实践活动的内化和外化，最能反映其成长和变化，因此也成为乡村工匠之师专业发展分阶段的内在逻辑。

1. 准备期

职业准备期是指乡村工匠之师从事教育工作以前的阶段，是接受教

---

① 刘建湘，周明星. 职业院校“双师型”教师教育研究［M］. 长春：吉林科学技术出版社，2005：82.

② 徐健. 职校专业师资专业发展的三个向度［J］. 职教论坛，2006（4）：22-23.

育和学习的阶段。这个阶段的活动是学习，包括在基础教育阶段的学习和专业阶段的学习。这个阶段的学习，对他们成为乡村工匠之师或者成为一个什么样的乡村工匠之师是有影响的。准备期以走上乡村工匠之师岗位而告终。准备期的时间长短是比较好计算的，因为学校教育有一定的制度。当然，每个人准备期的长短也不一样，它需要根据每个人上学的情况来定。少则 12 年，多则 16 年甚至更多。在职前准备期，未来乡村卓越职教教师的素质如何，取决于多种因素，如家庭和学校方面等，学校方面对乡村工匠之师的影响最为突出。此外，他们自身是否勤奋，学习是否得法，则是决定性的因素。

乡村工匠之师专业发展中的准备期阶段具体特征表现在：

（1）以师能为核心的认知发展。这阶段以学习书本知识为主，所学的是书本知识、间接经验，由于他们知识的主要来源是书本，因而缺乏实际经验。他们的知识和经验具有一般化和表面化的特点。因为书本知识是抽象的理论知识，是普遍的原理，所以他们还缺乏对各种各样的具体情况和特殊事件的了解。此外，他们在学校要学习很多的书本知识，加上缺乏直接经验，以致他们对书本知识的理解还是比较肤浅的。正如古人所说的，纸上得来终觉浅。在此阶段也形成了乡村工匠之师所需要的一部分独特的优势素质，相比其他一般乡村职教教师有了许多优势，比如知识面广，在能力上有某方面的特长等。

（2）以师德为核心的情意发展。对于乡村职教教师这种职业的选择很大程度上取决于自身的理想和追求，然而这种理想与追求大多受其个人生活经验与教育经历的影响。之所以能成为乡村工匠之师，他们往往在这个阶段对于乡村职教教师这个职业具有一种理想或愿望的寄托，也正是这种内在的精神动力差别决定了不同的乡村职教教师未来发展层次的不同。通过学校教育，通过教师有意识的职业价值观教育，系统而有效的职业指导，多种类型的实践体验活动，帮助未来乡村卓越职教教师逐步了解乡村职业学校教师的工作内容、工作状态与工作性质，从而形成对乡村职教教师工作意义与价值的正确理解，增强其对乡村职教教师职业的认同，开启对于这份职业美好生活的主观愿望与追求。

(3) 以师艺为核心的技艺发展。这阶段重学科教育、技能教育，忽视了教师教育。主要解决的是教什么的问题，而忽视了怎么教。通过学校素质拓展、学校教学实践、企业见习、实习实践等一系列活动，重点发展乡村工匠之师教师才艺，如语言表达能力、板书能力、文字表达能力、思辨能力和课堂教学能力等一系列的教师的技艺水平。

在这一阶段的教师活动一般为见习、实习活动或者其他模拟教师教学活动，其工作成绩或成果多为学习、实习等成果和成绩，这些教育实践活动以及相关成绩是乡村工匠之师专业素质内化和外化的集中体现，为乡村工匠之师专业发展奠定了坚实的基础。

2. 适应期

职业适应期是乡村工匠之师走上工作岗位，由没有真正意义上实践体验到初步适应教育教学工作，具备最基本、最起码的教育教学能力和其他素质的阶段。

这一阶段要解决的主要问题是，实现从书本知识到实际操作，从间接经验到直接经验的转化，增强适应实际工作和环境所需要的基本功。这一阶段的主要活动是深入了解和熟悉各种教育教学工作，具体包括：熟悉学校的工作环境和工作常规，熟悉教材，熟悉学生，备课，上课，带班当班主任，等等。

乡村工匠之师专业发展中的适应期阶段具体特征表现在：

(1) 以师能为核心的认知发展：知识和能力方面，开始形成实际的、具体的、直接的知识和经验。原来只有一般的、普遍的知识，现在要接触的是具体的、个别的知识。新任乡村职教教师刚开始工作的一段时间里，要形成关于所在学校、所教学生、所教学科、教学程序、班主任工作方法等方面的大量感性认识和具体的知识，这是他们在素质发展上一个明显的变化。实践技能方面，经过一段时间的企业一线工作实践或指导学生企业顶岗实习，具有初级职业资格证书及掌握两项以上相应专业操作技能或熟悉两项以上专业岗位实践；具备应用新生产工艺的能力，能够解决生产中出现的一般技术问题。

(2) 以师德为核心的情意发展：学校管理的规约与教学目标的限定

是这一时期的主要影响因素。对于适应期的乡村职教教师而言，这一时期还没有确切的职业定位和自我感知。学校的管理和教学目标通常是适应期的乡村职教教师的行动指向和行动目标。乡村职教教师将自我知识转化为教学行为，既要满足学校规约与评价标准，又要经历一些焦躁、受挫、破灭、再建构的过程，从而寻求到实现自我与现实教学的某种平衡。这阶段乡村职教教师奋进、探索、困惑和迷茫并存，也会出现一些分化。这些迷茫、竞争、压力、困惑等，将导致其对教师职业价值崇高性的判断，及对自己教学能力的估计。乡村工匠之师在职前准备期的素质高低，适应期能否得到有效的引导帮助，是否获得发展的平台和机会，以及个人努力程度，将形成工作热情维持、专业认识重构和职业情意控制等师德的内核。

（3）以师艺为核心的技艺发展：教育教学的实践能力开始初步形成，也是其这一阶段素质上的一个明显变化。原来只是具备从事教育教学的潜质，只是纸上谈兵，现在则是实际作战，通过实践而锻炼教育教学能力。他们的教学技艺和专业技艺水平还处于较低的层次，项目还不够全面和平衡。开始的时候，乡村工匠之师往往只能集中时间和精力于一些方面，而不能四面出击，这就使他们以师艺为核心的技艺水平，不可避免地带有局部的和分散的特点，而不是全面的和联系的技艺系统。

职业适应期结束的标志，就是乡村职教教师能够适应和胜任教育教学工作，能够基本上完成教育教学任务，得到学生的认可。适应期的乡村职教教师，通常被称作新手，而这一时期结束时则可以称为合格乡村工匠之师。适应期的时间周期，大体在1—3年，这是一个经验的指标。因为适应乡村工匠之师职业的标志，并没有一个很准确的和具体的标准，在实际工作中大家往往有不同的理解。所以，其时间周期是无法进行准确划分和统计的。

3. 发展期

发展期是乡村工匠之师在初步适应教育教学工作后，继续在教育教学实践中锻炼自己的教育教学能力和素质，使之达到熟练程度的时期。这一时期的主要矛盾是学生和学校对乡村工匠之师提出的更高的素质要求与乡村工匠之师的实际素质还不够高之间的矛盾。一般来说，在乡村工匠之师工作一段时间后，学校和学生就会对其教育教学提出更高的要求，希望他们成为有经验的乡村职教教师，甚至是乡村职教卓越教师，而他们在适应期的素质与此还不适应，还必须通过进一步的实践锻炼来解决这个矛盾。

乡村工匠之师专业发展中的发展期阶段具体特征表现在：

（1）以师能为核心的认知发展：知识和技能方面，向着熟练化、深广化发展，专业化水平提高。骨干乡村工匠之师经过比较长期的教育教学实际锻炼，上了很多课，接触了很多学生，因而，在自己的头脑中，有了丰富的表象，这些表象既有关于课堂的，也有关于学生的，还有关于教材的。正如通常所说的，他们此时见多识广，经验丰富。他们凭借经验能够自如地处理问题，工作有效率。此外，他们在提升自己的素质、提高自己的知识和能力时，注意向更深更广的方向发展。

（2）以师德为核心的情意发展：其自身也在逐渐调整、适应，开始了职业角色的体认和专业价值的确立。在这个时期，由于对职业角色的认识不同，不同的教师会朝不同的方向发展。叶澜教授曾将教师职业认可区分为经济来源、社会价值与内在自我的激发①。以经济来源作为角色认识的教师，发展可能就停留在了这一阶段，视教育为技术劳动而成为一名教书匠；以社会价值为角色认识的教师，则会向更高的层次发展，也许终究会在成熟期达到顶峰，直至成为乡村职教卓越教师。

（3）以师艺为核心的技艺发展：由注重教的方面向注重学的方面转变。骨干乡村工匠之师在职业适应期，由于时间和精力的局限，往往侧重在研究如何教授上，对学生的学习和心理往往研究不够，但随着教的问题的解决，乡村工匠之师往往把重点转移到研究学生上面来，更多地关注学生的心理、需要、思想、学习方法等。在职业适应期，乡村工匠之师的素质往往是局部的和分立的，经过长期锻炼，一个一个方面的素

① 叶澜，白益民. 教师角色与教师发展新探［M］. 北京：教育科学出版社，2003：230、278.

质得到提高，逐渐形成全面的素质；同时，这一个一个相对孤立的素质相互支持，相互促进，融会贯通，逐渐形成联合的、一体的素质，而这种全面的、整体的素质已经融注到以师艺以核心的技艺当中，化有形为无形。

职业适应期骨干乡村职教教师在教育教学水平和成果上的特点，是工作自动化、有效率，能够比较自如的处理各种各样的问题，他们往往被称为有经验的乡村职教教师或教育行家。他们经常上示范课，甚至当师傅带青年乡村职教教师，其教学经验开始发挥影响。

发展期这个阶段的时间大致是 3—7 年，也就是工作以后的 5—10 年。一般到了这个时候，他们也就由一般乡村工匠之师变成了骨干乡村工匠之师。我们所讲的骨干乡村工匠之师，不少就是熟练期的乡村工匠之师。影响职业熟练期时间长短的因素有：他们在职业适应期是否能够很快地适应教育教学工作，是否刻苦地钻研业务，是否善于积累和总结自己的工作经验，是否得到崭露头角的机会，是否得到在各种工作岗位全面锻炼的机会，等等。

4. 创造期

职业创造期是乡村工匠之师开始由固定的常规的自动化的工作进入到探索和创新的时期，是形成自己的独到见解和教学风格的时期。

教育工作本身是一项极具创造性的工作，同时，教育工作中存在的大量问题与矛盾也需要我们去解决，这就不断地向乡村工匠之师提出了创新的要求。但是，乡村工匠之师在职业熟练期形成的固定化自动化的工作习惯往往与此有一定的矛盾。也就是说，乡村工匠之师的自动化熟练技巧，一方面可以提高教育工作的效率，另一方面对适应变化的情景、创造性地提高教育效果又有一定的阻碍。骨干乡村工匠之师在职业熟练期所面临的和要解决的就是这个矛盾。在解决这个矛盾的过程中，乡村工匠之师的素质要相应地作出调整。

乡村工匠之师专业发展中的创造期阶段具体特征表现在：

（1）以师能为核心的认知发展：在知识和技能方面，发展了创新素质。这个阶段骨干乡村职教教师的素质集中体现在有关教育创造的素质上，比如，乡村工匠之师的问题意识、反思意识、创新意识、创造性思维能力、创造性的个性品质（自信、毅力、独立性）不断增强。

（2）以师德为核心的情意发展：成熟教师经历上一个阶段调整、积淀，进入成熟创新期成为优秀教师。在这个阶段，他们通常已经成为教学上的能手，有一套独特的教学、管理方法与策略。但对进一步的蜕变，还需要依赖教学行为的审视与教学理论的前瞻，在实践中探索创新，在理论中寻找支撑。这就需要其自觉地汲取丰富的教育理论知识，结合实践来反馈教学、反思自身，在教育教学中得到充分的精神满足。

（3）以师艺为核心的技艺发展来看：其技艺更赋探索性。骨干乡村工匠之师在这个阶段已开始就某些问题进行专门的探讨。比如，编写新教材，改进教学法，就某一项教学目标的实现进行综合的改革。在这种探讨活动中，他们要重新学习和积累这方面的知识和信息资料，请教专家，进行探索和各种尝试，还有理论上的总结。通过这些创造性的活动，骨干乡村工匠之师就成为某一个方面的专家了。创造期骨干乡村职教教师注意到在教改实践的基础上进行理论的总结，形成有自己实践基础、又有一定独创性的教育思想。而为了搞好理论的总结，他们也很重视围绕有关问题，学习有关理论，并在理论的指导下进行教改。

有的骨干乡村工匠之师能够不断地持续地创新，达到对教育规律的比较全面的把握，对教育问题有比较系统的见解，成为教育专家，甚至进入卓越期，成为卓越乡村职教教师。

5. 卓越期

卓越阶段的教师已不仅仅停留在对教学实践突破的追随，他们在习得大量教学理论来支撑自我实践与理论积累的同时，通过总结、创新形成自己的教学理论成果。其理论成果大多对后人的学习研究有指导、引领作用。在其论文、专著的发表过程中，卓越教师仍会不断考量、审思，对已有的教学理论进行补充完善。

乡村工匠之师专业发展中的卓越期阶段具体特征表现在：

（1）以师能为核心的认知发展：卓越期乡村职教教师既应该在专业知识与能力素质方面与传统师者形象保持一种连续性的谱系联系，也要依托当代教师教育语境的时代规定性更新自己的意义域，以新的专业知识结构和培养范式来表征自我新的身份形象和价值。卓越期乡村职教教师还应具备一定的领导力、影响力和感召力。乡村卓越职教教师是乡村职教教育活动和改革的先锋和冒险者，在外界眼中与自身认识中，有责任与他人分享他们的经验、知识、观点，影响力是卓越教师的一个重要标志。因其领导力、感召力，乡村职教卓越教师在改变学校文化过程中起到关键的作用。

（2）以师艺为核心的技艺发展：既有自己的原创性的理论体系，又建构起相对应的实践操作体系，是乡村职教科学与哲学、与艺术的完美融合，并化有形为无形，化无形为风格，由“本我”“自我”追求“超我”①。卓越阶段的教师都能形成某种教学风格与教学技巧，卓越阶段教师的教学风格是真正契合个性的自我风格。“真正好的教学不能降低到技术层面，真正好的教学来自教师的自我认同和自身完整。”卓越期的乡村职教教师，是在模仿之后，寻找到的恰好符合自身个性特点的一种教学风格。这种风格不再依靠模仿，而是在前人的基础上继承、超越。通过不同风格模式的考量，将有形的特征化为无形的精髓，混合渗透到自己的教学之中，与自我有机结合，凝练成属于卓越的独特风格。这是因为在卓越阶段，教师自己在内心进行对话，以自我认同和自我完整为标准，在经历自我回归、自我质疑、自我否定、自我批判、自我成长五个阶段后认识真我，形成真我的“内在标准”，进而超越自我，实现卓越。

（3）以师德为核心的情意发展：是从“专业”“职业”到“志业”的逐步内肯过程。志业，是卓越教师职业认同的最高境界，指教师已将教书育人作为毕生志向。教学信念方面，此阶段教师在其自身教学成熟的过程中，不断经历实践检验与重构，通常会上升到更高阶的层次。正如一名国外卓越教师所说：“杰出教师看上去好像拥有一种渗透于他们

---

① 张洁平，朱成科. 专业化视角下的卓越教师专业发展阶段再认识［J］. 现代中小学教育，2015（5）：98-101.

整个生命之中的愿景与使命。他们对于教学工作的投入以及热情指引着他们日日夜夜的生活。”卓越期教师已将教学事业交织于自身生命当中，强烈的职业认同感和自身认可感、强大的责任感与使命感内化为教学事业突破的精神支撑和内驱力。

乡村职教卓越教师的具体特征中，以师德为核心的情意发展是其最重要的衡量标准，是乡村职教卓越教师的灵魂之所在，也是其全部意义和宗旨的体现。而“乡村工匠之师”的培养在教师教育活动中是一个创新性与高端性的意义单元，“卓越”作为一种高限度的乡村职教教育者称谓，为乡村工匠之师专业发展开启了超越、奋进、向上之标杆。

第三节　乡村卓越工匠之师校本培训

一、乡村卓越工匠之师校本培训意涵

1. 乡村工匠之师校本培训的概念

为了了解“乡村工匠之师校本培训”的概念，我们首先要厘清“校本培训”的概念。1986 年，牛津实习期计划——“良师计划”首创了教师和受训者的伙伴关系。从那时起，校本教师教育开始大规模兴起。但校本教师教育作为一种教师教育的思潮和制度是从 20 世纪 90 年代以后出现的，并成为发达国家教师继续教育的主流。上个世纪末，校本教师培训的研究与实践工作开始在我国逐步开展，是伴随着“八五”师资培训计划的进程而逐渐探索形成的。1999 年教育部在《关于实施“中小学教师继续教育工程”的意见》中明确指出：“中小学是教师继续教育的重要基地，各中小学都要制定本校教师培训计划，建立教师培训档案，组织多种形式的校本培训。”至此，校本培训之词在我国官方文件中首次被明确提出。但是目前，人们对“校本培训”的概念尚未达成共识。

校本培训（school-based in service training），按欧洲教师教育协会 1989 年的界定，指的是源于学校课程和整体规划的需要，由学校发起

组织，旨在满足个体教师的工作需要的校内培训活动，它既可以在整个学校水平上进行，也可以在部分部门或某一科目上进行，同时还可以是两三所学校间相互合作进行。我国教育界不少人也曾尝试对其进行界定：有的人认为“校本培训是一种以任职学校为基地辅之以大学或师资培训机构提供必要课程和人员而开展的师资培训模式”①。有的人认为“校本培训是在开展继续教育工作中，以教师任职学校为主阵地，以教师互教互学为基本形式，在岗业余自学的一种进修模式”②。有的人认为“校本培训指的是学校根据自己的发展规划，在对学校教师的现状与潜力进行系统评估的基础上，充分利用校内外的各种资源，通过自行规划设计或与专业研究机构、研究人员合作等方式开展的旨在满足学校需要及教师需求的培训活动”③。

本书将“校本培训”界定为：学校为了自身发展以及教师专业发展的需要，由学校发起组织并以该校为基地，通过利用校内外各种资源而开展的一种校内教师在职培训活动。根据本书第一部分对乡村工匠之师的概念界定，我们进一步将乡村工匠之师校本培训界定为：县级职业中专学校为了学校发展以及教师专业发展的需要，由学校发起组织并以该校为基地，以学校骨干教师、教学名师、顶级教师为培训对象，通过利用校内外各种资源而开展的一种卓越教师在职培训活动。

2. 乡村工匠之师校本培训的内涵及特征

我们所说的乡村工匠之师校本培训，并非简单地将中小学教师校本培训移植到县级职业中专学校的在职培训活动中来，而是立足县级职业中专学校实际情况，结合乡村职业中专学校的本质和特点，针对乡村工匠之师素质的要求来实施校本培训的全新的教师教育形式。其具体内涵是，县级职业中专学校结合本院校的特色和改革需要，充分考虑校内教

① 王少非. 校本教师教育的国际经验及其对我们的启示［J］. 全球教育展望，2001（07）：23-28、53.

② 莫晓东，顾通达. 浅谈教师继续教育的校本模式［J］. 高等师范教育研究，1999（2）：42-45.

③ 傅玉蓉. 论教师校本培训模式的构建［J］. 西南师范大学学报，2003（5）：94-97.

师的专业发展需求，以本校为主要基地，充分利用校内外资源，创造良好的软硬件条件，通过多种形式为教师提供的一种支持性的在职教育和继续教育。概括起来乡村工匠之师校本培训具有如下特征：

第一，教育目标的复合性和发展性。所谓复合性是指乡村工匠之师校本培训的目标是复合型人才，是善乡愁、会乡技、懂乡知、能乡识、得乡道的“浓乡型”工匠之师人才。通过校本培训，他们在德识、技识、知识、见识、器识等方面都要有提高。所谓发展性是指校本培训是为教师的专业发展提供服务的，不仅要满足当前的需要，还要为日后发展奠定基础。

第二，教育对象的差异性和互补性。乡村工匠之师校本培训是针对县级职业中专学校的骨干教师、教学名师、顶级教师，而非学校全体在职教师，因此，乡村工匠之师校本培训的对象存在差异性。同时，又由于县级职业中专学校的卓越教师有的来自高校，有的来自企业，在理论和技能方面各有专长，他们在接受校本培训时就会体现出一定的互补性。

第三，教育内容的综合性与针对性。教育内容往往是根据教育目标和教育对象来确定的，教育目标的复合性，决定了教育内容必须是多种知识和能力的综合。而教育对象的需求和基础又各不相同，因此要求教育内容必须针对受教育的对象，充分体现教育对象的主体性和能动性。

第四，教育形式的灵活性和特色性。校本培训虽然是由教师所在学校发起组织并以所在学校为基地，但其组织形式可以灵活多样，而不必拘泥于一种模式。可以由高校、研究机构、师资培训机构提供支持，也可以是学校教师之间互教互学，或者是教师自学等形式。由于是针对乡村工匠之师施行的校本培训，所以应当围绕乡村工匠之师这一核心，体现乡村性、卓越性、师范性等独特之处。

第五，教育评价的过程性和发展性。传统非校本教育评价多注重结果评价，评价的主体也是上级主管部门或培训机构。而乡村工匠之师校本培训则不然，因为它是县级职业中专学校自己组织和实施的教育，可以随时进行过程评价，对教育效果进行动态的评价分析，以便及时改进。同时，评价淡化惩处和批评，重点为教师的发展服务，为校本教育的发展服务。

二、乡村卓越工匠之师校本培训的运作理念

1. 合作

乡村工匠之师的校本培训并不是孤立的或者内省的，而是与外界相联系的。从职业院校师资校本培训的国际实践来看，学校在开展职业院校师资校本培训的过程中，与校外机构之间的合作，是成功的实施校本培训的重要保障。这些校外机构包括大学、教育专业机构如研究院所、商业或者企业机构以及社区等。乡村工匠之师校本培训可以借鉴这一成功经验。

（1）县级职业中专与大学及教育专业机构的合作，可以使乡村工匠之师校本培训获得更多的外部资源支持，尤其是智力的支持。比如湖南省蓝山县职业中专与湖南农业大学教育学院合作，作为湖南农业大学教育学院的实习基地，湖南农业大学教育学院组织名师团在蓝山县职业中专开展了系列讲座。

（2）乡村工匠之师校本培训中要重视学校与校外商业机构、工厂及社区的合作，教师培训要超越学校、超越教学，校本培训内容和场所要走向社会、走入生活。

教学已经不再是传授抽象的内容和信息，教师必须不断地参加专业学习，整合不同学科的知识、概念、策略和技能，以解决现实世界中的复杂问题，使课堂中的学术教学与现实世界相联系。教师在专业发展中用超越学校的眼光来看问题，将使他们对自身角色的重要性有新的感觉，进一步发现知识和学习能力在工作中的重要性。

教师眼中不能只有课程和教科书上的知识，应该了解外部世界，应该看到现实世界正在发生什么？是怎么发生的？由此，应将课堂教学与现实世界联系起来。在了解现实世界的过程中，教师的社会实践经验十分重要。因而，乡村工匠之师校本培训中应该考虑学校与校外非教育机

构的合作。

2. 培训

乡村工匠之师校本培训是教师发展的一种途径，而不是唯一途径。乡村工匠之师校本培训有诸多的优势，但也并不是全能的。因此，必须在整个教师培训的框架下分析与讨论乡村工匠之师校本培训问题。从当前旨在促进教师发展的理论与政策趋向来看，必须树立乡村工匠之师校本培训是整个教师培训中一个有机组成部分的理念，由此而建立乡村工匠之师校本培训的框架。这样的构建，才具有科学性、合理性和可行性。

(1) 在整个教师培训政策的框架下，合理而科学地确定乡村工匠之师校本培训的地位与作用。

就当前我国的职业院校教师继续教育政策而言，职业院校教师校本培训作为开展职校教师继续教育的重要策略而被倡导。就整个教师队伍建设而言，在实现国家统一的高标准的培训中，乡村工匠之师校本培训的作用是有限的，但就每个教师的不同发展需求而言，乡村工匠之师校本培训有其自身的独特作用。所以，在整个教师培训的框架中，要合理地定位乡村工匠之师校本培训。

(2) 乡村工匠之师校本培训要为整个教师培训特别是职业院校教师培训的开展产生推动作用，创新性是乡村工匠之师校本培训的最主要本质。

开展乡村工匠之师校本培训，有一定的框架性要求，但乡村工匠之师校本培训绝对不能是一种固定的、程序化的模式。不同学校之间应该有不同的要求及其表现，相同学校在不同的时期也要有不同的要求及其表现。为体现实践要求而不断创新的多元化的乡村工匠之师校本培训，才是符合教师发展理论和实践需要的乡村工匠之师校本培训。从根本上说，乡村工匠之师校本培训应该是不断创新的和不断发展的。乡村工匠之师校本培训的创新要求，表明了乡村工匠之师校本培训的高标准和严要求。由此，也可以判别实践中哪些乡村工匠之师校本培训才是真正意义上的乡村工匠之师校本培训。

需要强调的是，这些理念之间是密切联系的，不可分的。这里只是从不同的角度分别作了论述。从正确认识乡村工匠之师校本培训的角度看，不能割裂这些理念之间的联系，或者孤立地强调某一个方面而忽视其他方面。

三、乡村卓越工匠之师校本培训模式的构建

正如联合国教科文组织所说，教师问题给当代教育所带来的挑战是，“所要求的不是按老办法去思考——在现代术语和技术的掩盖下——而是以全面振兴教师专业为框架，从根本上去重新思考传统的教师教育模式”。作为突破传统教师在职教育模式的乡村工匠之师校本培训模式，是根据教学原理和校本培训的特点和要求来对校本培训的目标、内容、任务、培训过程以及培训组织形式进行系统化、整体化而形成的可操作整体。它既不同于普通教育模式，也不同于传统的教师非校本教育模式，它以县级职业中专学校为基础，利用学校现有的教育资源和校外资源，充分考虑了乡村工匠之师的特点和校本培训的组织特色。本书尝试从培训目标、培训对象、培训原则、培训方式和培训管理五个要素去构建乡村工匠之师校本培训模式。

1. 培训目标：更新理念、完善知识、提高技能、学会创新

乡村工匠之师校本培训目标是更新教师的教学理念，完善教师的专业和教学知识，提高教学和操作技能，让教师学会创新。教育目标所指向的这几个方面相辅相成、密不可分，最终使教师形成良性发展。

更新理念是指帮助乡村工匠之师改变过去陈旧的教育理念，重新树立正确对待乡村职业教育，热心职业教育工作的理想和信念。德国教育家第斯多惠指出，“教育者和教师必须在他自身和自己的使命中找到真正的教育的最强烈的刺激”。即教师要对自己的职业价值在信念上产生强烈的认同感。乡村工匠之师校本培训始终未脱离真实职业教育教学情景，因此可以切实从职业教育战略地位的高度出发，从学校特点出发，帮助教师树立起全新的职业教育理念。

完善知识主要是通过校本培训让乡村工匠之师提高专业知识和教育

教学知识水平，不但补充其知识结构的不足，而且平衡其知识结构的偏差。目前乡村工匠之师专业理论知识水平普遍偏低，同时乡村工匠之师职业性质属于双专业性质的，仅仅懂得专业知识是远远不够的，还需要懂得教育科学方面的知识。所以完善乡村工匠之师专业知识和教育学、心理学知识应该是校本培训的主要任务。

提高技能包括提高教师的教育教学技能、现代教育技术以及教师的专业操作技能。教育教学技能，尤其是现代教育技术是现代教师必不可少的能力，精湛的操作技能也是乡村工匠之师不可或缺的，这是由职业学校的培养目标和课程特点所决定的。校本培训既然是基于教师的在职教育，那么提高教师尤其是专业理论课教师的操作技能是其义不容辞的任务。

学会创新是对新时代教师的要求，也是校本培训的目标。时代呼唤创新型人才，然而“没有教师的教育创造，就很难有学生的创造精神”，因此，校本培训还要始终贯彻培养教师创新能力的目标，将本校教师塑造成有创新思维意识的反思型教师，这对教师无论是从事教学还是从事科研都是大有裨益的。

2. 培训对象：骨干教师、专业带头人

乡村工匠之师校本培训的对象具有差异性，因此在校本培训时可以将乡村工匠之师分为几种类型：骨干教师、教学名师、顶级教师。

骨干教师是指专业骨干教师。专业骨干教师可从两个方面来理解，首先，专业在本书中指的是县级职业中专学校的专业课教师，与实习指导课教师、基础文化课教师、德育课教师相区别，他们在学校是担任学生所学专业的理论和技能教学的教师，是重点培养学生从业后所需要的特殊知识和能力的老师。其次，骨干教师即在本学科专业教师群体中，师德修养、职业素质相对优异，职业教育教学经验丰富，在学校的实际教育教学活动中承担了较重的工作量，并取得过一定的教育教学研究成果，能对一般教师起到示范和带头作用，能够支撑所在地区或学校的学段或学科教学研究工作的职校优秀教师。

专业带头人是指能够积极主动的适应我国当前中职教育教学改革与

发展的现实需要，能够引领中职学校进行专业建设和专业发展的负责人[①]。他一方面要对中职专业发展要求、发展的形势与方向、专业评价指标和人才的发展与定位十分清晰；另一方面，又要能够在省级以上的著名学术期刊上发表过有关于本专业教学改革的论文，且得到同行的认同，在本专业的建设发展中，能够提出比较独到的见解和进行较为深入的研究；不仅具有开拓创新的精神，还要有开拓创新能力，特别是在职校教育教学改革等方面，取得具有同行公认的有里程碑意义的开创性的专业建设成就。

3. 培训内容：以教师为本、以能力为本、以发展为本

结合学校的具体情况进行教师需求分析，以教师自身能力发展的需求为基础，确定知识与能力开发的项目和基本要求，再把这些项目内容组织化、系统化，就形成了校本培训的内容。确定乡村工匠之师校本培训的内容须注意以下几个重要的方面：

第一，学校是基础，以教师为本。显而易见，校本培训是以学校为主要基地进行的，是主要在“本校”开展的，为学校的发展服务是它的主要目的。但就乡村工匠之师校本培训而言，在为学院发展服务和为教师发展服务之间，更应该坚持以教师为本，为教师发展创造有利条件。传统的职业学校教师在职教育内容是培训机构居高临下想当然地预先设定的，并未充分考虑乡村工匠之师的特点，忽视了乡村工匠之师的个性发展与个体差异，使得教师在教育中处于较为被动的地位，结果往往并不理想。因此乡村工匠之师校本培训必须紧紧围绕县级职业中专学校的实际状况，以教师的需要和发展为本来确定教学内容，体现以人为本的现代精神，弘扬教师的主体意识和创造精神，这样的校本培训才有生命力与活力，才能收到实效。

第二，知识是前提，以能力为本。以往职业学校对教师的在职教育往往偏重知识和学历水平的提高，采用按照知识体系或学科课程逻辑来组织教师在职教育的教学，往往注重学科知识的系统性与完整

① 李蕾．高职院校专业带头人概念解析［J］．机械职业教育，2007（4）：39-41.

性，强调在短期内传授大量而系统的知识。但参加培训的职业学校教师需要适应迅速变化着的教育改革实践，更需要适应快速发展的科学技术。因而，作为新型的教师培训模式，乡村校工匠之师本培训内容不应再以传授知识为导向，而应在完善知识的前提下，将能力培养作为培训的关键。美国 20 世纪 60 年代倡导的“以能力为基础的师范教育”运动，其宗旨就是为了克服大学或教师培训机构实施培训中难以收到应有实效的不足，而强调到教学现场和教师中来提高教师的教学能力。尤其是对于乡村工匠之师来说，校本培训在教师能力方面的培训内容不仅包括教育教学能力和专业技能，还应涵盖所谓的关键能力——即意志品质、心理承受能力、合作能力、公关能力等非技术性的职业能力素质。

第三，拓展是必需，以发展为本。所谓拓展是指基于乡村工匠之师的知识或能力现状，进一步对教师的专业素质、文化素质、心理素质和生理素质进行拓展培训。而所谓发展是追求教师个体的发展，充分考虑教师的差异性，根据教师的不同特点、需要和教师的能力水平选择培训的内容与方法，从而促进教师专业发展。它更注重教育思想和观念的更新，强调理论和思想观念的学习与反思。县级职业中专学校的许多骨干教师、教学名师、特级教师的知识、能力和业务水平跟职业教育的发展要求都还有一定的距离，因而在开展校本培训时，对其进行拓展性和发展性的在职教育是十分必要的。然而单纯地“缺什么，补什么”是远远不够的，在终身教育成为时代的要求、学习化社会成为时代特征的背景下，不断学习与提高不仅是社会变化和科技发展对乡村工匠之师的要求，也是教师自身发展的内在需求和不容忽视的重要权利。因而校本培训的内容不应囿于教师所缺少的理论和技能，应该将范围扩大化、开放化。

4. 培训方式：多样性、特色性、灵活性

在我国，由于长期以来受到传统教育理念的影响，重理论灌输，轻学习者自己的理解、体验和应用，教师在职教育与学生的课堂学习一样主要采用的是讲授的形式。而根据杜威参与者知识观的理论，知识不是纯粹客观的普适的简单规则，而是与观察者个人、与认识者个人的参与有关，个人的热情、个人的探究、个人的见解都构成知识必不可少的组成部分，知识本身就内蕴了个人系数，知识获得过程就是认识者个人参与建构知识形成的过程。如果职业学校教师无论在职前教育还是在职教育中都只有被灌输的经历，他们是不可能放手让自己的学生自主探究和操作的，如此一来，职业学校学生的动手能力和创造能力从何而来呢？因此，选择合理的，符合校本培训理念和突出乡村职业教育特色的培训形式是构建教师校本培训模式的核心任务。

根据乡村职业教育的特色，结合其软硬件环境，乡村工匠之师校本培训可以采用以下培训形式：

（1）名师指导式。

名师可以是学校聘请的学科理论专家或技术人员，也可以是本校在该领域内有特长的教师。名师指导模式是让有接受某方面教育需求的职教卓越教师跟随名师学习或直接担任其助手，在学习和协作中提高教师知识和能力的形式。这种指导打破了以前培训者高高在上的局面，实现指导者与被指导者的直接对话，职教卓越教师可以在轻松愉快的环境中接受教育。

（2）结队互学式。

乡村工匠之师的一大特点是有的偏重知识理论，有的长于操作技能，各有千秋。利用校本培训培养本校卓越教师就可以充分利用本校教师资源，让教师结成对子，互教互学。教师可以随时接受教育，又能随时施行教育。教师们熟悉彼此特点，更利于因材施教，产生1＋1＞2的效果。同时，这种形式也培养了教师谦逊、好学、热爱学生的良好品德，利于增强学校的凝聚力。尤其是一些民办院校，往往重金聘请学术界和技术领域优秀人才，他们各有所长，又各有所短，不符合乡村工匠之师素质要求，并未收到良好的教学效果。针对这种情况，采用结对互学的形式对他们进行校本培训，能很快增强学院卓越师资的力量。

（3）课题研究式。

科研往往被视为普通高等学校师生的专利，实际上乡村工匠之师也有进行科研的权利和能力。同时，课题研究还可以成为职业学校开展教师校本培训的着力点。这里所说的课题研究不仅包括理论研究还有技能项目开发。通过教师的研究交流，能促进研究的务实性与质量的提高，反过来又推动教师加强理论学习，可谓一举两得。同样，相关专业教师直接参与科技开发和生产或者在校内实习基地直接参与生产和教学指导，教师的实践能力会得到很大提高。这种形式实际上将教育科研活动与校内教师学习很好地结合起来了。根据乡村工匠之师的特点和素质要求，教师可以通过理论研究来提高理论水平，也可以通过项目开发和技能操作来提高操作水平。

（4）远程教育式。

随着网络的普及和广泛应用，教育正朝着更加开放的方向发展，远程教育已不再仅仅停留在广播电视大学的水平上，而是通过互联网走入千家万户。校本培训并不意味着将教育限制在本校的范围内，而应该在本校的基础上将视野扩大到更广泛的领域。职业学校可以充分利用本校网络资源，除了让学生享受到网络教学的便捷之外，还应把它应用到教师校本培训中来。借助网络教学的远程教育形式让本校教师接触更多的高等职业教育信息，实现校际交流，通过远程教育能实现个别化教学形式，也使教师的主体性和个性得到发挥，这对于转变职业教师教育观念，改善教师教学技能，增进教师专业知识和技能都是有利的。由于远程教育不受时空限制，教师可以利用零碎的时间学习系统的知识，非常适用于校本培训。

以上几种培训形式并未包含全部的校本培训的可能的培训形式，只是希望借此起到抛砖引玉的作用，职业学校可以在具体实施教师校本培训过程中探索出更多更好的培训形式来。必须明确的一点是，以上三种方式都有其优势，但互相并不冲突，在选择校本培训形式时候并不是非此即彼的，而是应该将多种培训形式结合起来，根据本校情况灵活应用，突出本校特色。

四、乡村卓越工匠之师校本培训方案

1. 目标的建立

培训不是为培训而培训，目标要有一定的可测量性、可实现性和明确的针对性。确立目标的关键是要符合学校实际，与学校的每个教职工相关联。开展乡村工匠之师校本培训的目标在本质上是促进学校的教师队伍建设和学校的发展。因此，乡村工匠之师校本培训的目标必须围绕建设一支优秀的学校师资队伍而努力。在构建乡村工匠之师校本培训目标的过程中，有总体目标和具体目标之分。总体目标相对比较宏观、抽象，如培训是为了建设更加优秀的师资队伍，增强教师的职业道德修养和水平，提高学校教师队伍的整体实力，等等。而具体目标是由总目标分解出来的，必须具体、可操作，并有明确的指向性和针对性。并不是每个具体目标都针对每个个体，但每个个体都能与具体的培训目标相对应，这样可以在乡村工匠之师校本培训过程中，使每个教师都能参与其中，同时，又能实现满足个体不同需求的不同培训。

目标还可以按年度划分，这就是乡村工匠之师校本培训的阶段目标。但具体目标更可以按照教师的不同类型和要求而划分，在培训目标的设计过程中，必须注意到不同类型教师的不同培训需求。例如，对于骨干教师而言，他们有丰富的教育教学经验，为他们提供的乡村工匠之师校本培训在目标上要体现提高他们对实践经验总结和提炼的能力。

2. 步骤与时间

培养乡村工匠之师是一项长期的工作，同时，培训不可能即时产生效果，要有一个连续的累进过程，因此，在确定培训目标时要采用分步走的思路，要有时间上的保证，强调步骤与时间，突出培训的有序性、连贯性和系统性。教师培训的活动不单是知识的学习，或者是技能的训练，培训活动效果的转化需要教师的实践。

从上面所说的具体目标来看，步骤和时间在整个框架内也不一定需要统一。可以根据内容和受培训对象的特点，为不同的目标确立不同的步骤和时间。在这方面要充分考虑学校教师的意见和建议。总之，在确定目标的过程中，要步骤清楚，还要有时间保证。

3. 活动形式

通过评估学校及其教师发展需求，结合学校及其教师队伍的发展目标，明确乡村工匠之师校本培训的内容之后，如何将这些内容用恰当的培训形式体现出来，则是乡村工匠之师校本培训设计者必须要考虑的问题。一般说来，乡村工匠之师校本培训的形式有多种，如讲座、讨论、课堂观摩与评析、撰写读书笔记以及开展理论研究、教学研究等，都可以看成是乡村工匠之师校本培训的形式。但是，不同的形式并不一定适合所有的培训内容，并不一定适合于学校中的每个教师。因此，培训形式的选择要根据不同的培训内容、培训对象以及不同的培训条件而决定。一般看来，下列方法在乡村工匠之师校本培训中比较易于应用。

(1) 讲座法。这是所有教师培训中经常采用的方法之一，但它不是乡村工匠之师校本培训中的最佳方法。所以在使用讲座法开展乡村工匠之师校本培训时，要注意适当性，不能过多和过杂。讲座要有一个系统性的考虑，有后续的活动或者要求相配合。

(2) 自学法。教师是学习者，教师培训并不只是培训者讲和受训者听的活动。乡村工匠之师校本培训中教师本人的自我学习，是一种行之有效的培训途径。所以，在乡村工匠之师校本培训的方案设计中，要考虑将自学作为培训的重要途径之一。将自学纳入乡村工匠之师校本培训的范畴，不仅扩大了对培训的理解，也使乡村工匠之师校本培训中教师不离岗的优势得到了更大的体现。当然，作为培训形式的自学，并不是教师随意的自学，而是有一定规范的自学，这在培训实践中要有明确的界定。

(3) 观摩与考察。观摩与考察对于扩大教师的视野、学习他人的经验以及在与他人的比较中发现自我等方面具有积极的意义。观摩与考察作为乡村工匠之师校本培训的形式，关键是要突出有准备性、有针对性和有后续性，必须将其与观光或者游览等活动严格加以区别。

(4) 研讨会。乡村工匠之师校本培训中采用研讨会形式，并不一定要强调研讨会的形式规范，而是更要突出研究与讨论的气氛、内容与特点。乡村工匠之师校本培训中可以通过组织研讨会，将教师的自学、论文撰写和观点交流等更好地结合起来。研讨会可以以教师自学为基础，在可能的情况下，讲座与研讨会可以结合进行。

（5）行动研究。基于教师即研究者的理念，行动研究作为教师专业发展的重要形式已经得到越来越多的人认可。将校本课程的开发与乡村工匠之师校本培训中的行动研究结合在一起，则更可以体现教师在职专业发展的优势。行动研究可以是教师个体式的，也可以是教师群体性的。

4. 教材的开发

乡村工匠之师校本培训的教材开发，是乡村工匠之师培训活动中的重要工作。教材在引导和规范培训活动，尤其是开展以教师自学为主的培训活动中，具有十分重大的意义。乡村工匠之师校本培训的教材，并不只是简单地从众多书籍中选几本书而已。事实上，开展任何校本培训的活动，都必须注意为广大受训者提供必要的参考书籍，以便为他们提供可持续的帮助。在开发乡村工匠之师校本培训教材的过程中，要体现以下要求。

（1）要从教师的认知水平与特点出发，充分利用教师已有的知识与经验来确定教师培训的需求。教师培训不可能是从零开始塑造，更不可能是完全的改造，而是一种有前提的、有基础的和有背景的改进。因此，教师培训教材的开发，必须充分考虑教师的认知水平、知识背景和实践经验等。

（2）要充分激发教师的内在需求动机，使教师主动而积极地参与培训活动。动机与愿望是有效学习的重要因素。教师学习的自我选择性是很强的，缺乏针对性的学习内容将使教师的学习变得吃力，或者是被动。因此，开发培训教材的过程中，要注意从激发教师内在学习动机的角度出发，使其自主地参与培训活动。因而，这种教材的编写不一定就是各种内容的叙述，也可以是一种框架式的、主题线索的提示，因为当激发了教师学习的动机以后，教师的学习就是自觉的，超越了指定的书籍范畴。

(3) 教师具有不同的个体需要和学习方式，他们的学习能力也是有差异的，因此，培训中要提供适合教师自我学习的多元化材料。在乡村工匠之师校本培训过程中，不可能为单一类型的教师专门编写培训教材，即使是同一类型的教师，个体之间也必然存在着差异性，包括教师个体的学习基础、学习能力与学习内容等，所以，教师培训教材要考虑内容的代表性和宽泛性。

(4) 校本培训应该是教师集中进行自我反思，在学习与思考中得到收获和获得进步的过程。教师学习不能只是停留在记忆层面，必须有观念的转化和行为的变化。所以，教材的内容要注意引起教师的反思，要注意使教师有实践探索的内动力。

总之，乡村工匠之师校本培训教材要在教材的目的性、针对性、操作性和多样性方面下功夫，使教材与受训者达到良好的契合。

五、乡村卓越工匠之师校本培训的评价

评价是校本培训中最重要的也最难解决的问题。传统的评价多注重终结性评价，即所谓的“一锤定音”“以成败论英雄”。“‘以人为本’是高校改革发展中为大家反复确认的一个重要理念。但是，在确定教师评价标准时，往往又容易陷入‘以事为本’，重结果（成果）而不重过程，重物质而轻精神。”① 这种评价机制往往忽略结果的成因分析，缺乏对效果的全面分析考察，评价往往失之偏颇，很容易挫伤参与者的积极性和进取心。校本培训的评价应贯穿于培训活动的始终，即采用过程性评价，而非活动结束后的一个环节。另外，评价的主体不一样，需要就不一样，因此校本培训也应一改过去只重领导评价、专家评价的方法，而采用多主体评价，重视接受教育教师的自我评价。在评价目标的取向上，应以提高培训质量为宗旨。对于评价结果的处理，应着眼于追因，以便及时采取有效措施改进校本培训模式。乡村工匠之师校本培训的实施应当按如下图示：

① 张济顺. 教师评价与学术道德建设 [J]. 中国大学教育，2002 (9)：8-10.

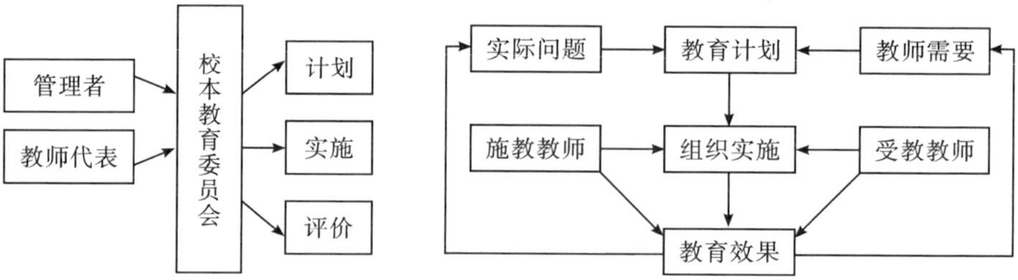

图 5-1 校本培训的实施模型图

1. 评价标准

评价乡村工匠之师校本培训的实践活动需要有一定的评价依据。结合职业学校教师培训的要求与乡村工匠之师校本培训活动的特点，评价乡村工匠之师校本培训方案及其活动是否合理的标准有以下内容：

(1) 培训必须基于明确的教育和教学观念上，体现教育发展的新理念对教师的新要求。

从教师发展的角度看，培训中体现对教师进行知识的传授与技能的训练是基本的观念，但不能停留于此，必须力求培训在使教师接受新思想和形成新观点方面有进展，这样的培训可以使教师获得自我可持续发展的能力，而不仅仅只是为了适应教育教学实践而接受培训。

(2) 培训方案应该体现鲜明的主题特性，任何培训方案不可能做到全能。

就乡村工匠之师校本培训而言，整个方案可能是目标多元、活动多样，但因其方案涉及的时限是相对确定的，通过乡村工匠之师校本培训旨在解决的问题与发展的目标也是相对明确的，因此，就每个学校的工匠之师校本培训方案而言，目标应该是有限的和集中的，全能的方案并不存在。在不同的学校间，这些目标，或者说培训的主题可能是不一样的，但这些目标或是培养主题应该都是明确的。这种明确的主题，可以为设计各项具体的培训活动指明方向。

(3) 培训方案必须体现培训者与受训者的共同参与和积极工作。

培训方案的制订应该有培训者与受培训者的共同参与，双方的共同讨论与研究，可以制订出一个令双方都比较愉悦的培训计划，这样可以使培训成为双方都乐意参与的双边活动，可以为实际的培训营造更好的氛围。就乡村工匠之师校本培训方案的制订而言，在一定程度上，可以考虑让职校学生成为乡村工匠之师校本培训方案制订的一分子。例如在确定培训主题上，或者选择培训的形式上，都可以征求学生的意见，从而将学生关心的、需要教师解决的问题，直接体现到培训方案之中。

（4）培训中体现教师学习、教师研究与实践活动相结合的特点。

乡村工匠之师校本培训已经超越了为教师“补课”的范畴，在更大意义上已经成为教师发展的途径。就从事教育教学工作的工匠之师而言，其学习本身就更具有非常鲜明的探索与研究的色彩。在倡导职业学校开展研究性学习的今天，教师的学习能不具有研究的成分吗？在乡村工匠之师校本培训的过程中，教师以研究带动培训和学习，是更可行和更有价值的。这种研究必然是针对具体教育教学和结合学校学生实际的。学习与研究并存的特点，对于设计乡村工匠之师校本培训方案具有十分重大的意义。而且，乡村工匠之师的校本培训，还应该体现为教师在学习与研究的基础上自觉开展相关的教育教学实践活动。这样，乡村工匠之师校本培训的价值就更大了。

（5）培训方案中对培训所需的物质条件有明确的规定，包括学习资料、学习场所与设施等。

不同的培训对物质设施等都有不同的要求，只有当软件与硬件相一致的时候，培训的效果才有可能达到最佳。培训方案中做出相关规定，可以推动这些条件，以满足培训的需要。关键是，经费的预算是一项必不可少的内容。

（6）有对培训方案实施进行监控与评估的明确要求。

培训方案事实上就是一种项目设计，项目理论的一个特征就是项目的监控与评估，它们是项目管理的有效手段，是确保项目完成的重要保障。显然，教师培训方案中也必须要有监控与评估的内容。这种监控与评估的要求要遍及教师培训方案的全过程，包括方案的设计、实施与总结。如运用需求评定的方法，为方案设计提供依据；用形成性评价监测培训方案实施的全过程；用终结性评价估计培训的效益与产出。

2. 评价手段与方法

强调效果的检测是开展乡村工匠之师校本培训中的重要一环。一般意义上说，每个县级职业中专学校都可以开展乡村工匠之师校本培训，但是，严格意义上说，并不是每个学校都有能力开展乡村工匠之师校本培训的。要开展能够切实提高教师能力与水平的乡村工匠之师校本培训，其前提是学校有开展乡村工匠之师校本培训的机构能力。从管理上说，学校是否存在这种能力，有待于教育行政部门或者有关机构对它的专门评估与鉴定。对此，此处不作展开论述。

这里所说的检测效果是针对乡村工匠之师校本培训内部而言的。在乡村工匠之师校本培训的方案中，必须明确对各种培训活动效果的检测手段和方法，包括参与检测的人员、时间、内容与方式等。可以由非受训的人员来承担检测任务，也可以由参与培训活动的教师自己承担，检测的时间可以贯穿于整个培训活动全过程，但重点是要关注人员投入的动机与态度、活动开展的过程、活动所取得的实际效果等。

就培训活动结果而言，它具有三种不同的性质：第一是即时性结果，即受训人员在培训结束之时，直接的、可显现的结果。如学会某项专业技能，掌握某些专业知识，这些结果可以通过考试成绩或现场操作演示显现出来，也可以通过学员的当时感受表现出来，如参加这次培训活动感到比以前进步了，感到很值得等。第二是持续性结果，即在实际工作中，将上述即时结果转化为更好的工作表现行为。如比过去多了一些教学方法的使用，有了一些新的教学思想，班上学生的成绩比过去有了一定程度的提高等，或者比其他未受过培训的同事进步快一些等等。第三是扩散性结果，即受训者在培训以后对其他同事产生的影响。如将培训的内容介绍给其他同事，其他同事主动向他学习，并希望也得到有关培训等。总之，学员的培训不仅要为他个人带来进步，也要在学校或更大范围内产生好的影响。因此，在对乡村工匠之师校本培训的结果予以检测或者评价时，必须考虑到结果评价的不同层次，更加科学而全面地评判乡村工匠之师校本培训的真正价值与作用。

检测的手段与方法可以是多种多样的。如观察教师的学习笔记、分析教师撰写的教学体会、观摩教师的课堂表现等；也可以使用小组评议的方式，对培训活动进行分析和检查；还可以聘请外部专家对培训活动进行评估。现场观察、问卷调查、座谈会，甚至考试等，都可以成为检测培训效果的手段与方法。

但无论如何，效果的检测不能是模糊的，或者是“暗箱”的。对于学校及其参与培训的所有人而言，对乡村工匠之师校本培训效果的检测（或者说评价）都应该是公开的、客观的。

第四节　加快乡村工匠之师卓越化的政策建议

当今，具有示范和引领作用的工匠之师，已成为构建高质量的工匠之师队伍的中心和重心，工匠之师培育与发展已成为国际共识，而乡村工匠之师对于中国这样一个农业大国来说，有其独特的意义和价值，也有其独特的中国语境。从国际视野来看，尤其是欧美、澳大利亚、亚洲等教育先进地区，纷纷从法律、法规、经济、政治等方面推进工匠之师专业化发展，同时还采取许多具体政策策略和措施来加快工匠之师卓越化进程。这些策略和措施能为我国乡村工匠之师发展提供借鉴，其具体做法可以归纳如下：

一、制定标准，深化认识

工匠之师实质上就是培养职业院校的卓越教师，因此笔者以各国对卓越教师制定的相应标准为借鉴开展研究。

1. 专业标准明确乡村工匠之师新目标

从各国的政策经验来看，详细的专业标准能够促进工匠之师内涵发展和价值提升，为工匠之师专业化、卓越化发展提供指引和参照。乡村卓越教师专业标准，可通过教师甄选、认证、评价体现出来。

“卓越”一词首次出现于英国教育政策中是在工党政府于 1997 年颁布的首个白皮书《追求卓越的学校》（*Excellence in Schools*）中。白皮书明确指出提升教学标准是当务之急，需要良好的社会地位和更高的标准（high status，high standard），良好的教学是提高教学标准的关键。随后，1998年推出并实施了高级技能教师计划。至此，英国工匠之师政策的发展已经历经了17个年头。2002英国“以教为先”（Teach First）慈善团体特地招募顶尖大学毕业生到英国教育发展相对滞后的学校任教，以援助贫困地区、学校或乡村地区，进行乡村工匠之师建设。英国政府单独出台了《教师专业标准——高级技能教师》政策文本，该文本从术语释义、适用范围、实施方法和内容等方面详细阐述了卓越工匠之师的标准细则，对教师应具备的教育胜任能力提出了更为具体的要求，以适应职业教育实际教学的需要，同时要求高等学校进一步密切与职业院校之间的合作。2009年出台的《高级技能教师——提升卓越》对什么是高级技能教师，高级技能教师的岗位设置作了重新阐释，对高级技能教师的申请、评估、任命、工资、职责等相关内容做了梳理和完善，为卓越化这一目标提供支持①。英国卓越工匠之师政策策略的问世是为解决教育及教师专业发展过程中遇到的实际问题，在宏观上具有政策指导性，即以追求教育卓越为出发点，强调教师的卓越；在微观上也体现了卓越职教政策对解决实际问题的针对性及政策的实践性。

美国政府对教师的要求突出表现在应具有综合的知识能力方面。1983年美国高质量教育委员会在报告《国家在危急中：教育改革势在必行》中，明确提出了包括“双师型”教师在内的教学专业化的概念，可谓开启了美国卓越工匠之师之先河。1986年，美国卡内基教育与经济论坛、霍姆斯小组先后发表《国家为培养21世纪的教师作准备》和《明日之教师》两个报告，提出以教师的专业性作为教师教育改革和教师职业发展的目标。2012年奥巴马政府出台了“RESPECT”项目，拨款五十亿美元以全面改善教师教育质量。“RESPECT”意指确保教育成功（Recognizing Education Success）、专业求精（Professional Excellence）和合作教学（Collaborative Teaching），其目标是通过一系列的教师教

① 田京．当代英国卓越教师政策发展研究［D］．开封：河南大学，2014.

育改革，最终把教育塑造成为最受尊重的职业。可见，教师专业化运动已经成为提高美国教育质量的保障。美国政府为了推动教师专业化的进程，保证专业知识的完整性，对教师的素质提出了明确的要求，要求教师必须具备普通知识、教育知识和教师职业知识，即要求教师具有综合的知识和能力。

澳大利亚政府自 20 世纪 80 年代以来，公布了许多有关教师教育的报告。进入 90 年代，澳大利亚的教师教育进行了一系列的变革，目的在于促进教师专业化进程。2000 年，针对本国教师专业发展问题出台了《21 世纪教师》计划，该计划的核心是培养高素质的教师，促进教师专业发展。为了增强基础教育的世界竞争力，提高职前教师教育水平，启动“未来教师”（Teach Next）计划，帮助优秀且有志于从事教师职业的人才打通就业的路径；启动“澳大利亚政府优秀教师计划”，以提升教师的素质和地位；为进一步追求教育的公平和卓越，继而于 2010 年推出了《全国教师专业标准》。澳大利亚政府对卓越工匠之师专业化提出的具体要求，集中体现在教师要掌握的“三张通行证”方面：即学术性通行证、职业性通行证、事业心和开拓能力的通行证[①]。在这“三张通行证”中，政府尤为强调第三张通行证，即更看重事业心和开拓能力，这是学术和职业的潜能的集中体现，代表了卓越工匠之师的未来发展潜力。

日本文部科学省 1987 年颁布的《教师专业标准能力提升方案》中首次提出了“教师专业标准”，十年后《新时代教师培养改革方案》，对其专业标准进行修订并具体化，强调卓越职教教师应具备三大能力：国际化视野的思维力与行动力；应对时代变化的社会适应能力；以及教师必备的专业技术能力。并为三大能力评价提供了量化指标，使其更具可操作性[②]。面对科学技术的综合化、教育的社会化和教育、科研一体化

① 张利静．澳大利亚教师职前教育方案的国家认证制研究［D］．重庆：西南大学，2012.

② 刘艳艳，孙翠香，张蓉．日本教师专业标准历史变迁分析及启示［J］．教育理论与实践，2013（21）：17-19.

的发展趋势，日本政府特别强调教师要由单一型向复合型发展，提出了卓越教师的核心要求，更强调教师要具有强烈热爱教育工作的职业意识、过硬的专业技术能力、优秀的思想道德修养，尤其强调从事教学工作的实践能力。

2004 年，国际经合组织对卓越工匠之师的标准从五个方面进行界定：（1）对所教领域具有坚实的知识储备；（2）具备良好的教与学的基本技能；（3）具有自我批判与反思能力；（4）具有共情与尊重他人能力；（5）具备良好管理教学活动的能力。

由此可见，具备指导性、针对性、实践性的专业标准制定和政策的实施以及继承和发展，可以促进各国教师专业化、卓越化发展，这为我国乡村工匠之师的自身发展拓展了空间。

2. 工资标准激发乡村工匠之师新动力

国际社会就提高工资标准是吸引优秀人才从教的根本保障这一观念已基本达成共识，各国纷纷出台提升教师工资标准的政策，把提升教师工资从口号转化为实践。

英国工党在 1997 年的大选中宣称要“建立现行的教师级别以承认优秀”，目的是用高工资和宽职业路径激励优秀教师留职，并为传播优秀教学实践起到模范带头作用。英国教育与就业部于 1997 年出台的白皮书《卓越的学校》，指出在学校中实施绩效管理的问责制是改善不良教育、提升教育质量的良方；并进一步指出教学需要良好的社会地位和更高的标准（high status，high standard），好的教师需要社会的支持和认可，应该引入奖励机制以鼓励杰出教师在学校之间传播知识和教学经验①。1998 年到 2010 年，英国高级技能教师的年薪从 37000 英镑涨至 64000 英镑，依照层次的不同，高级技能教师的工资分为了 18 个等级，地域不同工资有所差异，且卓越教师的工资体系不同于普通教师，是单独分立的，其工资标准基本与校长、副校长这些领导岗位的工资持平，

① White paper：excellence in schools（1997）[EB/OL].[1997-07-05].http//www.educationengland.org.uk/documents/wp1997/excellence-in-schools.html.

享受较高的工资待遇。经济地位的提升是社会地位提升的基础，卓越教师政策是以工资和职责为基点的教师绩效管理政策，用高工资鼓励优秀，是激励教师不断追求卓越的直接动力，也是对卓越教师的认可和支持①。

自 1983 年以来，美国的基础教育改革注重绩效为本，优质为先，教师工资制度也由单一工资制逐步过渡到绩效工资制度。奥巴马政府新出台的竞争卓越政策（race to the top）中，绩效工资制度也成为重要政策。参照美国教师专业理事会的有关标准体系，美国教师工资制度中出现了诸如功绩工资制、生涯发展阶梯制、能力本位工资制、额外支付制、集体表现奖赏制等工资制度，成为美国卓越工匠之师建设和发展的动力保障。

在德国，教师都是国家公务人员，与政府官员享有同等社会地位。一旦通过国家考试被授予合格证书的职业教育的教师，即属"公务人员"，享有"终身职业"身份及免缴劳动保险费等权利，一般谁也不能解雇。其工资待遇也很高，约为其它行业工资的 1.5—2.0 倍，比普通高校教师的工资平均每月高 12%。职业学校教师每年工资晋升一次，以 15 次为限，每次增加额约为工资 3%—6%。许多人还可在夜校或企业教学车间兼职，获得额外收入。

日本的教师有"三高"说法：社会地位高，工资待遇高，从而导致师资水平高。日本国立、公立学校教师属于国家和地方公务员，待遇均按国家公务员法和地方公务员法实施。教师的身份、任免、工资待遇和私立学校教师工资、补助则由开办学校团体的机构确定。在日本，教师要比一般行政公务员的工资优厚，同时，为增加职业中学教师职业的吸引力，更设法提高其待遇。据相关资料调查显示，职业高中教师的工资比普通高中教师高 10%。职业高中教师除基本工资外，还可以享受奖金和各种津贴。

---

① IRENA. Pay rise to promote excellence [J]. The times educational supplement，2008 (2)：4775.

目前我国为工匠之师提供的薪酬水平仍然远低于他们创造的经济价值与社会价值，与优秀教师绝大部分是“双高”卓越人才的现实不相符，与人力资本市场定价机制所决定的收入水平相差甚远，而在农村的高职、中职学校更甚之，这也是我国乡村工匠之师缺乏职业动力的重要原因。

二、质量控制，全程保障

由于我国社会主义新农村的未来发展，要依赖于乡村工匠之师队伍整体质量的提高，因此有必要在乡村工匠之师成长的全过程建立起一套环环相扣的全国性工匠之师质量保证体系，力争使每位教师都成为高质量、高水平的教师。

譬如，美国自 1999 年就提出“美国各州必须加快努力，全面改革培养和保留优秀教师的全过程——大学招生、职前培养、初次颁证、就职录用、专业发展、高级专业发展”。美国一直秉承对教师成长全过程的各个环节（未来、初任、在职）“高标准、严要求”的战略思想，以此建立教师质量保证体系，并不断修正体系中存在的缺陷和问题。

1. 职前阶段的培养保障

（1）从招生到毕业全程标准控制。

美国职前教育专业从招生、学业、教学实践到毕业，都有严格的标准化要求。从招生标准来看，要求教育专业入学申请者至少修完三个学期大学水平的文理课程，平均积分达到“B”才能录取。如果没达到这个标准仍想攻读教育专业的学生，则必须补修一学期或更长时间的课程来达到合格水平。从学业标准来看，通过削减教育学科或不把教育学科成绩记入师范生的平均积分，以及加强教育专业学生执教学科课程（执教学科的学业要求是平均积分至少达到“B”），来严格规定教育专业学生的学业标准。从教学实践来看，要求学生从接受师资培训的第一天起就要直接到职业学校和其他学校参与各种各样的教学实践活动，从而使他们的专业知识和课堂教学紧密结合，而教学科目的设置和删减，以其能否指导教学实践为标准。从毕业标准来看，美国绝大多数州的教育专业学生毕业时要参加全国教师考试，以检查其是否有基本的任教能力和知识。

（2）注重职前阶段实践能力培育。

德国青少年接受义务教育完成后，约三分之二选择到企业界当学徒，学习职业技能，学生毕业时，以职业证照为就业的依据，而学历资格则作为进一步进修之依据。就读职校师资班必须要具备一般大学进修资格或有关大学科系进修资格，修业时间至少要 8 学期，但一般都要 9 学期。在学校实习方面，除现有的第一职业专业科目之学校教育的累积实习与所修读之专业科目教材教法实习之外，还要在所教学的科目做专业科目教材教法的累积实习。学生通常在修读专业课程 4 学期之后，参加学程的中间考试，以检查所选读的职业专长学习是否能达到第一阶段的能力基准。大学整个学程的学习在职校师资第一次国家资格考试结束，可见德国工匠之师职前阶段培养的实践性特点。

（3）提高新教师学位门槛。

法国传统的新师资培育体制，要求所有未来教师的学历一律为大学学士（Licence），即会考合格后修完大学三年以上的课程（Bac＋3）。通过选拔并进入 IUFM 后，所有的未来教师首先接受一年的备考培训（CRPE 小学教师资格考，CAPES 中等教育专业能力证书考，CAPLP 技术教育专业能力证书考，AGREGATION 大中学教师资格考），一年之后，考生参加资格会试，通过者即成为国家公务员，享受公务员待遇。2010 年“硕士化”的计划正式出台，教育部决定在大学中设置教师专业的硕士学位。这意味着所有志在进入教师职业的本科毕业生，必须注册硕士学习。同时，为准备教师资格考试，他们必须修完一年的硕士课程并注册第二年的硕士，这一改革提高了新教师的学位门槛。

2. 就职前的准入控制

（1）严格入职要求，灵活入职途径。

美国职业学校教师的入职要求严格又灵活，传统的四年制学士学位模式包括：一是申请者必须受过教育专业培训；二是要有学士学位；三是学过教育科目，参加过至少一年教学实践；四是参加有关的系列考试并成绩合格。但如在合适的领域有5年以上经验的可以代替学士学位要求。还有就是为那些符合工作经验要求的人所设置的选择性教师资格认证模式。入职的严格要求、入职途径的多样化和灵活性都有助于保障教师的质量。

在加拿大，申请成为职业学校教师，必须在某专业领域内取得政府认可的资格（在省教育部门认可的大学内获得某一专业的学士学位，或虽未获得专业学位，但其工作经验及专业训练经政府认可），经过一年的师范教育的训练并取得教师证书，方可入职。

英国《培养下一代卓越教师》效仿芬兰、韩国只接收前10%的优秀毕业生从教的做法，提升教师的准入标准；双倍增加“以教为先”项目（Teach First）的招募人数，为薄弱学校输送更多优秀教师；鼓励退伍军人考取教师资格证书，为他们设置适合的领导岗位以便能够帮助有被开除风险及反社会行为的学生；严格初任教师的遴选程序，提升对准教师学业成绩的要求，增加人际交往技能的测试，只有那些拥有卓越学科技能和良好专业性向的人才能从教；2013年9月起为初任教师增设技能考试，并规定技能考试只有两次补考机会[①]。

自美国最早推行教师资格证书制度后，其他西方国家也先后确立和实施教师资格证书制度。作为一种教师职业准入制度，教师资格证书制度规范了教师任用标准和要求，对教师专业化起着重要的推动作用。CAEP是新成立的美国唯一的师资培育认证机构，由美国国家教师教育认证委员会（National Council for Accreditation of Teacher Education，简称NCATE）和师资教育认证委员会（Teacher Education Accreditation Council，简称TEAC）于2010年合并筹建，2013年正式成立。美国学界和政界一致认为教师资格认证应该成为引领师资培育工作，确保培育严谨性的有力手段；由独立的专业组织来确定教师资格证书标准和发证，能保证证书标准的专业性和发证的公正性；认证机构须

① Training outstanding teachers [EB/OL]. [2012-04-26]. http://www.education.gov.uk/schools/careers/training and develop ment/a0078019/training-outstanding-teachers.

改革认证工作，将循证建设和质量改善作为核心使命，保证透明度，重视绩效考核；在教师聘用和教师证书发放中严格执行政务公开和回避制度，奉行公平、公开、公正的原则。

（2）提高教师资格标准，引领发展风标。

较高的全国性教师资格标准，能引领教师专业发展风标，以保证教师队伍的整体质量。美国的全国专业教学标准委员会（NBPTS）自1987年成立以来一直从事这项工作，涉及中小学和职业教育33个学术和专业学科领域的标准和资格证书标准已陆续出台并逐步实施。BPTS的主要目标是建立基础学科优秀教师的专业标准和评估认证体系，将教师塑造成更加专业的职业，以提升教师的地位、声望和作用，提升教学质量。它包括：①提升教师专业知识能力；②设置更高的行业标准；③建立一个可以媲美医学、工学、法律专业认证标准的优秀教师认证体系。在美国，教师一旦通过了NBPTS评估鉴定，便能成为NBCT（国家专业教学标准委员会认定教师），NBCT亦被誉为美国最卓越的教师。经过多年的发展，NBPTS优秀教师认证拥有了一套较为完善的评估体系，并且对优秀教师有了客观细致的认证标准。随着国家教学标准委员会的发展和优秀教学专业标准影响的扩大，国家委员会优秀教学专业标准对教师的职前培养、入职培养和职后专业发展产生了广泛的作用①。例如，为职前教师培养提供专业标准的美国州际新教师评价与支持联盟，根据国家委员会的标准内容对相应的新教师专业标准做了修订，NBPTS标准间接对新教师培养产生了影响。优秀教师专业标准与教师培养标准和教师专业发展标准的结合引领了职前与职后连贯一致的教师专业化、卓越化发展。

3. 职后阶段的培训质量保证

各国从纵向和横向上，制定了相关的政策，指导和改进职业学校教师在职培训，提升职后职业学校新教师的培训质量。强调职后阶段的培训是高质量教师专业发展的重要途径。

① 何美. 美国优秀科学教师专业标准、评估及认证研究 [D]. 上海：华东师范大学，2012.

（1）纵向阶梯式晋级模式保障。

美国实施三级教师资格证书制：最低级通常是初任/新任教师资格证书，颁发给刚刚入职的见习教师，有效期一般为 1—3 年，设置此证书的目的是想进一步考察将要成为正式教师的人是否真正具备教学素质和能力；第二级教师资格证书一般称之为继续证书或二级证书，此类证书颁发给胜任教育教学工作的正式教师，有效期 5—10 年不等，期满时需重新认证，重新认证的次数不作限制；二级证书期满时教师还可以申请最高一级教师资格证书，一般被称作高级教师资格证书。各州普遍规定了获得更高一级证书所需取得的教学成绩、获得的教育评价、在职进修或研修的要求，同时还普遍把证书等级同教师待遇联系起来，鼓励教师改进工作、参与职后进修[①]。

（2）横向网络状多样课程培训。

由于各个学校教师的水平层次各不相同，教师在职培训的目标也多种多样，决定了教师在职培训的内容会相当丰富，并具有较大的选择性，以适应教师多层次的需求和多样化的目标，因此出现横向网络状多样化课程内容培训。如英国伦敦大学教育学院制定了 PGCE 课程目标，其课程内容由学科研究、专业研究和教育实践经验三个要素组成。日本的教育大学在教师培训中，对课程结构进行了改革，突出了课程的实用性、指导性，重视教育课程与理论研究和学校教育实践相结合，强调教育的实践性[②]。此外，新型教育大学从新观点出发，改善和充实教学计划的构成和内容，特别强调对教育经验的研究。

三、继续教育，追求卓越

乡村工匠之师在职继续教育，由于国情不同，各国在培训过程中所采取的一些做法也不同，但都力求加强职业学校教师的在职继续教育，并以此推动卓越化。其具有代表性的策略可以归纳如下。

---

① 徐以芬．美国职业教育教师专业发展研究［D］．上海：华东师范大学，2009.

② 关松林．发达国家教师教育改革的经验与思考［J］．教育研究，2014（12）：101-108.

1. 新任教师在职培训策略

世界各国一般都很重视职业学校教师的岗位培训，即担任教师正式上课之前的培训教育。其主要模式有：一是新教师带引式。这种培训不脱产，由教师培训中心选派或本校指定老教师对新教师进行传、帮、带，帮助其掌握课堂技巧，将所学的知识技能用于教学实践。通常为新教师听老教师讲示范课；与老教师一起研究教案和研讨问题等。俄罗斯采用新教师任职第一年由老教师指导的培训体制。英、美、日等国采用第一学年减少其授课学时的办法，让新教师多听老教师的课和参加校内外培训。这种在职培训形式在西方和亚洲都比较流行，效果也比较明显。二是集中培训式。集中双师型新任教师进行职前培训。这种培训时间长短不一，培训内容主要包括两方面：一是作为教师应具备的思想教育方面的素质；二是进行具体教学指导。日本的制度规定：新教师上岗前必须进修一年，期满后，通过讲评才能转为正式教师。这种培训形式有两个优点：培训内容正规，按国家对新教师的要求来培训；学习时间集中，便于教师深钻细学，培训效果显著。三是新教师研修式。在新教师中以研究问题的方式实施进修培训。这种培训方式联系职业院校教育实际问题，在研究解决问题的过程中培养教师的任教使命感，获取广博知识，提高他们教育和教学的实践能力。

2. 以高校为中心的培训策略

以高校为中心的培训模式策略，也叫高校本位模式，指以高等院校为基地，利用高等院校的教育资源，对在职教师进行以系统理论教学与研究为主的教育模式。在该模式中，教育教学主要由各类高等院校的教育学院来组织实施，为在职教师提供全日制、半日制、面授、远程等各种各样的课程。这种模式的培训能够使学员较为系统地学习某一学科领域的理论知识，有利于教师理论水平和学历层次的提高。通过此类培训，教师可以满足本国教育行政部门对学历方面的要求，因此，此类培训多与教师的晋升加薪有关。美国教师通常在工作几年后就可以带薪在综合性大学及教育学院等师资培养机构接受此类培训；英国的在职教师则可以在大学参加教育学士、硕士以至博士学位课程和各种教育证书课程的进修。高校本位模式因其强大的师资阵容、规范化的教学方式和系统的教学内容为在职教师提供了不同的证书课程和非证书课程，特别是对于在职教师学位的提升以及文凭的获取具有较强的吸引力。然而，高校本位模式常常与在职教师的教育教学实践相脱离，难以满足教师对自身教学技能提高的需求[①]。

3. 以学校为中心的培训策略

以学校为中心的培训模式，也叫学校本位模式，最早起源于英国，是一种在教师所在学校中进行的在职培训。这种模式以学校实际和教师实践为基础，主要目的是解决学校教学中存在的问题，更新教师的现有知识，提升教师教育教学能力。这种培训既可以由学校自主开展，也可以由学校与高校或其他培训机构合作开展，是一种以学校为基础或基于学校的培训形式。英国的校本培训以教师所在学校为基地，同时注重地方教育当局、大学师资培训机构等与学校的密切合作。首先，学校了解在职教师在教学方面的实际需求，并将教师需求反馈给所在地方的教育部门。其次，地方教育当局召集大学或培训机构开会并提出培训要求，经过双方商议初步制订培训计划，签订培训协议。培训先在大学等师资培训机构进行，主要围绕教学新知识和新方法展开，之后在受训教师所在学校进行，深入联系其教学实际。培训结束后，学校可以继续与大学等师资培训机构保持联系，继续对教师进行培训。这种培训模式的成功取决于教师所在学校、地方教育当局、大学或其他培训机构多个部门之间的沟通、协商和合作以及教师的积极参与。

4. 以课程为基础的在职培训策略

以课程为基础的在职培训策略模式，是国外尤其是西欧对工匠之师进行继续教育的主要培训形式。这种培训模式层次较多，比较复杂。大致可分为：学位课程培训式、单科课程培训式（指某一学科的专门知识

---

① 谭兆敏，段作章. 国外教师在职培训模式的比较研究与启示 [J]. 继续教育研究，2006 (1)：75-79.

课程或教育方法课程）、特殊教育课程培训式（高级进修培训形式）、专业教育课程培训式。专业教育课程培训式侧重学科专业的新知识和应用方面，强调从学科专业教育的角度开设学科新知识和应用性教育课程，培训卓越职教教师的实际应用能力。

5. 教师中心培训策略

教师中心培训模式，也叫培训机构模式，起源于英国，是一种在教师在职培训机构进行的教育模式。这种培训模式可以由教师培训中心组织实施，也可以由民间非营利性教师委员会、协会或各种教师专业团体等培训部门进行。他们为教师进修提供菜单式的课程内容，创造灵活多样的机会，同时提供场所、信息资料和教学设备如视听装置等，以满足教师的各种需要。在英国，教师在职培训机构非常多。在英国的影响下，此模式也成为美国教师进修的主要渠道之一。近年来，英美等国的教师中心培训，越来越关注在职教师的具体实际，英国更是成立了由教师、行政管理人员、地方教育官员等组成的政策委员会进行具体管理。为了确保培训内容的科学性、针对性和有效性，增加培训教师的主体性，教师进修中心的培训计划、课程设置和具体实施方案都充分尊重教师的意见和建议。教师中心模式最大的优点就在于可以解决教师教学实际中存在的问题，满足教师教学工作的实际需要。教师通过与专家和同行的学习、交流、探讨，可以了解新的教学理念，掌握新的教学方法，共享优质资源

6. 教师职业发展学校策略

教师职业发展学校模式自 20 世纪 80 年代中期兴起后，逐渐发展成为主要的培训模式之一。教师职业发展学校（Professional Development School，简称 PDS）是美国的一种教师培训机构，是由大学教育学院与中学合作的一种教师培训机构。PDS 模式打破了中学与大学之间相互隔绝的状态，参与合作的大学教师既在大学教学，又在中学指导，双方的交流合作使大学能够及时了解中学的需要及变化，从而根据教师需要不断调整培训计划。PDS 模式的具体目标是为培训学校和教师培训机

构创造和扩展伙伴关系，为培养职前教师做准备，促使职业学校和教师培训机构的教师进行继续教育。PDS给中高职教师和大学专家教授提供了进行合作研究的平台，通过这一模式，可使教师职前培养、教师继续教育和学校自身的改革融为一体。同时，在PDS模式中，大学和公立中小学之间可以进行合作和平等对话，来自不同学校的同行可以相互交流学习，教师在教学实践中学习，学习中反思，反思中成长，实践能力和反思性思维均得到强化，既能实现专业提升，又能获得个性发展①。

7. 基于网络的培训策略

随着科学技术的发展和进步，20世纪80年代后期，基于网络的培训模式应运而生。传统的教师培训模式一般都有时间和人数的限制，网络培训模式则为教师发展提供了更加便利、自由的空间。在网络培训模式发展与完善的过程中，英国政府采取了一系列措施。首先，政府提出了“人人上网，校校通网”的口号，并不断发布文件鼓励学校和全体公民进行网络学习。为了便于开展网络学习，政府把信息技术列入11门国家统一课程之中，提出通过提供广播媒体、国际互联网、公共图书馆等学习设施，突破学校的限制。其次，在全国范围内开通学习网，开设上网服务中心，向学习者提供包括培训在内的课程和学习包，依托网络进行远程教育已经成为英国教师在职教育的一种特色。最后，还不断加大投资，在大学或教育机构开设网络课程，供不同层次教师学习，其中最著名的就是全国学习网络（national grid for learning），在此基础上建立起来的虚拟教师中心（virtual teacher centre）更是成为教师跨地区交流的平台。借助这一平台，教师足不出户便可共享教学和专家资源。在英国网络教育中，开放大学深受广大教师欢迎。开放大学成立于20世纪六七十年代，学校既开设研究生、本科生等学位或文凭课程，也开设短期的适应性较强的非证书课程。课程内容主要是以模块的形式出现，学习者可以根据自身需要自由选择。而新近涌现的

① 张慧军. 英美教师在职培训模式及其对我国教师培训的启示［J］. 教育与职业，2013（6）：64-66.

MOOC（massive open online course），发端于过去的那种发布资源、学习管理系统以及将学习管理系统与更多的开放网络资源综合起来的旧的课程开发模式，更是打破了工匠之师继续教育和培训的时空限制。基于网络的培训模式，加深和扩大了课堂教学的内容，为教师职业生涯的成长提供了一条途径，为教师挑战现行的教学实践提供了动力，促进教师专业上的进步。

四、打造品牌，优化路径

1. 澳大利亚卓越工匠之师标准化培育

澳大利亚卓越工匠之师标准化培育是指基于技术立国的原则，通过标准化的职业教育体系和顶层设计系统，建立完备的职业学校教师职业资格和学历、学位证书体系，严格规范和要求工匠之师的专业资格和能力，采用与教师专业资格证书和文凭相挂钩的培训包培训模式，致力于打造技能化的澳大利亚，并以标准化的模式完善劳动力的技能化。通过制定国家培训框架形成国家层面统一的认证和培训体系标准。根据教师专业发展三阶段理论，采用推进式培养方法，从教师专业学习的角度出发，教师的技能发展可以逐级递进完成，由此实现优质工匠之师的卓越化。其培养途径为：

（1）技术技能课程培训。

主要是对初级教师（initial teacher）提供初级的课程培训，使他们具备职业教育教学资格，并了解如何在职业教育体系中开展工作。重在培训教师如何教的问题，根据不同的教学环境培养教师的技术技能学习能力和实践能力。培养一开始就把在职学习和全日制学习结合起来，进行职业教育理论、评价和反思的理论和方法指导，并由经验丰富的教师指导其教学实践。入职岗位培训，使新教师对自身的工作有更清晰的认识，对乡村职教教师的身份有更深刻的认知，并使教师真正接触到实际问题和资深同行，这有利于新教师的专业化成长。

（2）教学实践培训。

对教师的培训主要侧重于：一是巩固先进性和创新性教学实践；二

是学习和掌握高水平的教学、学习和评估理论；三是专家单元（在线、远程和工作实地）帮助处理行业、学科知识或具体问题。初任教师经过一定时期的学习、实践和历练后，已成长为初步合格的教学骨干。教学实践主要是强化教师教学理念的先进性和创新性。此外，为了获取最新行业技能，教师应参加各种形式的在职教育或培训，以更新专业知识、提高教学和培训技能。

（3）顶层设计培训。

顶层设计培养以技术技能课程培训为基础，通过教学实践的过渡，实现理论与教学实践融合，直至成为顶层的卓越工匠之师。这种培训主要针对已经能够胜任乡村教师工作并具有相当教学实践经验的教师，以培养教师成为专家型资深教师为目标，主要侧重以专家型学习者为中心的教学和学习实践，进行广泛的教学、学习和评估，专家单元（在线、远程和工作实地）会帮助处理行业、学科知识或具体问题。

澳大利亚充分重视高水平职业教育专家型教师的培养，特别设置了主导教师（lead vocational teacher）的头衔和职位，为他们提供更广阔的职业发展空间，并给予更高的薪金待遇，以此提高乡村职教岗位的吸引力。

2. 德国：卓越工匠之师两段式培育

德国是当今国际上职业教育发展最成功的国家之一。德国实施卓越教师教育计划始于2012年，在职业教育的长足发展中，德国探索出两段式（即职前教育修业阶段和职业实习教育阶段）培养模式，在课程中加大教育科学的比重，把培养预备师资的职业能力和技能作为重点；加强新任教师教育第一阶段和第二阶段之间的联系，致力于打造具有现代的教育理念，集专业理论、技能和教育理论与技术于一身的讲师与工程师统合的多能型人才。德国职业教育对教师的要求相当严格，其主要特点是进门难、要求严、待遇高，需要通过两次国家考试，经历大学三年、硕士两年和职业预备期两年，经考核合格后才能取得职业学校教师资格，专业课教师还必须定期到企业实习或接受培训，因而职业学校教师的理论和实践教学能力都较强。其培养途径为：

（1）修业培训。

课程设置包括教育学科课程、专业课程和教育实践三个部分。新手教师的主要任务以专业学习为主，学校教育实习的目的仅是初步接触和了解教师职业，教育实践的内容主要是教学观摩、听课，观摩职业学校老师如何组织教学、如何管理学生等，了解职业学校教育的运行情况。修业阶段完成全部教师教育课程，包括相关的职业教育法规、教学技能、教学方法的学习以及能够处理特殊问题的能力的锻炼，并通过第一次国家考试取得见习教师资格，方可进入为期 2 年的见习阶段。第一阶段专业理论知识的训练和教育实践使职业学校教师对职业教育有了一定的感性认识。

（2）教学见习。

职业学校教师一方面被分配到各州职业学校见习与试教，一方面要在当地见习教师研习班受训，其课程形式是研讨课。注重职业学校教师的实践教学训练，培养实践教学能力，主要目的在于避免预备教师在正式走上工作岗位、参加教育教学工作时出现“实践震荡”。

教学见习阶段又可细分为四个阶段：第一，教学观摩阶段，主要是观摩职业学校教师如何组织、管理教学，时间不少于 4 周；第二，试教阶段，主要内容包括在职业学校教师指导下进行教学和在研修班进行理论学习或研讨，时间为 3—5 个月；第三，独立教学阶段，实习教师分别独立开展自己所任教的 2—3 个学科的教学；第四，准备第二阶段国家考试阶段，时间为 1 个学期，考试合格后，由州文化教育部颁发教师资格证书，成为一名正式职业学校教师。预备职业教师在第二阶段的核心任务是教学实践及其理论反思，目的在于使自己在心理上较快地适应教学，养成教育教学的实践能力，通过考核，成为一名合格的职业学校教师。只有这些过程都进行实践了，才是完整的实践教学。

教学见习主要有四项内容：学做“先生”；先做“学生”；争做“能手”；要做“专家”。第一，学做“先生”是指学院为新教师安排一门现代职业教学法及其实践课程，专门聘请职教专家为新教师“讲”“演”新的职教理论和教法。第二，先做“学生”是指学院有针对性地为新教师制定四个月的基础实践和专业技能培训。凡是职校学生要进行的实训操作练习、要学的加工方法都要让新教师亲手做一遍，并由经验丰富的指导教师进行具体指导和考核。第三，争做“能手”是指学院为新教师安排了针对性较强的2—3个月的企业实习，让新教师广泛接触专业实际，同企业建立联系，了解企业之需，寻求自己所讲授专业课程同企业实际的结合点，熟悉生产工艺，了解现代化生产设备的运行情况，使新教师教而知其用。第四，要做“专家”，每位新教师在上岗实习过程中，学院都为其配上一位经验丰富的专家型教师作为指导教师，新、老教师结对子，让新教师树立做高职院校专家的信念。

（3）进修培训。

在双赢的校企合作中，教师也要发挥重要作用。他们定期深入企业，指导学生的企业实习；指导学生完成以企业生产实际为题源的毕业设计；为企业开办技术短训班；从事生产线技术改造和现场设备维护指导；同时，了解现代化企业的最新技术。学院开展有效的教研活动，让教师间实现累积经验共享，达到相互交流，沟通信息，相互帮助，经验共享的目的。

3. 美国：卓越工匠之师双元制培育

所谓双元制职业教师培养模式，就是大学培养与职业教师工作、实践经验累积同时进行，二者紧密配合，按计划分阶段实施，实现教师实际工作能力有效发展的职业教师培养模式。在美国，师范生进入大学后，前两年不进行专业定向，目的是使师范生具备宽厚的文理基础知识；想要成为职业学校教师的师范生，从第三年开始进入职业教育学院，学习职业教育理论知识和职业教育教学技能。为诸多接受职前教师教育的师范生和新任教师提供与将来任教环境相似的课堂环境，将学科知识与教学知识紧密结合，使他们掌握系统的教育实践经验①。双元制模式贯穿于职业学校教师的整个职业生涯过程，是教师职业能力及心理素质的形成与发展的过程。其培养途径为：

---

① 靳希斌. 教师教育模式研究［M］. 北京：北京师范大学出版社，2009：289.

（1）专家—学徒型培养。

主要侧重教师个体从一名新手逐渐成长为具备专业知识、专业技能和专业态度的成熟教师及其可持续的专业发展。预备师资在实践教学时拥有自己的班级，在双指导老师的指导下学习教学，职业院校和大学教师为预备职业学校教师的专业发展共同承担责任，预备教师在实践教学课后要学习相关课程和参与教师教育的研讨会。以课程为基础提升专业发展。主要包括学位课程培训、单科课程培训和学科专业教育课程培训等。

（2）初级合作型培养。

预备教师在实践教学中被职业学校教师视为初级合作者，并且具有两种身份：一是在职业学校是初级合作者，在职业学校课堂听课和教学，二是在大学的课堂是学生，继续学习教师培训课程，职业教师培训课程主要包括以下四大教学模块：规划与培训、课堂环境、教学、专业职责。这一教学框架的目标是增强学生知识和技能的专业化，帮助他们顺利地完成新人教师协助计划，并帮他们在第一年的教学年末顺利地通过职业资格的考试[①]。

（3）相互学习、团队合作型培养。

在实践教学时，大学和职业院校指导教师把预备教师视为合作伙伴或是自己的同事，以平等的身份出现，共同分析、探讨、调整教育教学的内容和方法，内容包括时间管理、组织能力、自信心的建立、正确的自我认知、对教学持有的积极态度、工作与生活的协调等方面的内容。此外，他们还要学会与学生家长建立联系；获取家长、外部组织和机构的支持。共同创新中，师范生与指导老师之间是相互学习，团队合作的关系。

（4）校内外联动型培养。

培养策略主要包括：①通过校内外实习获取专业工作经验，或是实地参观或考察，来拓宽教师的实践知识。②通过参加学习班，职业学校

① 徐以芬. 美国职业教育教师专业发展研究［D］. 上海：华东师范大学，2009.

教师可以相互借鉴与学习，一起分享资源与信息。③进行教学信息技术培训，加强和鼓励职业学校教师运用新的技术，以提高教学水平和教学能力。④鼓励教师和同事一起探讨教学策略和问题，与其他教师建立联系网、参加教师联盟或教师专业团体等[①]。

4. 英国：卓越工匠之师三段融合与三方参与培育

英国高等职业院校教师的专业成长和发展是一个伴随其职业生涯的长期过程。2002 年英国颁布了《英国合格教师专业标准与教师职前培训要求》[②]，通过整合大学、职业学校和企业三方资源，对高职院校教师的教育与培训体系进行改革，形成了富有特色的三段融合与三方参与的师资培养模式，并贯穿于教师职业生涯发展的全过程。这种培养培训体系呈现两个特点：一是培养层次上为职前培养、入职辅导和职后提高的三段融合培养模式。二是培养主体上的三方参与，即充分整合大学、职业学校和企业三方资源，融合三者特色，既能推进高职教师培养的社会化，又能增强高职教育的时效性，缩短技术转化为现实生产力的距离[③]。相应地，我国对乡村工匠之师的培养注重校企合作的方式，可以说是两方融合。借鉴英国的三方参与、三方融合模式，整合大学、职业学校和企业三方资源，可为乡村工匠之师的培养开拓新的途径。其培养途径具体表现为：

中等职业学校的新教师是将来成为卓越工匠之师的中坚力量。因此，获得入职资格后需要接受时长 3 个学期的入职辅导，经考察合格后才能独立承担课程教学的任务[④]。其间，被聘任的新教师要接受骨干教师和高级行政管理人员的系统评估，以确认新教师是否真正达到了课堂

---

① 徐以芬. 美国职业教育教师专业发展研究［D］. 上海：华东师范大学，2009.

② HORTON A. Recent changes in the context, content and processes of initial teacher education in England and Wales［J］. The matic network on teacher education in Europe publications, 1999, 2 (2): 175-190.

③ 陈凌，邓志军. 英国高职教育“双师素质”师资培养模式及其启示［J］. 东华理工大学学报（社会科学版），2011 (2): 146-149.

④ 宋洪霞. 英国职教教师教育与培训体系的特点及启示［J］. 职教通讯，2006 (11): 33-35.

实践的国家标准，达不到标准者，将被要求离岗，离岗者还想从教就要重新回到教师教育机构接受训练①。

（1）人才定制培养。

高职院校挑选最有教学经验的老教师担任指导教师，指导教师制定出适合新教师专业成长的目标和计划，作为新教师入职辅导和考察的标准；指导教师要掌握新教师教学、专业进展情况以及提供与同事交流学习的机会；指导教师每半学期组织一次专家会诊，点评反馈新教师的教学情况；指导教师的辅导渗透在日常教学的方方面面。

（2）校企合作培养。

1983年，英国教育部在引入职业技术教育方案中首次提出，要为职业教师提供到企业接受培训的机会。通过这种培训，可以极大提高高等职业院校师资的专业水平和能力。英国历来注重在实践中训练教师，目前在英国政府的大力支持下，企业等用人单位为在职教师提供大量工作岗位，并让经验丰富的技术和管理人员担当指导员，帮助受训教师制定培训方案和行动计划，并监控培训进程和培训效果的考核。培训的考核表也作为学校决定受训教师继续聘用、晋升和提高薪资水平的依据。

（3）校校合作培养。

英国大学教育学院与职业院校建立合作伙伴关系，形成以学校为基地的教师实践培养模式，改变了传统的以大学为本的教师教育模式，使高等教育机构与职业学校之间建立了一种平等的伙伴式关系。注意培养师范生独立学习、分析问题、解决问题的能力；重视培养师范生的批判意识和洞察力；重视启发师范生积极主动思考；重视提高他们的教育胜任能力②。

---

① 白智童. 英国高等职业院校教师培养对我国高职“双师型”教师培养的启示［D］. 长春：东北师范大学，2008.

② 许娟. 英国职前教师教育课程现状评述：以爱丁堡大学莫雷教育学院和伦敦大学教育学院为例［J］. 教师教育研究，2007（2）：45-49.

参考文献

［1］周明星. 职业教育学通论［M］. 天津人民出版社，2002.

［2］面向21世纪职业教育师资队伍建设对策研究课题组. 面向21世纪职业教育师资队伍建设对策研究［M］. 高等教育出版社，2003.

［3］叶澜，白益民. 教师角色与教师发展新探［M］. 北京：教育科学出版社，2001.

［4］袁振国. 中国教育政策评论2002［M］. 北京：教育科学出版社，2002.

［5］国家教育发展研究中心. 2003年中国教育绿皮书：中国教育政策年度分析报告［M］. 北京：教育科学出版社，2003.

［6］李方，钟祖荣. 教师专业标准与发展机制［M］. 北京：北京出版社，2004：1-2.

［7］国际21世纪教育委员会向联合国教科文组织提交的报告. 教育：财富蕴藏其中［M］. 北京：教育科学出版社，1996：2.

［8］漆书青，何齐宗，万文涛. 职业技术教育师资培养模式研究［M］. 南昌：江西高校出版社，1998.

［9］陈永明，等. 教师教育研究［M］. 上海：华东师范大学出版社，2003.

［10］吴雪萍. 国际职业技术教育研究［M］. 杭州：浙江大学出版社，2004.

［11］朱永新，等. 当代日本职业教育［M］. 太原：山西教育出版社，1996.

［12］刘春生，等．职业教育学［M］．北京：教育科学出版社，2002.

［13］中国职业教育学会高等职业技术师范教育委员会编．首届高等职业技术师范教育国际研讨会论文集［M］．天津：天津大学出版社，1998.

［14］石伟平．比较职业技术教育［M］．上海：华东师范大学出版社，2001.

［15］董显辉．工匠精神视野下的工匠之师培养探析［J］．职教坛，2018（2）：86-90.

［16］曹晔．培养工匠之师支撑中国制造［N］．中国教育报，2017-10-10（09）.

［17］王欣．高职院校"工匠之师"培养策略研究［J］．黑龙江教育（理论与实践），2018（12）：22-23.

［18］高亚平，冯志强，张全刚，等．高职技能人才"工匠精神"培养研究［J］．现代农村科技，2018（11）：72.

［19］吴涛．职业教育"工匠之师"培养途径的调查与思考［J］．河南教育（职成教），2018（11）：46-49.

［20］廖永艳．新时代高职教师"工匠精神"培育路径研究［J］．教育科学论坛，2018（18）：75-77.

［21］徐健．"工匠之师"从何而来［J］．江苏教育，2018（36）：74-75.

［22］徐鸿洲．培养"工匠之师"须突破观念局限［J］．江苏教育，2018（36）：76.

［23］马雷．基于培育"工匠之师"的新时代特色思政教育实践与探索：以天津职业技术师范大学为例［J］．职业教育研究，2018（5）：5-10.

［24］曹晔．现代化语境下的工匠之师［J］．职教论坛，2018（2）：81-85.

［25］曹晔．大国工匠需工匠之师助力［J］．职业教育研究，2018

(4)：1.

[26] 徐宏伟. 工匠精神的“理性之维”及其在职业教育中的培育策略 [J]. 职教论坛，2018 (2)：91-95.

[27] 韩颖畅. 基于工匠之师的教师发展研究 [J]. 电脑知识与技术，2018，14 (2)：131-133.

[28] 董桂玲，唐林伟，周明星. 职业院校“双师型”教师内涵新解 [J]. 天津工程师范学院学报，2005 (2)：51-53.

[29] 王蕊. 全息观视角下的小学英语课堂教学研究 [D]. 曲阜：曲阜师范大学，2017.

[30] 隋国成. 教育硕士 U-T-S 联合培养模式研究 [D]. 重庆：西南大学，2017

[31] University of Sunshine Coast，master of pro-fessional earning [EB/OL]. [2009-03-08]. http//www. usc. edu. au/Students/Handbook/Postgrad/OnCampus/Science/MProfLearning.

[32] The University of South Australia，master of education [EB/OL]. [2009-03-12]. http://www. unisanet. unisa. edu. au/programs/pro-gram. asp? Program=MMEU.

[33] The University of Queensland，master of educational studies [EB/OL]. [2008-03-15]. http://www. uq. edu. au/study/program. html? acad_prog=5265.

[34] SEIKE，M. The professional development of teachers in the United States of America：the Practitioners Master's Degree [J]. European journal of teacher education，2001，24 (2)：205-214.

[35] Analysis of educational setting，teacher training，and the modeling and instruction of metacognitive strategies for students with learning disabilities in Jewish Day Schools [M]. Rothwachs，Yisrael，Pro Quest LLC.，Ed. D. Dissertation，Yeshiva University，2010：104.

[36] GLAZER，J. S. The master's degree：traditional，diversity，

innovation [R]. Washington, DC: Association for the study of Higher Education, 1986: 84.

[37] Valuing initial teacher education at Master's level [M]. Brooks, Clare; Brant, Jacek; Abrahams.

[38] DONALDSON, G. Excellent teachers are not photofits: comment [J]. The times educational supplement scotland, 2011 (3).

[39] 贝恩. 如何成为卓越的大学教师 [M]. 北京：北京大学出版社，2010：16-20.

[40] 罗静. 美国优秀教师的人格特征及启示 [J]. 现代教育论丛，2011 (2)：65-67.

[41] KIM, HAN, PARK. Teachers' salaries in Korea, 1985 to 2007: an indepth analysis and policy recommendations [J]. KEDI journal of educational policy, 2008, (7).

[42] 张恩和. 《内经》全息理论初探 [J]. 山东中医学院学报，1989 (05)：14-16.

[43] 杨天权. 全息理论在中医学中的应用 [J]. 辽宁中医杂志，1991 (05)：45-48.

[44] 刘峰. 中医望诊中全息理论的应用 [J]. 亚太传统医药，2014，10 (16)：40-41.

[45] 郭运岭，李蕊，张拓. 从全息论和临床研究探讨腰椎间盘突出症对膝骨关节炎的影响 [J]. 吉林中医药，2018，38 (10)：1170-1173.

[46] 王晓宇，赵毅，姚斐，等. 浅谈生物全息理论在小儿推拿中的应用 [J]. 医学信息（中旬刊），2011，24 (02)：766-767.

[47] 王蕊. 全息观视角下的小学英语课堂教学研究 [D]. 曲阜：曲阜师范大学，2017.

[48] 钱雷. 全息理论视野下的小学语文阅读教学 [J]. 语文天地，2014 (3)：38.

[49] 李兰平. 基于全息法的大学数学教学研究及应用 [J]. 赤峰

学院学报（自然科学版），2014（7）：19-20.

［50］周玉娟，程欣．构建基于全息理论的技能竞赛与常规教学耦合发展模式的研究：以建筑CAD为例［J］．科教导刊（上旬刊），2017（11）：108-109，120.

［51］董显辉．工匠精神视野下的工匠之师培养探析［J］．职教论坛，2018（2）：86-90.

［52］吴涛．职业教育“工匠之师”培养途径的调查与思考［J］．河南教育（职成教），2018（11）：46-49.

［53］韩颖畅．基于工匠之师的教师发展研究［J］．电脑知识与技术，2018，14（2）：131-133.

［54］李新红．多元途径培育“工匠之师”［J］．江苏教育，2018（36）：78.

［55］陈永明，等．教育领导学［M］．北京：北京大学出版社，2010：320.

［56］黄正平．有好的教师才有好的教育：关于教师教育精英化的思考［J］．河北师范大学学报，2011（6）：65.

［57］郑婕．高等师范院校教育实习模式的比较研究与建议［J］．湖北师范学院学报（哲学社会科学版），2007（20）：130-132.

［58］王秋方．综合性地方本科院校教育实习模式研究［D］．长沙：中南大学，2008.

［59］刘爱华，刘海英，陈称福．新形势下互动教育实习模式探索［J］．湖北经济学院学报（人文社会科学版），2011（9）：177-178.

［60］宋原．构建教师教育实践培养体系的新探索［J］．兰州教育学院学报，2013（8）：106-107.

［61］刘利平，朱广东．浅谈卓越教师的标准及其培养路径［J］．教育教学论坛，2012（5）：45-47.

［62］李巍．探讨卓越教师的标准及其培养路径［J］．科教文汇（中旬刊），2015（1）：21-22.

［63］曹晔．培养工匠之师 支撑中国制造［N］．中国教育报，

2017-10-10：009.

［64］高亚平. 高职技能人才“工匠精神”培养研究［J］. 现代农村科技，2018（11）：72

［65］祁占勇. 卓越教师专业能力成长的合理性建构［J］. 当代教师教育，2014（9）：44.

［66］关卫娟. 什么样的老师才算是好老师呢［EB/OL］.［2012-03-21］，http//:jyyxcz. com/ xgxxweijuan.

［67］周先进. 卓越教师内涵、素质及培养［J］. 高等农业教育. 2015，08：31-35.

［68］KENNETH A. F. The superior college teacher from the students' view［J］. Journal of research in higher education，1976（5）.

［69］贝恩. 如何成为卓越的大学教师［M］. 北京：北京大学出版社，2010：16-20.

［70］罗静. 美国优秀教师的人格特征及启示［J］. 现代教育论丛，2011（2）：65-67.

［71］许明. 全国优秀教师资格认证制度概述［J］. 课程·教材·教法，2002（7）：53-57.

［72］杜瑞军. 从教学学术到教学实践：工匠之师基本特征探析［J］. 新疆师范大学学报（哲学社会科学版），2014（2）：119-126.

［73］王志广. 谈工匠之师评价指标体系的构建［J］. 教育理论与实践，2013（32）：28-31.

［74］刘剑玲. 追求卓越：教师专业发展的生命观照［J］. 课程·教材·教法，2005（1）：67-73.

［75］李琼，吴丹丹，李艳玲. 中小学工匠之师的关键特征：一项判别分析的发现［J］. 教育学报，2012（8）：89-95.

［76］林林，姚青梅，卢胜利. 工匠之师人才培养模式的改革与实施：以“卓越工匠之师培养计划”为例［J］. 职业技术教育，2012，（35）：65-68.

［77］KENNETH A. F. The superior college teacher from the

students' view [J]. Journal of research in higher education，1976，(5)：243-288.

[78] 陈永芳，颜明忠. 德国职业教育的专业教学论研究 [M]. 北京：清华大学出版社，2007：56.

[79] 田秀萍. 职业教育资源轮 [M]. 北京：光明日报出版社，2010：86.

[80] 夜澜，等. 教师角色与教师发展新探 [M]. 北京：教育科学出版社，2001：226.

[81] 米靖. 现代职业教育论 [M]. 天津：天津大学出版社，2010：122.

[82] 吴卫东. 德国教师教育的新标准及启示 [J]. 外国教育研究，2006 (9)：57-61.

[83] 曹晖. 高职学生事务管理中的"工匠精神"国内外研究现状浅议 [J]. 人力资源开发，2017 (9).

[84] 教育部师范教育司组织编写. 教师专业化的理论与实践 [M]，北京；人民教育出版社，2003：32.

[85] 李执芬. 谈中学英语教师的心理学修养 [J]. 昭乌达蒙族师专学报：汉文哲学社会科学版，2003，24 (4)：80.

[86] 刘暖. 教师的人格魅力 [J]. 生活教育，2008 (1)：27.

[87] 蔡柏良. 普通高等教育与高等职业技术教育的比较分析 [J]. 盐城师范学院学报（人文社会科学版），2003 (1)：116.

[88] 刘育锋：论职业教育教师标准 [J]，职业技术教育（教科版)，1998，(9)：20.

[89] 漆书清，何齐宗，万文涛. 职业技术教育师资培养模式研究 [M]. 南昌：江西高校出版社，1998：102-103.

[90] 董桂玲，唐林伟，周明星：职业院校双师型教师内涵新解 [J]. 天津工程师范学院学报，2005 (3)：89.

[91] 李方，钟祖荣. 教师专业标准与发展机制 [M]. 北京：北京出版社，2004：126.

[92] 国际21世纪教育委员会向联合国教科文组织提交的报告. 教育：财富蕴藏其中 [M]. 北京：教育科学出版社，1996：2-3.

[93] 莱夫，温格. 情境学习：合法的边缘性参与 [M]. 王文静，译. 上海：华东师范大学出版社，2007：1-2.

[94] BROWN，J S，COLLINS，A，DUGUID，P. Situated cognition and the culture of learning [J]. Educational Researcher，1989，18 (1)：32-42.

[95] 迈克尔·波兰尼. 个人知识—迈向后批判哲学 [M]. 许泽民，译. 贵阳：贵州人民出版社，2000：79.

[96] 何郁冰. 产学研协同创新的理论模式 [J]. 科学学研究，2012 (2)：166.

[97] 王汝志. 基于“校企协同”的高职市场营销专业建设路径 [J]. 职业技术教育，2013 (11)：21.

[98] 王建军. 基于三重螺旋的行业人才校企协同培养体系研究 [J]. 河北民族师范学院学报，2013 (1)：124.

[99] 罗涛，王玉韩. 基于协同论的高职职业院校校企合作资源整合模式研究 [J]. 湖北函授大学学报，2013 (5)：2.

[100] 潘和平，孙道胜. 互依、联盟、博弈：产业技术校企协同创新机制 [J]. 安徽师范大学学报，2013 (3)：323.

[101] 周明星，王良. 论中职学校工学结合的有效形式 [J]. 职业技术教育，2011 (1)：48.

[102] 张志强. 校企合作存在的问题与对策研究 [J]. 中国职业技术教育，2012 (4)：66.

[103] 梁雪松，郑雅萍. 校企联盟培养“职业适应性”人才研究：协同教育理论的视角 [J]. 教育发展研究，2013 (9)：61-62.

[104] 孙义链. 研究生教育辞典 [M]. 南京：南京大学出版社. 1995：38.

[105] CHIU L W L. A study of the feasibility of network tutorial system in Taiwan [J]. Educational technology & society，2008，11

(1)：208-225.

［106］张学洪. 研究生课外科研实践基地的建设与实践［J］. 实验科学与技术，2013（2）：114-117.

［107］《关于深入推进专业学位研究生培养模式改革的意见》［R］. 2013（3）.

［108］陈钢，邱致裕. 职业教育校企合作办学可持续发展政策和制度保障研究［J］. 教育与职业，2011（12）：9-11.

［109］The European centre for the development of vocational training［M］. The material and social standing of young people during transition from school to work in the Federal Republic of Germany［M］. Berlin：Berlin Press，1990：78.

［110］SHARP G，ELIZABETH O，SHARP. The business-education partnership［M］. International information associates Inc. 1992：25-40.

［111］高専卒業者のキャソァと高専教育［M］. 日本労働研究，2006：329.

［112］CHEIS S A. Rates of return to investments in formal and technical/vocational education in Singapore［J］. Education economics，2003，11（1）：45-48.

［113］Australian National Training Authority. Shaping our future-draft national strategy for vocational education and Training［EB/OL］.［2004-02-10］. http://www. anta. gov. au.

［114］Australian National Training Authority. Shaping our future-draft national strategy for vocational education and Training［EB/OL］.［2004-02-10］. http://www. anta. gov. au.

［115］王燕萍，陈树耀. 职业教育中“订单式”人才培养模式初探［J］. 中国成人教育，2010（18）：114-115.

［116］方黛春. 高职“2+1”校企合作人才培养模式的实践研究：以 NBCSZJ 学院为例［D］. 上海：华东师范大学，2008：5-17.

［117］郭小静．基于“紫金 1＋1＋1 模式”下的教学管理：以闽西职业技术学院应用化工技术专业为例［J］．郑州铁路职业技术学院学报，2011（2）：38-40.

［118］许涛．职业教育集团化办学的理论分析与个案研究［D］．上海：华东师范大学，2011：16-19.

［119］贾林．基于经营理念的职教集团组织结构创新设计［J］．职业技术教育，2010（32）：81-83.

［120］《职业资格证书与学历证书相互沟通与衔接研究》课题组．职业资格证书与学历证书相互沟通与衔接［J］武汉职业技术学院学报，2002（5）.

［121］管晓刚．关于技术本质的哲学释读［J］．自然辩证法研究，2001（12）：18-22.

［122］简明不列颠百科全书（第四卷）［M］．北京：中国大百科全书出版社，1985：233.

［123］李海军．论学术型教师应具备的基本素质［J］．中国教育学刊，2014（6）：81-84.

［124］董桂玲，黄旭升，周明星．中职教师在职攻读硕士学位的制度设计与模式构建［J］．职业技术教育（科教版），2005，34（26）：29-31

［125］庞海芍．通识教育与创新人才培养［J］．现代大学教育，2007（1）：97-101.

［126］刘林，彭蜀晋．我国高师职业院校通识课程应突显师范性［J］．教育与教学研究．2009（9）：42-46.

［127］张寿松，等．通识教育课程建设的问题及建议［J］．课程·教材·教法，2005，25（1）：80-83.

［128］杨春梅．关于通识教育的路径［J］．教育评论，2002（4）：53-55.

［129］刘丽群．农村课程资源开发深层困境：乡村文化边缘化［J］．中国教育学刊，2009（7）：63-65.

［130］徐国庆. 职业教育原理［M］. 上海：上海教育出版社，2007：268.

［131］王玲，李建华，柳连忠. 职业教育课程的职业资格接点分析［J］. 职业技术教育，2012（2）：22-24.

［132］赵志群. 职业教育课程开发的重要基础：职业资格研究［J］. 职教论坛，2008（5）：1.

［133］刘育锋. 论以职业资格证书为导向的职教课程改革［J］. 职教论坛，2003（2）：4-7.

［134］陈向明. 在行动中学做质的研究［M］. 北京：教育科学出版社，2012：172.

［135］潘懋元. 高等教育研究方法［M］. 北京：高等教育出版社，2008：240-242.

［136］金哲华，俞爱宗. 教育科学研究方法［M］. 北京：科学出版社，2011：219.

［137］潘懋元. 比较高等教育的产生、发展与问题［J］. 上海高教研究，1991（3）：29.

［138］中共中央国务院. 国家中长期教育改革和发展规划纲要（2010-2020）［M］. 北京：人民出版社，2010：51.

［139］《教育规划纲要》工作小组办公室. 教育规划纲要辅导读本）［M］. 北京：教育科学出版社，2010：175.

［140］徐英俊. 专业化发展视域下的职教教师职业核心能力培养路径［J］. 职教论坛，2013（21）：25-27.

［141］李霞. 卓越乡村工匠之师核心能力培养研究［D］. 杨凌：西北农林大学，2011：1-4.

［142］霍丽娟. 资源依赖理论视角下校企合作关系的分析［J］. 中国职业技术教育，2008（27）：33-36.

［143］曹凑贵. 生态学概论［M］. 北京：高等教育出版社，2006：125-126.

［144］MITCHELL A W. Toward a theory of stakeholder

identification and salience: defining the principle of whom and what realty counts [J]. Academy of management review, 1997 (04): 53-86.

[145] 王河. 构建符合国情的职业教育集团治理结构 [N]. 中国教育报, 2013-01-02.

[146] 潘新平. 中国产权交易市场概论 [M]. 北京: 社会科学文献出版社, 2004: 81-83.

[147] 由建勋, 孟爱霞. 校企“融合”高技能人才培养机制路径研究 [J]. 继续教育研究, 2011 (1): 38-40.

[148] 邵泽强. 校企合作共建产教结合基地培养工匠之师浅谈 [J]. 网络财富, 2009 (20): 62-64.

[149] 刘建湘. 职业院校“双师型”教师专业发展管理策略初探 [J]. 教育与职业, 2005 (7): 66-69.

[150] 王军. 广州市属高等职业院校教师专业发展现状分析与对策研究 [D]. 广州大学, 2011 (5): 28-29.

[151] 卫中玲. 高师院校构建教师职前职后教育一体化课程体系的实践与思考 [J]. 教育理论实践, 2006 (26): 13.

[152] 吴康宁. 教育社会学 [M]. 北京: 人民教育出版社, 1998: 215- 221.

[153] 朱玉东. 反思与教师的专业发展 [J]. 教育科学研究, 2003 (11) : 26- 28.

[154] 王秋绒. 教师专业社会化理论在教育实习设计上的意义 [M]. 台北: 师大书苑, 1991: 33- 48.

[155] 刘捷. 专业化: 挑战 21 世纪的教师 [M]. 北京: 教育科学出版社, 2002: 150, 4- 5.

[156] 唐玉光. 基于教师专业发展的教师教育制度 [J]. 高等师范教育研究, 2002 (5) : 35- 40.

[157] 申继亮, 等. 关于中学教师成长阶段的研究 [J]. 天津师范大学学报 (基础教育版), 2002 (3): 1-4.

［158］傅树京．构建与教师专业发展阶段相适应的培训模式［J］．教育理论与实践，2003（6）：39-43.

［159］叶澜，白益民．教师角色与教师发展新探［M］．北京：教育科学出版社，2003：230、278.

［160］陈永明．现代教师论［M］．上海：上海教育出版社，2003：186-188.

［161］刘建湘，周明星．职业院校双师型教师教育研究［M］，2005：82.

［162］徐健．职校专业师资专业发展的三个向度［J］．职教论坛，2006（4）：22-23.

［163］叶澜，白益民．教师角色与教师发展新探［M］．北京：教育科学出版社，2003：230、278.

［164］张洁平，朱成科．专业化视角下的卓越教师专业发展阶段再认识［J］．现代中小学教育，2015（5）：98-101.

［165］王少非．校本教师教育的国际经验及其对我们的启示［J］．全球教育展望，2001（7）：23-28、53.

［166］莫晓东，顾通达．浅谈教师继续教育的校本模式［J］．高等师范教育研究，1999（2）：42-45.

［167］傅玉蓉．论教师校本培训模式的构建［J］．西南师范大学学报，2003（5）：94-97.

［168］李蕾．高职院校专业带头人概念解析［J］．机械职业教育，2007（4）：39-41.

［169］张济顺．教师评价与学术道德建设［J］．中国大学教育，2002（9）：8-10.

［170］田京．当代英国卓越教师政策发展研究［D］．开封：河南大学，2014.

［171］张利静．澳大利亚教师职前教育方案的国家认证制研究［D］．重庆：西南大学，2012.

［172］刘艳艳，孙翠香，张蓉．日本教师专业标准历史变迁分析及

启示［J］. 教育理论与实践，2013（21）：17-19.

［173］White paper：excellence in schools（1997）［EB/OL］.［1997-7-5］. http//www. educationengland. org. uk/documents/wp1997/excellence-in-schools. html.

［174］BARKER I. Pay rise to promote excellence［J］. The times educational supplement，2008（2）：4775.

［175］Training Outstanding Teachers［EB/OL］.［2012-4-26］. http://www. education. gov. uk/schools/careers/training and development/a0078019/training-outstanding-teachers.

［176］何美. 美国优秀科学教师专业标准、评估及认证研究［D］. 华东师范大学，2012.

［177］徐以芬. 美国职业教育教师专业发展研究［D］. 上海：华东师范大学，2009.

［178］关松林. 发达国家教师教育改革的经验与思考［J］. 教育研究，2014（12）：101-108.

［179］谭兆敏，段作章. 国外教师在职培训模式的比较研究与启示［J］. 继续教育研究，2006（1）：75-79.

［180］张慧军. 英美教师在职培训模式及其对我国教师培训的启示［J］. 教育与职业，2013（6）：64-66.

［181］靳希斌. 教师教育模式研究［M］. 北京：北京师范大学出版社，2009：289.

［182］徐以芬. 美国职业教育教师专业发展研究［D］. 上海：华东师范大学，2009.

［183］HORTON A. Recent changes in the context，content and processes of initial teacher education in England and Wales［J］. Thematic network on teacher education in Europe publications，1999，2（2）：175-190.

［184］陈凌，邓志军. 英国高职教育“双师素质”师资培养模式及其启示［J］. 东华理工大学学报（社会科学版），2011（2）：146-149.

[185] 宋洪霞. 英国职教教师教育与培训体系的特点及启示 [J]. 职教通讯，2006（11）：33-35.

[186] 白智童. 英国高等职业院校教师培养对我国高职“双师型”教师培养的启示 [D]. 长春：东北师范大学，2008.

[187] 许娟. 英国职前教师教育课程现状评述：以爱丁堡大学莫雷教育学院和伦敦大学教育学院为例 [J]. 教师教育研究，2007（2）：45-49.

附：本研究相关成果在重要报刊上发表的部分摘要

“‘3D’乡村卓越工匠之师培养模式的培养定位非常清晰，就是要面向乡村职业教育需要培养‘卓越’的工匠之师；该模式理论支撑坚实，培养体系严密，培养层次和标准科学，有效地解决了多年来乡村卓越工匠之师培养培训理论不足、质量不高、协调不力和监控不实的问题。”

——《如何培育“浓乡型”中职教师》，摘自《光明日报》，2016年6月7日

“今年10月下旬，湖南农业大学举行乡村卓越工匠之师培养培训学校论坛。该校总结30年乡村工匠之师培育经验，在全国率先提出了乡村卓越工匠之师‘3D’培养培训模式，即‘三界（Demarcation）（政界、学界、业界）协同’、‘三双（Double）（双基地、双导师、双证书）共生’‘三维（Dimension）（技术维、教术维、学术维）递进’，得到参加‘乡村卓越工匠之师培养培训学校论坛’的全国部分职业学校乡村职教老师的热烈回应。”

——《“3D模式”，培养乡村卓越职教老师》，摘自《湖南日报》，2015年10月31日

"'尽管坚持了30年，但湖南农村中职师资仍然紧缺，学历偏低。'周先进和同事对11所中职校进行了一个调查，发现中职的专业老师，专科及以下的学历约占15%，而且有的专业老师，最多一周要上30节课。为此他们专门成立了乡村卓越教师讲师团，组织教授们到各中职校上门培训，首次培训已在蓝山县职业中专完成。"

——《培养"浓乡型"中职教师》，摘自《中国教育报》，2015年12月10日

"建立乡村职业教育师资建设专项巡视制度。对中央、省委、省政府有关政策执行情况开展专项巡视，对执行较好的予以表扬，对执行不到位或者走过场的予以通报，严重的追究责任，重点督导乡村职业教育教师编制、工资、兼职教师聘用情况等。"

——《乡村工匠之师建设的"五难"与"五解"》，摘自《中国教育报》，2016年3月29日

"湖南农业大学3D乡村卓越工匠之师培养模式在全国产生了较大影响，吸引了重庆、四川、广东、江苏、天津等地众多学校前来考察学习，学校项目专家先后被邀请到上述地区40余所国家中的职业示范学校培训教师4000余名、专业骨干教师200多人，也因此被誉为'中国南方农村工匠之师的摇篮'。"

——《乡村职业教育呼唤"浓乡型"教师》，摘自《中国教育报》，2015年12月17日

"湖南农业大学在全国率先提出了乡村卓越工匠之师'3D'培养培训模式，开辟了一条具有现代职业教育特色的乡村职教卓越师资培训新路，引起广泛关注。"

——《湖南农大成乡村职教教师摇篮》，摘自《三湘都市报》，2015年11月3日

“据了解，该模式培养层次涵盖了预备工匠之师培养（中职阶段）、优质工匠之师培养（本科阶段）和卓越工匠之师培养（研究生阶段）3个阶段。该校用事实和数据奠定了‘3D’乡村卓越工匠之师培养模式的成功，在全国产生较大影响，被誉为‘中国南方农村工匠之师的摇篮’。”

——《“3D”模式打造“浓乡型”人才》，摘自《湖南科技报》，2015年10月27日

后　　记

中国的职业教育高质量发展的难点在乡村职业教育，而乡村职业教育发展的难点又在有“工匠之师”之称的师资队伍建设。因而，面对乡村职业教育发展的机遇与挑战，急需培养一支高素质、高水平、精业务的乡村卓越工匠之师队伍。基于此，我们关注了乡村卓越工匠之师培育的研究选题。本研究成果是在湖南省哲学社会科学基金重点项目“中等职业教育卓越教师成长目标与路径研究”、湖南省普通高校教学改革项目“政校企协同培养一体化工匠之师的模式建构与实证”、湖南省教育科学“十二五”规划重点课题“中等职业教育卓越教育系统化培养研究”和湖南农业大学教改重点项目“卓越工匠之师培养模式”研究成果上凝结而成。2015 年 12 月、2016 年 6 月和 2019 年 11 月先后获得湖南农业大学教学成果三等奖、湖南省教学成果三等奖和湖南省教育成果一等奖。从孕育这部著作到其诞生，历时五年，凝结了笔者和研究团队的汗水和心血。

本书主要由湖南农业大学公共管理与法学学院博士生导师周明星教授、湖南农业大学博士研究生隋梦园共同完成，其中周明星教授主要负责第一章、第二章、第三章，隋梦园主要负责第四章、第五章。湖南农业大学教育学院原院长周先进教授，湖南科技大学教育学院高涵副教授，湖南农业大学体育艺术学院聂清德副教授，他们为本书的写作帮助收集文献，整理资料，打印修改文稿，付出了辛勤的劳动，在此向他们表示衷心的感谢。

本研究最后由周明星、隋梦园校稿、统稿和定稿。本研究引用了众多学者成果，在此一并表示感谢。

2021 年 1 月